W0253783

Informatik – Fachberichte

Band 1: Programmiersprachen. GI-Fachtagung 1976. Herausgegeben von H.-J. Schneider und M. Nagl. (vergriffen)

Band 2: Betrieb von Rechenzentren. Workshop der Gesellschaft für Informatik 1975. Herausgegeben von A. Schreiner. (vergriffen)

Band 3: Rechnernetze und Datenfernverarbeitung. Fachtagung der GI und NTG 1976. Herausgegeben von D. Haupt und H. Petersen. VI, 309 Seiten. 1976.

Band 4: Computer Architecture. Workshop of the Gesellschaft für Informatik 1975. Edited by W. Händler. VIII, 382 pages. 1976.

Band 5: GI – 6. Jahrestagung. Proceedings 1976. Herausgegeben von E. J. Neuhold. (vergriffen)

Band 6: B. Schmidt, GPSS-FORTRAN, Version II. Einführung in die Simulation diskreter Systeme mit Hilfe eines FORTRAN-Programmpaketes, 2. Auflage. XIII, 535 Seiten. 1978.

Band 7: GMR – GI – GfK. Fachtagung Prozessrechner 1977. Herausgegeben von G. Schmidt. (vergriffen)

Band 8: Digitale Bildverarbeitung/Digital Image Processing. GI/NTG Fachtagung, München, März 1977. Herausgegeben von H.-H. Nagel. (vergriffen)

Band 9: Modelle für Rechensysteme. Workshop 1977. Herausgegeben von P. P. Spies. VI, 297 Seiten. 1977.

Band 10: GI – 7. Jahrestagung. Proceedings 1977. Herausgegeben von H. J. Schneider. IX, 214 Seiten. 1977.

Band 11: Methoden der Informatik für Rechnerunterstütztes Entwerfen und Konstruieren, GI-Fachtagung, München, 1977. Herausgegeben von R. Gnatz und K. Samelson. VIII, 327 Seiten. 1977.

Band 12: Programmiersprachen. 5. Fachtagung der GI, Braunschweig, 1978. Herausgegeben von K. Alber. VI, 179 Seiten. 1978.

Band 13: W. Steinmüller, L. Ermer, W. Schimmel: Datenschutz bei riskanten Systemen. Eine Konzeption entwickelt am Beispiel eines medizinischen Informationssystems. X, 244 Seiten. 1978.

Band 14: Datenbanken in Rechnernetzen mit Kleinrechnern. Fachtagung der GI, Karlsruhe, 1978. Herausgegeben von W. Stucky und E. Holler. (vergriffen)

Band 15: Organisation von Rechenzentren. Workshop der Gesellschaft für Informatik, Göttingen, 1977. Herausgegeben von D. Wall. X, 310 Seiten. 1978.

Band 16: GI – 8. Jahrestagung, Proceedings 1978. Herausgegeben von S. Schindler und W. K. Giloi. VI, 394 Seiten. 1978.

Band 17: Bildverarbeitung und Mustererkennung. DAGM Symposium, Oberpfaffenhofen, 1978. Herausgegeben von E. Triendl. XIII, 385 Seiten. 1978.

Band 18: Virtuelle Maschinen. Nachbildung und Vervielfachung maschinenorientierter Schnittstellen. GI-Arbeitsseminar. München 1979. Herausgegeben von H. J. Siegert. X, 230 Seiten. 1979.

Band 19: GI – 9. Jahrestagung. Herausgegeben von K. H. Böhling und P. P. Spies. (vergriffen)

Band 20: Angewandte Szenenanalyse. DAGM Symposium, Karlsruhe 1979. Herausgegeben von J. P. Foith. XIII, 362 Seiten. 1979.

Band 21: Formale Modelle für Informationssysteme. Fachtagung der GI, Tutzing 1979. Herausgegeben von H. C. Mayr und B. E. Meyer. VI, 265 Seiten. 1979.

Band 22: Kommunikation in verteilten Systemen. Workshop der Gesellschaft für Informatik e.V.. Herausgegeben von S. Schindler und J. C. W. Schröder. VIII, 338 Seiten. 1979.

Band 23: K.-H. Hauer, Portable Methodenmonitoren. Dialogsysteme zur Steuerung von Methodenbanken: Softwaretechnischer Aufbau und Effizienzanalyse. XI, 209 Seiten. 1980.

Band 24: N. Ryska, S. Herda, Kryptographische Verfahren in der Datenverarbeitung. V, 401 Seiten. 1980.

Band 25: Programmiersprachen und Programmentwicklung. 6. Fachtagung, Darmstadt, 1980. Herausgegeben von H.-J. Hoffmann. VI. 236 Seiten. 1980

Band 26: F. Gaffal, Datenverarbeitung im Hochschulbereich der USA. Stand und Entwicklungstendenzen. IX, 199 Seiten. 1980.

Band 27: GI-NTG Fachtagung, Struktur und Betrieb von Rechensystemen. Kiel, März 1980. Herausgegeben von G. Zimmermann. IX, 286 Seiten. 1980.

Band 28: Online-Systeme im Finanz- und Rechnungswesen. Anwendergespräch, Berlin, April 1980. Herausgegeben von P. Stahlknecht. X, 547 Seiten, 1980.

Band 29: Erzeugung und Analyse von Bildern und Strukturen. DGaO – DAGM Tagung, Essen, Mai 1980. Herausgegeben von S. J. Pöppl und H. Platzer. VII, 215 Seiten. 1980.

Band 30: Textverarbeitung und Informatik. Fachtagung der GI, Bayreuth, Mai 1980. Herausgegeben von P. R. Wossidlo. VIII, 362 Seiten. 1980.

Band 31: Firmware Engineering. Seminar veranstaltet von der gemeinsamen Fachgruppe „Mikroprogrammierung" des GI Fachausschusses 3/4 und des NTG-Fachausschusses 6 vom 12. – 14. März 1980 in Berlin. Herausgegeben von W. K. Giloi. VII, 289 Seiten. 1980.

Band 32: M. Kühn, CAD Arbeitssituation. Untersuchungen zu den Auswirkungen von CAD sowie zur menschengerechten Gestaltung von CAD-Systemen. VII, 215 Seiten. 1980.

Band 33: GI – 10. Jahrestagung. Herausgegeben von R. Wilhelm. XV, 563 Seiten. 1980.

Band 34: CAD-Fachgespräch. GI - 10. Jahrestagung. Herausgegeben von R. Wilhelm. VI, 184 Seiten. 1980.

Band 35: B. Buchberger, F. Lichtenberger: Mathematik für Informatiker I. Die Methode der Mathematik. XI, 315 Seiten. 1980.

Band 36: The Use of Formal Specification of Software. Berlin, Juni 1979. Edited by H. K. Berg and W. K. Giloi. V, 388 pages. 1980.

Band 37: Entwicklungstendenzen wissenschaftlicher Rechenzentren. Kolloquium, Göttingen, Juni 1980. Herausgegeben von D. Wall. VII, 163 Seiten. 1980.

Band 38: Datenverarbeitung im Marketing. Herausgegeben von R. Thome. VIII, 377 pages. 1981.

Band 39: Fachtagung Prozeßrechner 1981. München, März 1981. Herausgegeben von R. Baumann. XVI, 476 Seiten. 1981.

Band 40: Kommunikation in verteilten Systemen. Herausgegeben von S. Schindler und J.C.W. Schröder. IX, 459 Seiten. 1981.

Band 41: Messung, Modellierung und Bewertung von Rechensystemen. GI-NTG Fachtagung. Jülich, Februar 1981. Herausgegeben von B. Mertens. VIII, 368 Seiten. 1981.

Band 42: W. Kilian, Personalinformationssysteme in deutschen Großunternehmen. XV, 352 Seiten. 1981.

Band 43: G. Goos, Werkzeuge der Programmiertechnik. GI-Arbeitstagung. Proceedings, Karlsruhe, März 1981. VI, 262 Seiten. 1981.

Informatik-Fachberichte

Herausgegeben von W. Brauer
im Auftrag der Gesellschaft für Informatik (GI)

74

Requirements Engineering

Arbeitstagung der GI
Friedrichshafen, 12.-14. Oktober 1983

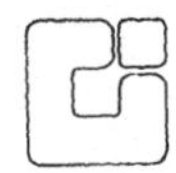

Herausgegeben
von G. Hommel und D. Krönig

Springer-Verlag
Berlin Heidelberg New York Tokyo 1983

Herausgeber

Prof. Dr. G. Hommel
Institut für Informatik, Technische Universität München
Postfach 20 24 20, D-8000 München 2

Dr. D. Krönig
Dornier GmbH, WF 30
Postfach 14 20, D-7990 Friedrichshafen 1

Programmkomitee

R. Gnatz, München
G. Hommel, München (Vorsitz)
P. Koeppe, Berlin
H. Kopetz, Wien
D. Krönig, Friedrichshafen
H. Meyerhoff, Bremen
J. Schröder, Darmstadt
Ch. Fürstin von Urach, Stuttgart
H. Weßling, Koblenz
M. Windfuhr, Dortmund

CR Subject Classifications (1982): D.2.1, D.2.9, D.1.2

ISBN-13: 978-3-540-12692-8 e-ISBN-13: 978-3-642-69293-2
DOI: 10.1007/978-3-642-69293-2

CIP-Kurztitelaufnahme der Deutschen Bibliothek.
Requirements engineering: Arbeitstagung d. GI, Friedrichshafen, 12. - 14. Oktober 1983 /
hrsg. von G. Hommel u. D. Krönig. - Berlin; Heidelberg; New York; Tokyo:
Springer, 1983.
(Informatik-Fachberichte; 74)
ISBN 3-540-12992-9 (Berlin, Heidelberg, New York, Tokyo)
ISBN 0-387-12992-9 (New York, Heidelberg, Berlin, Tokyo)
NE: Hommel, Günter [Hrsg.]; Gesellschaft für Informatik; GT

2145/3140 – 5 4 3 2 1 0

Vorwort

Die Arbeitstagung "Requirements Engineering für die Automatisierung von Systemen" wird vom Fachausschuß 4.3 "Requirements Engineering" der Gesellschaft für Informatik in Zusammenarbeit mit der Fachgruppe 4.4.1 "Systematisches Entwerfen von PDV-Systemen", einer gemeinsamen Fachgruppe von GI und VDI/VDE-GMR, und mit dem Fachausschuß 4.2 "Rechnergestütztes Entwerfen und Projektieren (CAE)" veranstaltet.
Unter Requirements Engineering wird hier die ingenieurmäßige Ermittlung der Anforderungen an die Automatisierung eines Systems und ihrer Aufarbeitung zur Realisierung in Hardware und Software verstanden.

Es ist das erste Mal im deutschsprachigen Raum, daß speziell zu diesem Thema eine Tagung veranstaltet wird. Dies scheint gerechtfertigt durch das international zunehmende Interesse an dieser Problematik, welches offensichtlich aus den erheblichen Schwierigkeiten resultiert, die in der Praxis bei der Bewältigung dieser Aufgabe auftreten.

Die Aufgabe wird häufig mit projektbezogenen Verfahren angegangen. Andererseits gibt es aber bereits theoretische Methoden zur systematischen Anforderungserschließung, deren Einsatz in der industriellen Praxis jedoch noch Schwierigkeiten bereitet. In dieser Situation will die Arbeitstagung den Erfahrungsaustausch zwischen Theorie und Praxis fördern. Der Programmausschuß hat sich bemüht, unter den Vortragsanmeldungen die Auswahl so zu treffen, daß einerseits der Stand der Technik und die vorliegenden Erfahrungen und andererseits Ansätze für zukünftige Entwicklungen in diesem Bereich erkennbar sind.

An dieser Stelle möchten wir uns herzlich bedanken bei

- den Autoren der Vorträge, die sehr kooperativ auf die Wünsche des Programmausschusses eingingen,

- Herrn R. Dierstein als Vorsitzendem des FB 4 der GI für die Anregung zu dieser Arbeitstagung und für die Unterstützung der Vorbereitungen,

- den Mitgliedern des Programmausschusses für ihre konstruktive und sorgfältige Arbeit bei der Gestaltung der Arbeitstagung,

- der Gesellschaft für Informatik, insbesondere dem Geschäftsführer Herrn Dr. Rampacher,

- dem Springer-Verlag,

- allen an der Vorbereitung und Durchführung der Tagung unmittelbar Beteiligten

- und nicht zuletzt der Firma Dornier GmbH für die finanzielle und organisatorische Unterstützung der Tagung.

Es bleibt zu hoffen, daß die Tagung für Anwender, Systementwickler und Wissenschaftler, die sich mit dem Requirements Engineering befassen, von Nutzen ist und Anregungen für die weitere Arbeit bringt.

München, im August 1983

Günter Hommel

Dirk Krönig

INHALTSVERZEICHNIS

METHODEN

Requirements - einmal anders betrachtet
P. Hruschka, GEI, Aachen 1

Zielgerichtetes und regelgesteuertes Problemlösen mit der Requirements-Engineering Methodologie IBIS
S. Florek, H.-J. Schneider, TU Berlin 15

System Design Using Petri Nets
W. Reisig, RWTH Aachen 29

Abstract Data Types as a Tool for Requirement Engineering
H. Partsch, P. Pepper, TU München 42

ERFAHRUNGEN

Erfahrungen mit Programm-Prototypen
W. Dette, IBM Böblingen 56

Drei Jahre SADT bei SCS: Blick zurück ohne Zorn
A. Fischer, SCS Hamburg 64

Requirements Engineering in S/E/TEC
H.-M. Meyer, Softlab München 77

Erstellung von Anforderungsspezifikationen für Automatisierungssysteme mit EPOS - Eigenschaften und Erfahrungen
S. Jovalekić, Universität Stuttgart 92

Erfahrungen beim Einsatz des Spezifikationssystems ESPRESO
K. Eckert, KfK Karlsruhe 104

Erfahrungen mit Modellbildung, Entwurf und Dokumentation von rechnergestützten Leitsystemen im Verkehrsbereich
G. Schweizer, St. Kühner, Universität Karlsruhe 119

VERFAHREN

On the Use of Algebraic Methods for Formal Requirements Definitions
H. Partsch, TU München 138

Systematische Aufgabenklärung am Beispiel Software
B. Kühnel, G. Teuschler, Siemens AG Erlangen 159

Prolog als Spezifikations- und Modellierungswerkzeug
P. Schnupp, Interface GmbH, München 173

Entwicklung von Prozeßinformationssystemen - ein Lernprozeß für Entwickler und Anwender
H. Trauboth, KfK Karlsruhe 183

BESCHREIBUNGSMITTEL

Anforderungsbeschreibung und Simulation mit Net-Modellen
P. Winkler, PSI Berlin 198

Anforderungsmodellierung für Realzeitsysteme - Ansätze zur Bewältigung von Komplexität und von Unschärfe
R. Mittermeir, TU Wien 208

Benutzernahe Anforderungsanalyse mit SARS
W.K. Epple, Universität Karlsruhe
G.R. Koch, Biomatik Freiburg/Br. 223

Real Time in Distributed Real Time Systems
H. Kopetz, TU Wien 240

ANSCHRIFTEN DER AUTOREN

Dette, Wolfgang: IBM Deutschland GmbH
Entwicklung und Forschung
Schönaicher Str. 220
D-7030 Böblingen/Württ.

Eckert, Klaus: Kernforschungszentrum Karlsruhe GmbH
Institut für Datenverarbeitung in der Technik
Postfach 36 40
D-7500 Karlsruhe 1

Epple, W.K.: Lehrstuhl für Prozeßrechentechnik
Universität Karlsruhe
Institut für Informatik III
Zirkel 2
D-7500 Karlsruhe 1

Fischer, Almuth: SCS Akademie
Postfach 62 04 80
D-2000 Hamburg 62

Florek, Siegfried: Institut für Angewandte Informatik
Technische Universität Berlin
Franklinstr. 28-29
D-1000 Berlin 10

Hruschka, Peter: GEI-Gesellschaft für Elektronische
Informationsverarbeitung mbH
Albert-Einstein-Str. 61
D-5100 Aachen

Jovalekič, Silvije: Institut für Regelungstechnik
und Prozeßautomatisierung
Universität Stuttgart
Seidenstr. 36
D-7000 Stuttgart 1

Koch, Günter: Biomatik GmbH
Carl-Mez-Str. 81-83
D-7800 Freiburg/Br.

Kopetz, H.: Institut für Praktische Informatik
Technische Universität Wien
Argentinierstr. 8
A-1040 Wien

Kühnel, Bernd: Siemens AG, E TDV-SWT
Postfach 32 40
D-8520 Erlangen

Kühner, Stefan: Universität Karlsruhe
Angewandte Informatik III
Kaiserstr. 12
D-7500 Karlsruhe 1

Meyer, Hanns-Martin: Softlab GmbH
Arabellastr. 13
D-8000 München 81

Mittermeir, Roland: Institut für Angewandte
Informatik und Systemanalyse
Technische Universität Wien
Argentinierstr. 8/181
A-1040 Wien

Partsch, Helmut: Institut für Informatik
Technische Universität München
Postfach 20 24 20
D-8000 München 2

Pepper, Peter: Institut für Informatik
Technische Universität München
Postfach 20 24 20
D-8000 München 2

Reisig, Wolfgang: Lehrstuhl für Informatik II
RWTH Aachen
Büchel 29-31
D-5100 Aachen

Schneider H.-J.: Institut für Angewandte Informatik
Technische Universität Berlin
Franklinstr. 28-29
D-1000 Berlin 10

Schnupp, Peter: Interface Gesellschaft für
anwenderorientierte Kommunikationssysteme mbH
Karolinenstr. 4
D-8000 München 22

Schweizer, Gerhard: Universität Karlsruhe
Angewandte Informatik III
Kaiserstr. 12
D-7500 Karlsruhe 1

Teuschler, Günter: Siemens AG
Postfach 32 40
D-8520 Erlangen

Trauboth, Heinz: Kernforschungszentrum Karlsruhe GmbH
Institut für Datenverarbeitung in der Technik
Postfach 36 40
D-7500 Karlsruhe 1

Winkler, Peter: PSI-Gesellschaft für Prozeßsteuerungs-
und Informationssysteme mbH
Heilbronnerstr. 10
D-1000 Berlin 31

Requirements - einmal anders betrachtet

P. Hruschka
GEI - Aachen

Abstract:

Anforderungen (Requirements) an ein System werden üblicherweise in der Systemanalysephase eines Projektes erarbeitet und im Pflichtenheft als Ergebnis dieser Phase dokumentiert. In diesem Beitrag wird versucht, durch eine Kla sifizierung von Requirements einen alternativen Ansatz zur herkömmlichen Life Cycle-orientierten Vorgehensweise aufzuzeigen. Im Mittelpunkt steht dabei die Trennung der essentiellen Teile eines Systems von einer speziellen, momentan ausgewählten Realisierung.

Inhalt:

1. Klassische Ansätze
2. Methodische Ansätze
   2.1 Modellbildung
   2.2 Datenbankorientierte Methoden
   2.3 Bewertung
3. Eine neue Klassifizierung von Requirements
4. Advanced Structured Analysis
5. Zusammenfassung

1. Klassische Ansätze

In vielen Lehrbüchern und in fast 100% aller Firmenpraktiken betrachtet man das Erfassen und Dokumentieren von Anforderungen an ein zu automatisierendes System als einen Vorlauf oder Teil der Systemanalyse. Zahlreiche Erhebungsverfahren, Interviewmethoden, Kriterien zur Gestaltung von Fragebögen, Regeln für Beobachtungen von Arbeitsabläufen wurden beschrieben und praktiziert. Für die Gestaltung von Lastenheften bzw. Pflichtenheften - je nachdem, ob die Sicht des Auftraggebers oder die des Auftragnehmers eingenommen wird - gibt es vielfältige Vorschläge.

Meistens werden die Erhebung der Anforderungen und die saubere Niederschrift zeitlich strikt nacheinander abgehandelt. Dies führt graphisch dargestellt zu folgendem Projektbeginn (Abb. 1).

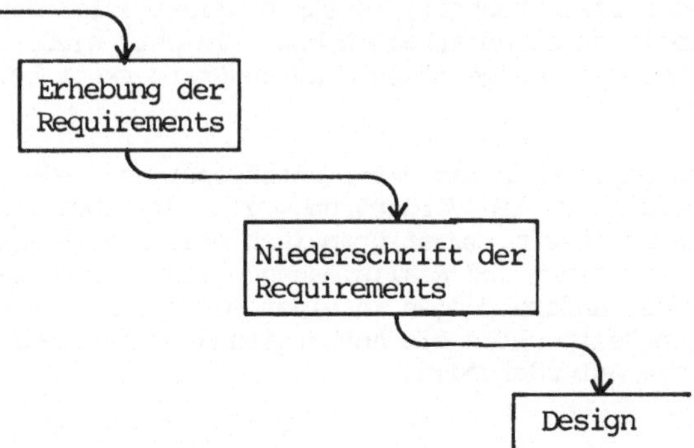

Abb. 1: Klassischer Projektbeginn

Bei der Erhebung versucht man, möglichst alle Anforderungen aus dem Munde des Auftraggebers und des späteren "Kunden" zu erfahren. Viele Verfahren trennen dabei nicht zwischen Wesentlichem und Detail, zwischen absolutem "Muß" und "Kann" - die Anforderungen werden sequentiell, wie man sie erfährt, angenommen.

Auch bei der Niederschrift treten dieselben Aspekte in den Vordergrund: meistens hat man ein Gliederungsschema, sodaß auf den ersten Blick ein Pflichtenheft gut strukturiert aussieht. Es gibt ein Inhaltsverzeichnis mit Dezimalklassifikation und viele der Vorgaben für ein System sind gut beschrieben. Versucht man jedoch die Kriterien zu analysieren, die die Gliederung dieses Dokumentes bestimmt haben, so stellt man oft fest, daß diese für das spezielle Projekt erfunden wurden oder einer langgepflegten Tradition folgen (weil jeder von seinem Vorgänger abschreibt), daß aber trotzdem einige wesentliche Nachteile bestehen bleiben: auch in diesen Dokumenten wird selten zwischen Wesentlichem und Details unterschieden, die Darstellung ist eher "linear", d.h. in einem durchgehend lesbar. Versuchen Sie einmal in einem herkömmlichen Pflichtenheft eine Detailfrage zu finden oder zu klären!

Aufgrund der üblichen Notation eines Pflichtenheftes - der deutschen Umgangssprache - wird selten eine Abstufung der Dringlichkeit von Anforderungen vorgenommen. Wörter wie "muß", "sollte" oder "kann" werden eher nach Gutdünken, als konsequent verwendet. Außerdem werden sehr oft wirkliche Anforderungen an das System und notwendige Entwurfseinschränkungen mit willkürlichen, unnötigen Entwurfsentscheidungen vermischt. Letztere sind nicht nur überflüssig, sie behindern oftmals das Verständnis des wahren Problems und verhindern andere, effizientere oder elegantere Lösungsansätze.

Ein wesentlich größeres Problem als die bisher erwähnten Nachteile ergibt sich jedoch aus der Form der Darstellung: sie läßt keinerlei Prüfungen auf die Konsistenz, Vollständigkeit und Widerspruchsfreiheit der aufgestellten Forderungen zu, höchstens ein vages Gefühl dafür oder mehr oder weniger Vertrauen.

In den folgenden Kapitel wird gezeigt, wie durch den Einsatz von Methoden die oben erwähnten Nachteile vermieden oder umgangen werden können.

2. Methodische Ansätze

Durch die Einführung des Software Life Cycle wurde das vorhandene Bewußtsein der Phasentrennung noch verstärkt. Die erste Phase in fast allen Modellen des Life Cycle behandelt die Analyse und Definition der Anforderungen. Die Vorteile, die sich aus dieser Entwicklung ergeben liegen hauptsächlich darin, daß man begonnen hat, Methoden zu entwickeln, die eine systematischere Darstellung der Requirements erlauben. Der Strukturbegriff steht dabei im Vordergrund. Alle Methoden sorgen dafür, daß das Ergebnis (das Pflichtenheft) so strukturiert ist, daß man wesentliche und unwesentliche Teile auseinanderhalten bzw. leicht wiederfinden kann. Außerdem gestatten die Methoden einen gewissen Grad an Prüfbarkeit bezüglich Konsistenz und Vollständigkeit.

Zwei Schulen oder Denkrichtungen kann man dabei unterscheiden: eine Gruppe von Methoden stellt die Modellbildung in den Vordergrund, d.h. die Abbildung der Anforderungen in der wirklichen Welt in eine meist graphisch orientierte Modellwelt, die danach den Ausgangspunkt für Entwurf und Realisierung bildet. Die zweite Gruppe stellt eher die Ansammlung der Anforderungen in einer Datenbank in den Vordergrund und ermöglicht zu beliebigen Zeitpunkten die Aufbereitung und Prüfung des bisher angesammelten Wissens über die Anforderungen.

2.1 Modellbildung

Zu der Gruppe der Modellbildungsmethoden gehören z.B. Structured Analysis und SADT /DeM79, Ros77/. Man geht davon aus, hauptsächlich die funktionalen Anforderungen zu erfassen und in Form von top-down organisierten Diagrammen niederzuschreiben. Die top-down Organisation gestattet es, Requirements auf verschiedenen Stufen der Abstraktion mit dem Benutzer zu diskutieren. Die oberste Ebene soll dabei einen allgemeinen Überblick über die wesentlichsten Aspekte des Systems vermitteln; wer mehr Details wissen muß, betrachtet die entsprechenden Verfeinerungen der Diagramme. Jede Ebene für sich stellt dabei aber eine komplette Definition des Gesamtsystems dar, nur mit immer mehr zunehmenden Detaillierungsgrad.

Dadurch löst sich das in der Einleitung geschilderte Problem des Unterscheidens zwischen globalen Anforderungen und Detailanforderungen. Die hierarchische Zerlegung stellt sicher, daß die Teile in der untersten Schicht so klein werden, daß man mit wenigen Zeilen (maximal eine Seite Text) die Anforderungen an dieses Detailsystem festhalten kann.

Die Regeln, die für die Verfeinerung von Diagrammen beachtet werden müssen, stellen ein Mindestmaß an Konsistenz in den so geschaffenen Modellen sicher.

Ein wesentlicherer Aspekt als die Darstellungsweise ist jedoch die zu diesen Methoden gehörige Vorgehens- bzw. Denkweise. Die Konzentration auf das Denken in Datenflüssen bei Structured Analysis führt zu wesentlich besseren Zerlegungen von Systemen, da dabei nicht so sehr das funktionale Denken im Vordergrund steht, sondern das Denken in Zusammenhängen zwischen Funktionen. Die Betonung liegt auf den Schnittstellen zwischen den Funktionen statt auf dem Inhalt der Funktionen. Die Fehler mit den drastischen Auswirkungen - die Schnittstellenfehler - werden so schon bei der Aufsammlung der Requirements wirkungsvoll vermieden.

Durch die Zerlegung eines Systems in kleinere Teile wird jedoch nur der Rahmen für die eigentliche Spezifikation der Anforderungen abgesteckt, es werden sozusagen Minisysteme gegeneinander abgegrenzt. Die eigentliche Spezifikation dieser Minisysteme erfolgt in den weiteren Komponenten des Modells, im Data Dictionary und in den "Minispecs" zu jedem Teilsystem. Das Data Dictionary klärt alle Fragen bezüglich der im Modell verwendeten Begriffe und deren Struktur. Jeder Datenfluß und jede Datei, die im Modell als Schnittstelle auftritt, erhält ihren Eintrag im Data Dictionary. Dadurch wird eine einheitliche Sprechweise bei Diskussionen über die Anforderungen gewährleistet. Viele Mißverständnisse werden durch die klare, schriftliche Festlegung der Begriffe in dem Modell vermieden. Die Minispecs beschreiben dann mit wenigen Sätzen genau, was die Minisysteme, die schon sorgfältig gegeneinander abgegrenzt wurden, leisten müssen. Hier wird die Strategie der Transformation der Eingangsdaten in die Ausgangsdaten festgehalten; Designvorgriffe sollen dabei vermieden werden. Aufgrund der Kürze dieser Minispecs sind Stellen leicht zu finden, wo gegen diesen Analysegrundsatz verstoßen wurde.

2.2 Datenbankorientierte Ansätze

Die zweite Kategorie von Methoden, zu denen als Vertreter PSL/PSA /Tei77/ und SREM/SREP /Alf77/ gehören, basiert auf der Idee, alle Informationen, die man in der Anforderungsanalysephase erhält, in Form von Objekten und Relationen in einer Datenbank abzulegen. Dafür stellen die Methoden eine Reihe von standardisierten Objekten mit dazugehörigen Relationen zur Verfügung. Wesentliche Objekte sind z.B. "Eingabedaten", "Ausgabedaten", "Teilsysteme" und "Datenelemente", wesentliche Relationen sind "empfängt", "sendet", "ist Teil ystem von", etc..

Die Methode besteht nun darin, Aussagen des Kunden auf derartige Objekte und Relationen abzubilden und - zunächst ungeordnet - in eine Datenbank einzutragen. Durch systematische Aufstellung von Reports kann man den Inhalt der Datenbank in vielfältiger Weise wiedergeben und dadurch unter Umständen Lücken in den bisher erfragten Anforderungen feststellen. Diese Lücken können dann durch gezieltes Nachfragen geschlossen werden.

2.3 Bewertung

Im Gegensatz zu der sequentiellen Aufeinanderfolge von Erfragen der Requirements und danach Dokumentieren ergibt sich bei beiden Modellen jetzt ein iterativer Ansatz, bei dem jederzeit der bisherige Stand der Anforderungen auch gleich dokumentiert ist. Im ersten Fall - bei den modellorientierten Ansätzen - wächst das Modell auch top-down, wie die endgültige Darstellung; im zweiten Fall - bei den datenbankorientierten Ansätzen - wächst die Anforderungsdefinition mehr nach den Wünschen des Benutzers, da dessen Aussagen zunächst hauptsächlich gesammelt und kategorisiert werden. Erst im Iterationsschritt - durch gezieltes Nachbohren - werden diese Informationen vervollständigt.

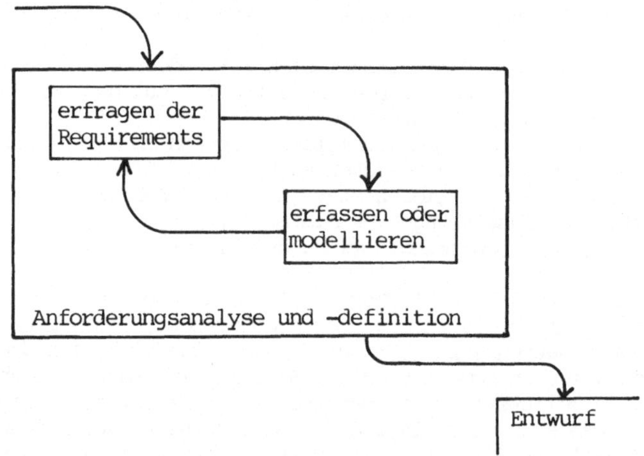

Abb. 2: Iterative Erarbeitung der Requirements

Bei Projekten, deren Zielsetzung halbwegs durchschaubar ist, haben sich modellorientierte Ansätze gut bewährt - unabhängig von der Größenordnung und dem Anwendungsbereich des Systems. Voraussetzung ist aber, wie eben erwähnt, daß zumindest am Anfang der Projektlaufzeit ungefähr klar ist, was das System leisten soll. Bei den meisten industriellen Projekten, deren Gesamtlaufzeit (inklusive Realisierung) einige Monate oder wenige Jahre beträgt, ist diese Voraussetzung gegeben.

Liegen sehr viele und widersprüchliche Ziele vor oder ist die Zahl der Requirements so groß, daß eine Modellbildung von Anfang an gar nicht möglich ist, so sind datenbankorientierte Ansätze vorzuziehen, da dadurch wenigstens gewährleistet ist, daß die vorhandene Information so gut wie möglich verwaltet, gebündelt und ausgewertet wird. Dies gilt vor allem für Projekte, bei denen sich die Analysephase alleine über einen Zeitraum von mehreren Jahren erstreckt, wie dies im Bereich militärischer Großsysteme durchaus üblich ist.

Betrachtet man die Requirements, die mit diesen Methoden erfaßt und geordnet werden, so kann man zu folgender Klassifikation kommen:

(1) funktionale Anforderungen

Diese Kategorie stellt den größten Teil der Anforderungen dar. Der Kunde erklärt, welche Ausgaben oder Reaktionen er von dem System erwartet, welche Funktionen es durchführen soll und was dafür an Eingabedaten zur Verfügung steht.

(2) Forderungen an das fertige Produkt

Hier sind hauptsächlich die Forderungen anzuführen, die den Betrieb des Systems betreffen, wie z.B. der maximal zur Verfügung stehende Speicher, maximale Antwortzeiten, Ausfallsicherheit, Einbindung in bestehende Organisationsformen, Qualifikation des Bedienpersonals usw.

(3) Forderungen, die die Durchführung des Projektes betreffen

Zu dieser Kategorie gehören hauptsächlich Einschränkungen bezüglich der Ressourcen, die zur Verfügung stehen, wie z.B. Maschinenzeit, verfügbare Mannschaft für die Projektabwicklung, zeitliche Beschränkungen, Vorgabe von Endterminen, nmaximale Gesamtkosten, etc..

Fast alle der heute bekannten Methoden unterstützen hauptsächlich Anforderungen der Kategorie (1). Geprägt durch die Vorstellung vom Life Cycle werden die funktionalen Anforderungen, das "Was", in den Mittelpunkt gestellt. Die strukturierten funktionalen Anforderungen können dann als Basis für Aussagen über Anforderungen der Kategorie (2) genommen werden. Abschätzungen über Zeit- und Speicherbedarf sind wesentlich leichter zu machen, wenn die Funktionen des Systems bis ins Detail festgelegt wurden. Anforderungen der 3. Kategorie werden von den meisten Methoden in den Bereich des Projektmanagements verbannt, wozu nur vage, allgemein gültige Aussagen gemacht werden.

3. Eine neue Klassifikation von Reqirements

Die Nachteile aller bisher beschriebenen Methoden bezüglich der Behandlung von Requirements liegen darin, daß sie alle von dem Modell des Software Life Cycle ausgehen, der fordert, daß alle Requirements definiert sind, bevor man den Entwurf des Systems beginnt. In den meisten Fällen wird zwar zugestanden, daß sich durch Argumente, die man erst im Entwurf findet, einiges an den Anforderungen ändern kann. Aber fast immer geht man davon aus, daß spätestens nach dem Entwurf der Systemarchitektur die Anforderungen eingefroren werden können und keine weiteren Änderungen mehr auftreten.

Diese Voraussetzung ist in den wenigsten realen Projekten wirklich durchzuhalten. Meistens häufen sich die Wünsche des Kunden bezüglich der Leistungen eines Systems zu dem Zeitpunkt, zu dem er zum ersten Mal das System in Betrieb sieht. Im Life Cycle bedeutet dies eine Rückkopplung von der Realisierungsphase bis in die Systemanalysephase, was meist mit viel Ärger, großen Kosten und viel Zeit verbunden ist.

Die Alternative dazu wird heute oft als Rapid Prototyping bezeichnet. Man geht davon aus, möglichst rasch einen Prototyp eines Systems dem Benutzer zur Verfügung zu stellen, um frühzeitig Änderungswünsche oder zusätzliche Anforderungen zu erfahren. Die Vorgehensweise sieht dann meist so aus, wie in Abbildung 3 dargestellt ist.

Mit dieser Vorgehensweise handelt man sich einen Nachteil ein, der eigentlich durch die oben beschriebenen Methoden schon behoben war: man kann wieder nur schwer zwischen wesentlichen Aspekten des Systems und zwischen Detailforderungen unterscheiden. Sehr oft werden an solchen Prototypen hauptsächlich die Gestaltung von

Bildschirmmasken, die Reihenfolge der Eingaben und ähnliches kritisiert, daneben aber zusätzliche Leitungen des Systems in einem Atemzug genannt. Die Trennung zwischen wesentlichen Funktionen und Realisierungsdetails, die bei Methoden mit Modellbildung bereits vorhanden war, geht dabei wieder verloren.

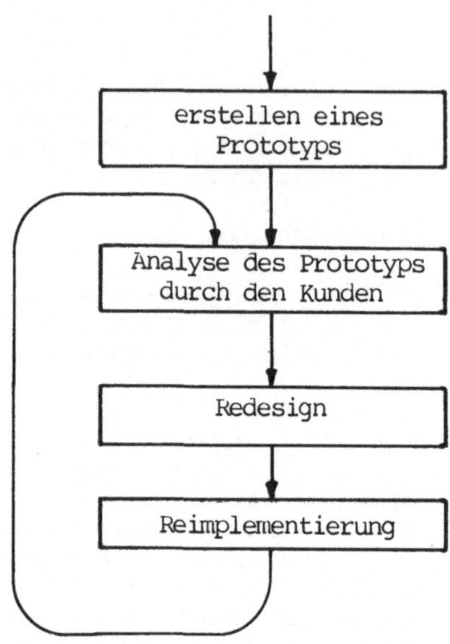

Abb. 3: Rapid Prototyping

Im folgenden wird versucht, Life Cycle und Rapid Prototyping zu vermischen und dadurch zu einer anderen Projektgliederung zu kommen, die auch die Requirements in völlig neuem Licht erscheinen läßt.

Der Ausgangspunkt ist eine Auftrennung eines Systems nach zwei Aspekten: der <u>Essenz</u> eines Systems und der <u>Inkarnation</u> eines Systems.

Unter der Essenz eines Systems versteht man die Teile, die unabhängig von der Technologie der Realisierung unmittelbar zur Lösung der gestellten Aufgabe beitragen. Wenn man sich einen idealen Prozessor vorstell , der keine Zeit zur Ausführung von Funktionen benötigt, immer genug Speicherplatz hat und nie Fehler macht, so bleiben vom einem System immer noch Teile übrig, die dann noch realisiert werden müßten. Diese Teile bilden die Essenz eines Systems.

Zur Inkarnation eines Systems gehören die Teile, die unter bestimmten nicht idealen technologischen Randbedingungen gemacht werden müssen, um die Funktionsfähigkeit des Systems zu gewährleisten. Funktionen zum Prüfen der Korrektheit von Eingabedaten, zum Weiterleiten vom einem Rechner an einen anderen, Programmteile, die die Reihenfolgen bestimmen, in denen Dialoge mit dem Benutzer abgewickelt werden, gehören zu einer Inkarnation eines Systems.

Betrachtet man ein Lohnabrechnungsprogramm, so gehört die Funktion, die aus dem Grundlohn, der Arbeitszeit, den steuerlichen Richtlinien u.a. den Lohn eines Arbeiters berechnet, zu den essentiellen Funktionen des Systems. Funktionen, die festlegen, in welcher Weise die Arbeitsstunden eingegeben werden, in welcher Reihenfolge die Löhne berechnet werden und wie der Bildschirm zum Ansehen von Zwischenergebnissen beschickt wird, sind Teile einer speziellen Inkarnation dieses Systems.

Die Grundidee für die Auftrennung in Essenz und Inkarnation ist folgende: betrachtet man die Lebenszeit eines Softwareprodukts, so ist die Änderungsrate für essentielle Teile eines Systems um ein Vielfaches geringer als die Änderungsrate der inkarnationsspezifischen Teile. Neue Randbedingungen bezüglich verwendeten Geräte bzw. bezüglich der Organisation, in die das System eingebettet ist, sind viel wahrscheinlicher. Deshalb sollte man bei der Gestaltung von Systemen die Essenz deutlich hervorheben und von den momentanen physikalischen Realisierungsaspekten trennen. Das neue Abwicklungsmodell für Projekte stellt sich dann so dar:

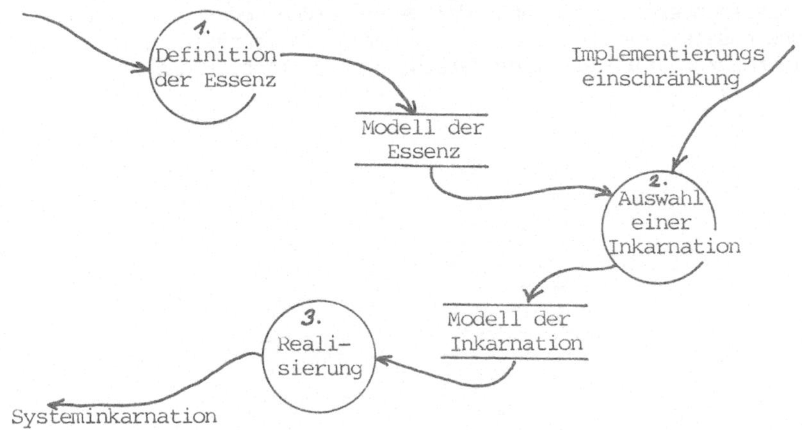

Abb. 4: Modell der Projektabwicklung

Für die Requirements ergibt sich daraus folgende Konsequenz: der Systemanalytiker muß seine ganze Kraft in die Auftrennung der Anforderungen in

(1) essentielle Anforderungen und

(2) Anforderungen bezüglich einer speziellen Inkarnation

stecken. Nur die essentiellen Anforderungen bestimmen die Qualität und die Lebensdauer des Systems. In den Augen des Kunden kann die Forderung, daß Terminals vom Typ xyz für das Buchhaltungsprogramm verwendet werden, genauso wichtig sein wie die Forderung nach Einhaltung der steuerlichen Richtlinien. Der Systemanalytiker muß aber unterscheiden können, daß der Terminaltyp und die momentane Steuertabelle zur Inkarnation des Systems gehören, die Tatsache aber, daß überhaupt Steuern berechnet werden, jedoch zur Essenz des Systems. Diese Auftrennung ist nicht immer einfach, da die beiden Gruppen von Anforderungen oft ineinander vermischt auftreten. Betrachtet man das folgende Beispiel (Abb.5a), so sieht man sofort, daß hier

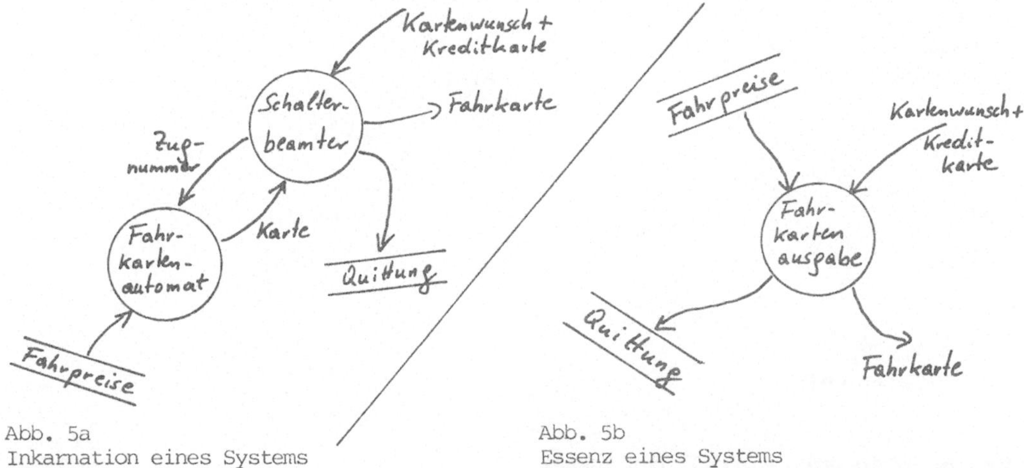

Abb. 5a
Inkarnation eines Systems

Abb. 5b
Essenz eines Systems

inkarnationsspezifisch modelliert wurde. Selbst wenn man die Funktionen umbenennt, z.B. in "Ticket erstellen" und "Ticket ausgeben", so bleibt das Modell inkarnationsspezifisch. Die korrekte Modellierung der Essenz dieser Aufgabe ist in Abbildung 5b dargestellt.

An einem größeren Beispiel /Hru82, M-P82/ wird vielleicht noch deutlicher, wo der Unterschied zwischen Essenz und Inkarnation liegt. Betrachtet man die Organisation eines Hotels - insbesonders die Vorgänge der Reservierung oder Stornierung von Zimmern, der Rechnungsstellung und Zahlung, so sehen die essentielle Modellierung und ein Modell einer Inkarnation deutlich verschieden aus (Abb. 6 und 7).

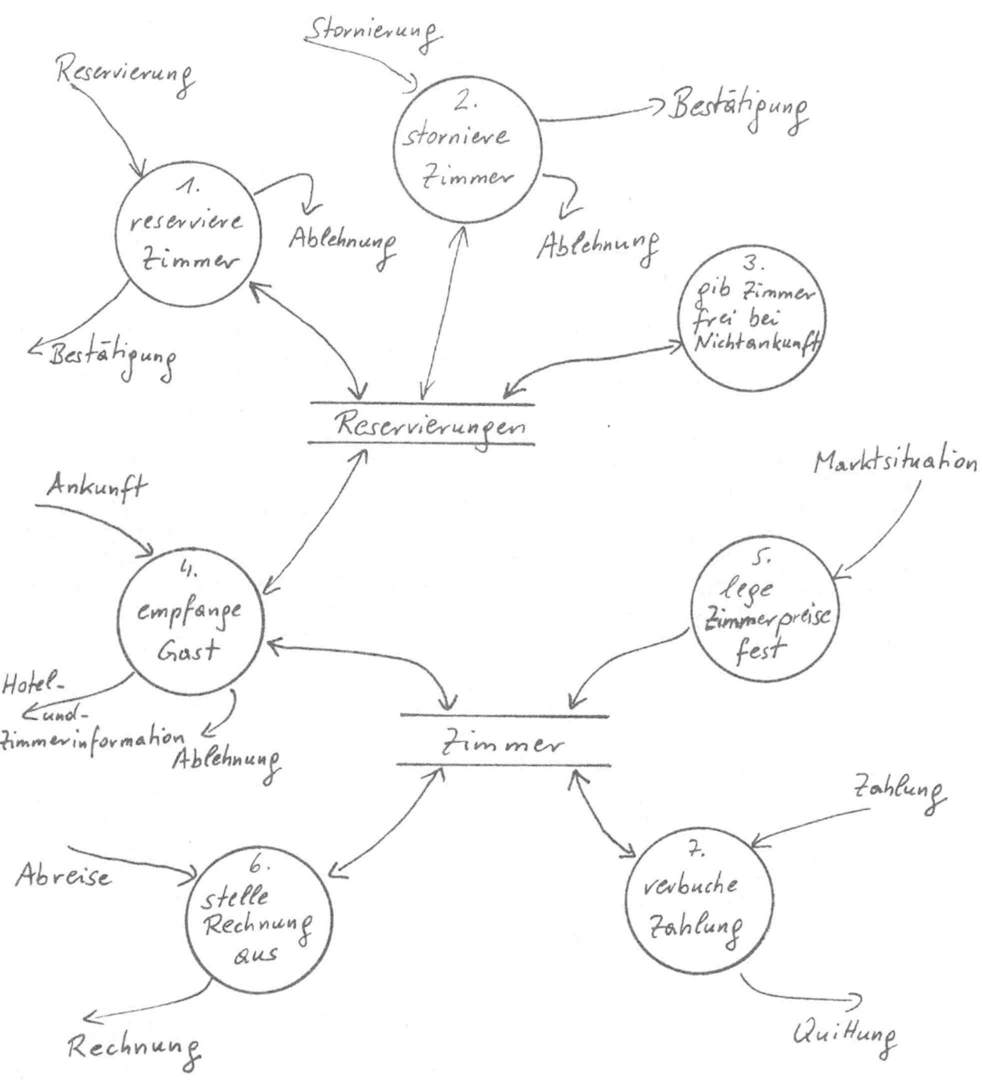

Abb. 6: Hotelsystem - Modell der Essenz

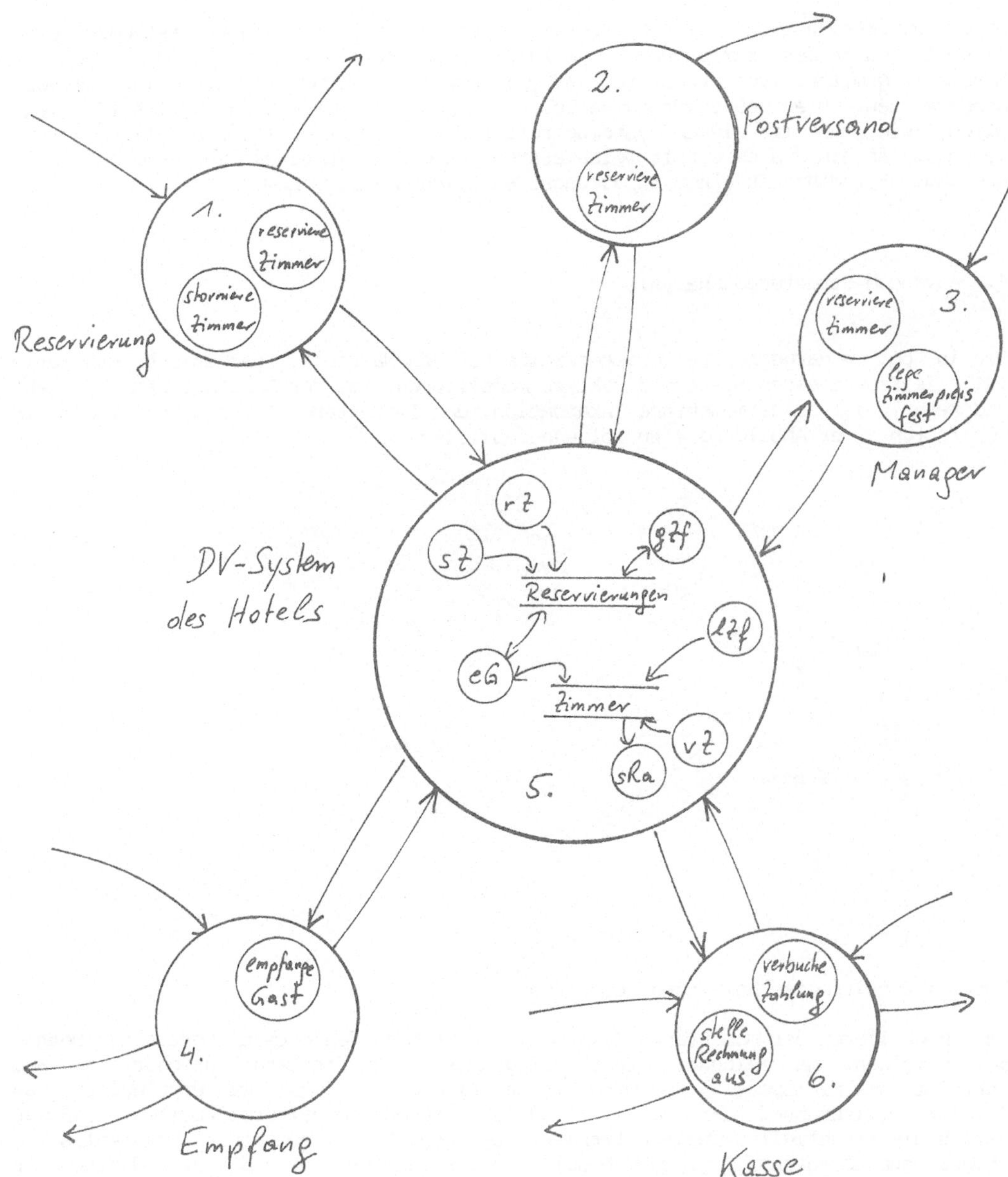

Abb. 7: Hotelsystem - eine Inkarnation

Unter Berücksichtigung dieser Aspekte wurden in den letzten Jahren Methoden entwickelt und in der Praxis erprobt /M-P81/. Das folgende Kapitel zeigt, wie die Darstellungsmittel von Structured Analysis erweitert wurden um detailliertere Vorgehensweisen. Die neu entstandene Technik - Advanced Structured Analysis - legt offen, wie man mit diesem Systembegriff als Hintergrund die essentiellen Anforderungen an ein System schrittweise erarbeitet und so zu einem langlebigen Modell und dadurch bedingt zu einem anpassungsfreundlichen System kommt.

4. Advanced Structured Analysis

Die in Abb. 4 dargestellte Vorgehensweise hat den Nachteil, daß es sehr schwierig ist, die Essenz eines Systems direkt zu modellieren. Was der Benutzer nämlich sieht und kennt, ist seine momentane Inkarnation, den Istzustand. Deshalb verfeinern wir den Knoten 1 der Abbildung 4 zu folgendem Bild.

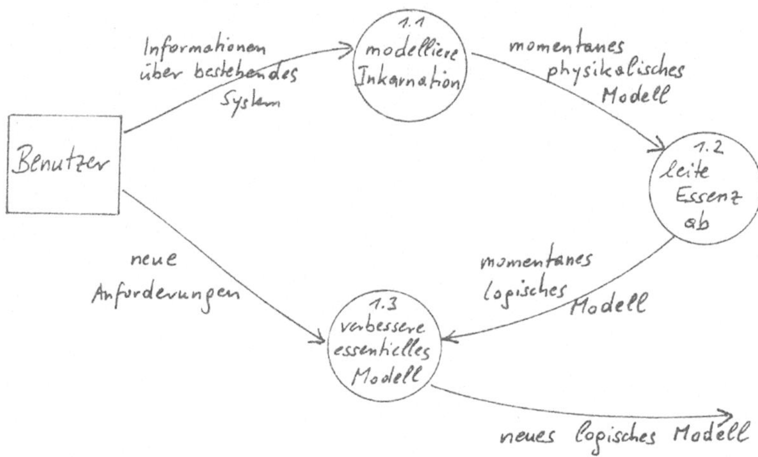

Abb. 8: Schrittweise Ableitung der Essenz

Das Modellieren der momentanen Inkarnation kann nach den bereits vertrauten Methoden erfolgen. Man zeichnet Datenflußdiagramme, legt ein Data Dictionary an und schreibt die Minispecs zu jedem Knoten der Diagramme. Das, was urprünglich das fertige Pflichtenheft darstellte, wird jetzt jedoch so weiterbearbeitet, daß man daraus die essentiellen Teile extrahiert. Der Schritt vom momentanen physikalischen Modell zum momentanen logischen Modell ist der schwierigste und aufwendigste. Er wird im folgenden noch etwas weiter detailliert. Hat man erst einmal die Essenz des bestehenden Systems abgeleitet, so kann man die neuen Anforderungen leicht in dieses Modell integrieren, um ein neues logisches Modell zu erhalten. Dieses neue logische Modell ist der Ausgangspunkt für die Ableitung einer möglichen neuen physikalischen Inkarnation, wie in Abbildung 4 dargestellt wurde.

Zum Herauskristallisieren der Essenz aus einem physikalischen Modell gibt es eine Vielzahl von Untersuchungen, die man Schritt für Schritt durchführen kann. Ziel dieser Untersuchungen ist es zunächst, alle physikalischen Anteile am Modell zu erkennen und aus dem Modell zu streichen.

Dazu betrachtet man als erstes die Prozesse in den Diagrammen, die überhaupt keinen Anteil der Essenz enthalten. Typische Beispiele sind Prozesse, die nur zur Kommunikation zweier oder mehrerer essentieller Teile dienen: Prozesse zum Aufbereiten von "Botschaften", Prozesse zum reinen Transport, Prozesse zum dekodieren von "Botschaften" an anderen Ende der Übertragungsstrecke. Am Beispiel von Abb. 9 erkennt man derartige Prozesse sehr deutlich.

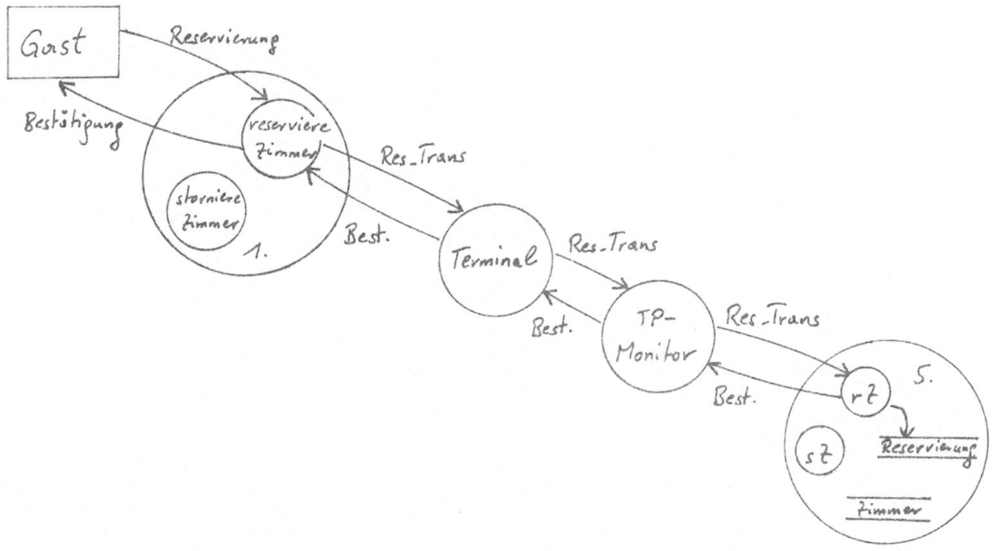

Abb. 9: Transporterprozesse

Aber auch innerhalb von Funktionsgruppen, die essentielle Teile beinhalten, gibt es rein physikalische Prozesse, die nur der Administration rund um eine essentielle Aktivität dienen. Dazu zählen Datenaufbereitungen, Datenprüfungen, Überwachungsprozesse, etc.. Abb.10 zeigt eine Verfeinerung des "Reservierungsprozesses", in dem typische administrativen Vorgänge modelliert wurden.

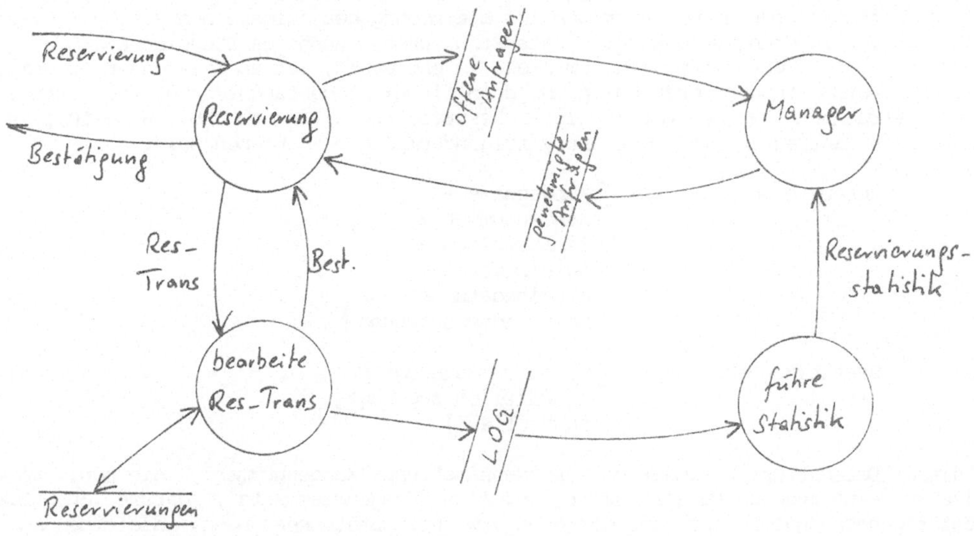

Abb. 10: Administrationsprozesse

Verallgemeinert man diese Abbildung, so kommt man zu einer Darstellung, die die typischen Teile eines noch nicht bereinigten, physikalischen Modells enthält.

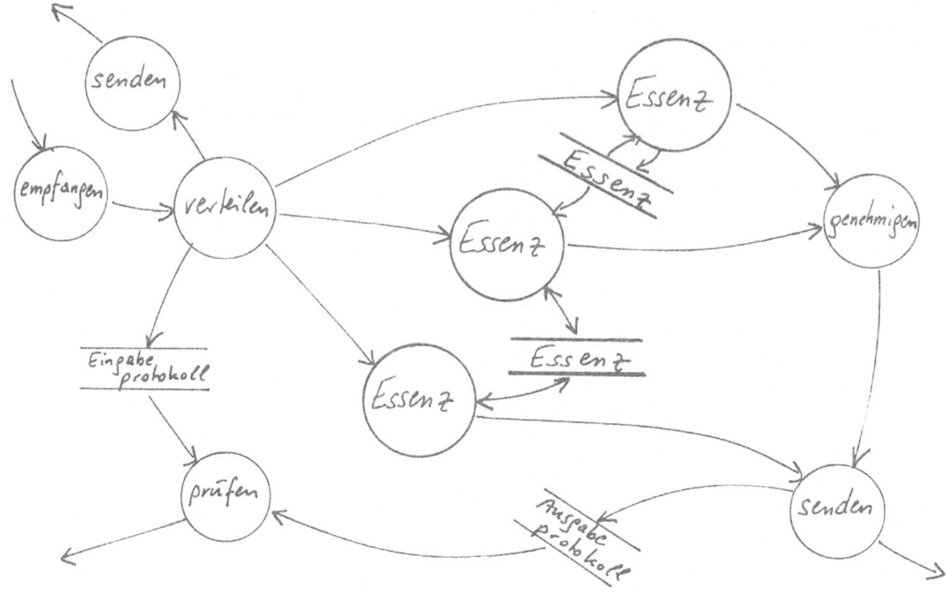

Abb. 11: Typischer Aufbau eines Prozessors

Diese beiden oben beschriebenen Gruppen - Transporterprozesse und Administrationsprozesse - können zunächst aus den Diagrammen entfernt werden. Was übrig bleibt, ist meistens nicht mehr zusammenhängend. Bevor man jedoch darangeht, die Zusammenhänge wieder herzustellen, erfolgt ein weiterer Minimierungsvorgang. Auch in den verbleibenden Teilen sind noch physikalische Aspekte versteckt, gemischt mit essentiellen Anteilen des Systems. Am ehesten findet man diese Teile noch in Datenflüssen und Dateistrukturen, wo außer den für die Lösung der Aufgabe notwendigen Teilen auch noch Verzeigerungen zu anderen Datenstrukturen, unnötige Bündelungen, Statuskennungen, etc. enthalten sind. Um diese zu entfernen, ist es meistens notwendig, zunächst Aufspaltungen vorzunehmen und dann die nicht gebrauchten Teile zu streichen. Betrachtet man den Datenspeicher Reservierungen (in den Abb. 6 - 10), so könnte sein Eintrag im Data Dictionary folgendermaßen beschrieben sein:

```
Reservierungen     = { Kundenname +
                       Kundennummer +
                       Zimmerwunsch +
                       Anreisedatum +
                       Abreisedatum +
                       Bestätigungskennung }

Bestätigungskennung = [ mündlich zugesagt |
                        schriftlich zugesagt |
                        noch offen ]
```

In dieser Datenstruktur findet man "Kundenname" und "Kundennummer", die u.U. Verweise auf eine anderen Datenstruktur, nämlich "Kundenstammsatz", darstellen. Die "Bestätigungskennung" ist eine der oben erwähnten Statuskennungen, die eine Aufspaltung ermöglichen. Denn nur der Teil der "noch offenen" Bestätigungen betrifft z.B. den Manager des Hotels.

Hat man dann die physikalischen Aspekte so weit als möglich entfernt, beginnt der konstruktive Zusammenbau der verbleibenden essentiellen Teile des Systems. Auch hierfür gibt Advanced Structured Analysis Anleit ngen, wie die übriggebliebenen Fragmente gegliedert werden sollen. Im wesentlichen folgt man die Stimuli, die im System Antworten auslösen sollen und verbindet alle Fragmente, die zu einem Stimulus gehören. Verfolgt man z.B. das Ereignis "Kunde will Zimmer reservieren", so findet man in dem verbleibenden Modell Teile im Knoten "Reservierungen" und Teile im Knoten "Postversand", die die Reaktion zu diesem Ereignis modellieren. Durch Zusammenfassen dieser "ereignisorientierten" Funktionsgruppen erhält man neue Abstraktionslevel, die wieder zu der gewohnten Top-down-Gliederung des Systemmodells führen, diesmal jedoch zu einem Modell, in dem nur mehr die essentiellen Funktionen enthalten sind (vgl. Abb. 6).

Dieses Modell ist die langlebige Basis für alle neuen Requirements, die eingebracht werden sollen und auch für alle organisatorischen Einbettungen und alle Realisierungseinschränkungen. Letztere sind notwendig, um die nicht vorhandene, ideale Technologie, von der man ausgegangen ist, auf eine vorhandene, nicht ideale Technologie abzubilden.

5. Zusammenfassung

Geht man von der in der Praxis normalen Annahme aus, daß Requirements nur in den seltensten Fällen wirklich am Anfang eines Projektes bekannt sind und daher nicht festgeschrieben werden können, so kommt man fast von selbst dazu, den Begriff des Software Life Cycle, die darin verankerten Methoden und die damit verbundenen Managementpraktiken anzuzweifeln.

Advanced Structured Analysis zeigt einen vielversprechenden Weg auf, wie man durch Konzentration auf die essentiellen Teile eines Systems die Wahrscheinlichkeit erhöht, daß

(1) der Kunde von vornherein klarer die Leistungsfähigkeit des bestehenden oder neu zu gestaltenden Systems erkennt und seine wahren Anforderungen äußern kann, und

(2) die Änderungen an den Requirements, die dem Kunden trotzdem erst spät im Ablauf der Projektarbeit einfallen, keinen dramatischen Einfluß auf die Gesamtstruktur haben und daher leicht eingebracht werden können.

Literatur:

/Alf77/ M. Alford
A Requirements Engineering Methodology for Real-Time Processing Requirements
IEEE, Trans. on SE, Jan. 1977

/DeM79/ T. DeMarco
Structured Analysis and System Specification
Yourdon Press, 1979

/Hru82/ P. Hruschka
Methodische Systemerstellung mit proMod
GEI-Kursunterlagen, 1982

/M-P81/ S.M. McMenamin, J.F. Palmer
Advanced Structured Analysis
Edition 4.1
Yourdon, inc., 1981

/M-P82/ S.M. McMenamin, J.F. Palmer
The Transition Between Analysis and Design
presented at GUIDE 54, May 1982

/Ros77/ D.T. Ross, K.E. Schoman,Jr.
Structured Analysis for Requirement Definition
IEEE, Trans. on SE, Jan. 1977

/Tei77/ D. Teichroew, E.A. Hershey III
PSL/PSA: A Computer-Aided Technique For Structured Documentation and Analysis of Information Processing Systems
IEEE, Trans. on SE, Jan. 1977

ZIELGERICHTETES UND REGELGESTEUERTES PROBLEMLÖSEN MIT DER REQUIREMENTS-ENGINEERING METHODOLOGIE IBIS[+)]

S. Florek und H.-J. Schneider
Institut für Angewandte Informatik
Technische Universität Berlin

Rechnergestützte Informationssysteme sollen Anwenderprobleme lösen. Sie werden selbst im Laufe eines Problemlösungsprozesses entwickelt. Aus Fehlern bei diesem Prozeß entstehen für alle Phasen des Informationssystem-Einsatzes Folgeprobleme und Folgekosten. Ca. 7o% der Fehler, die man erst in der Test- und Wartungsphase findet, werden bei heutigen Softwaresystemen den frühen Phasen der Software-Entwicklung, d.h. Anforderungsspezifikation, Entwurf und Entwurfsinspektion, zugeschrieben. Information Systems Engineering mit IBIS soll diese Situation wesentlich verbessern. Es wird ein Ansatz vorgestellt, der sich am Beispiel der Anforderungsdefinition und -analyse mit einem zielgerichteten, regelgesteuerten, rechnergestützten Vorgehen bei der Problemlösung befaßt.

1 Ausgangssituation

Eine informelle Anforderungsbeschreibung (z.B. Pflichtenheft) stellt den Informationssystem-Experten zumindest vor folgende Fragen:

- Ist die Bedeutung von Begriffen eindeutig?
- Wie ist das Erfüllen von Kriterien überprüfbar? Welche Hilfsmittel sollen benutzt werden? Wie sollen Entscheidungen getroffen werden?
- Welche Konsequenzen haben bestimmte Forderungen?
- Wie sind die Zuständigkeiten und Aufgaben der Beteiligten geregelt?
- Sind Forderungen modifizierbar, falls die Kosten zu hoch sind?
- Werden Anforderungen wechseln?
- Ist die Beschreibung vollständig, ist sie widerspruchsfrei, ist sie fehlerfrei?
- Ist der Projektfortschritt begleitend überprüfbar?

+) Instrumentarium zur besseren Beherrschbarkeit von komplexen Informations-Systemen

Auf verbaler und informeller Grundlage sind solche Fragen sehr schwer richtig zu beantworten, d.h. es sind neue Methoden anzustreben, um den Problemlösungs(teil-)prozeß (hier: Anforderungsdefinition) zu unterstützen.

2 Angestrebte Situation

2.1 Partizipation

An dem Prozeß der Problemlösung müssen alle kompetenten Experten beteiligt werden, wie Anwendungsfachmann, Softwaredesigner, Systemingenieur, Systemanalytiker, Projektmanager. Diese Beteiligung ist wünschenswert - angefangen von der Ist-/Sollanalyse und dem Entwickeln der Sollkonzeption bis hin zur Behandlung von wechselnden Anforderungen im Betrieb (/Hn81/). Zur Kommunikation der Experten braucht man eine gemeinsame sprachliche Kommunikationsbasis ebenso wie expertenspezifische Sprachteilsichten (WASSERMAN /Wa79/). Wünschenswerte Eigenschaften solcher Kommunikationsmittel findet man bei SCHNEIDER /Sc78/.

2.2 Benutzerführung

Wegen der Komplexität der Anforderungsdefinition ist eine Rechnerunterstützung erforderlich, die dem Benutzer Hilfen bietet, welche über die Dokumentation und das Editieren von Spezifikationen hinausgehen. Wünschenswerte Hilfen für eine Benutzerführung sind:

. Syntaktische und semantische Konsistenzprüfungen

  Durch diese Prüfungen wird erreicht, daß der Benutzer sich nicht ständig auf kleinere Fehler und deren Folgefehler konzentrieren muß, sondern er sich ganz auf die Problemlösungsqualität konzentrieren kann. Ein Beispiel für eine semantische Prüfung bei IBIS ist die Projektstatuskontrolle (vgl. Abb. 1). Durch das Kommando 'ad-testen' mit der Option 'status' erhält der Benutzer Informationen darüber, welche Meilensteine nicht erreicht sind (hier ist der Meilenstein mit dem Namen 'zexists' nicht erreicht). Es folgen erklärende Texte zum Inhalt der Meilenstein-Bedingung und Hinweise auf die Fehlerquelle.

. Entscheidungshilfen

  Oft wird erst beim System- oder Akzeptanztest bemerkt, daß bereits die Anforderungsdefinition fehlerhaft war (vgl. DAVIS /Da77/). Dies liegt daran, daß die Intuition versagt, wenn es darum geht, die Konsistenz und Einhaltbarkeit von komplexen Anforderungen in

Situationen großer Unsicherheit zu bewerten. Entscheidungshilfen sollen deshalb dem Experten abgesichertere Entscheidungen erlauben. Ein Beispiel für die Unterstützung, die IBIS bei der Bewertung von Anforderungen bei großer Unsicherheit bietet, ist die Simulation von Anforderungsspezifikationen (vgl. /F182/).

<u>Bitte Kommando eingeben!</u>
AD-TESTEN STATUS

<u>Allgemeine Erklärung zur Kommandobearbeitung:</u>
Der Projektstatus wird geprüft. Beim Auffinden des ersten nicht erfüllten
Meilensteins erhalten Sie Hinweise auf Maßnahmen, durch die dieser
Meilenstein erreichbar ist.

<u>Beginn der Kommandobearbeitung:</u>
Prüfen der ' 1.' Meilenstein-Bedingung ---------- 'zmeilen1'
Prüfergebnis positiv, Meilenstein erreicht.

Prüfen der ' 2.' Meilenstein-Bedingung ---------- 'zexists'
Prüfergebnis negativ, Meilenstein nicht erreicht.

<u>Hinweise zum Inhalt der Regel 'zexists':</u>
Die Existenz von Bewertungsvorgaben in der Anforderungsdatenbank wurde
überprüft.

<u>Beim Fehler beteiligte Spezifikationstypen:</u>
Bereich 'Z = Zielstruktur'
Formulartyp 'Procedure'
Schlüsselworte 'Input', 'Output', 'Tool'

<u>Fehlerquelle:</u>
Eingetragene Spezifikation 'z1' der Zielstruktur ist noch teilweise
undefiniert.

<u>Maßnahmen zur Fehlerbehandlung:</u>
Definition von Bewertungsprozeduren überprüfen,
Vollständigkeit von Zielvorgaben überprüfen.

<u>Abb. 1:</u> Statuskontrolle mit IBIS

2.3 Entlastung von Kontrollfunktionen

Bei dem Vorgang der Anforderungsdefinition sind eine Fülle von Vorschriften zu beachten, damit die Beschreibung stets konsistent bleibt. Beispiele für solche Regeln sind:

- Beschreibungsregeln zur Sicherung der Eindeutigkeit, Durchgängigkeit und korrekter Namensgebung, korrekter Schnittstellen- und Verteilungsbeschreibung.
- Strukturierungsregeln zur Festlegung der Verfeinerungs- und Verteilungsreihenfolge, erlaubter Maßnahmen zur Redundanzbeseitigung und Aggregation sowie der Kriterien für Vollständigkeit.
- Verwaltungsregeln zur Prüfung von Meilensteinen (Projektstatus), Anspruchsniveaus und Autorisierung.

Es ist nun nicht sinnvoll, daß ein Experte sich bei der Durchführung seiner Aufgaben ständig auf eine beträchtliche Anzahl von Vorschriften konzentrieren muß. Vielmehr kann das Prüfen auf die Einhaltung von Konsistenzregeln dem Rechner so überlassen werden, daß das Verändern der Anforderungsspezifikation immer implizit vom Rechner geprüft wird. Bei der Verletzung von Regeln werden dann ähnliche Meldungen ausgegeben wie bei der expliziten Projektstatuskontrolle (vgl. Abb. 1).

2.4 Zielorientiertes Vorgehen

WEINBERG /We71/ erläutert einsichtig, warum Ziele explizit vorgegeben werden müssen: bei allen Arten von "Programmierern" darf man nämlich erwarten, daß vorgegebene Ziele eher erreicht werden als nicht vorgegebene. Deshalb sollten die Aufgaben bei der Anforderungsdefinition zwischen den verschiedenen Experten so aufgeteilt werden, daß jeder Beteiligte stets eine bestimmte Fragestellung bearbeitet. Fragestellungen kann man bei IBIS beschreiben, indem man die Ziele festlegt, an denen bestimmte Spezifikationen überprüft werden sollen. Die fragestellungspezifischen Spezifikationen werden vom Bearbeiter der jeweiligen fragestellungspezifischen Sicht auf Formularen bereitgestellt, wobei er nur Formulareinträge vornehmen muß, die zu seinem Betrachtungsschwerpunkt bzw. zu seinem Sprachniveau gehören. Damit ist das z.B. von WASSERMAN (/Wa79/) geforderte View-Konzept bei IBIS verwirklicht. Das Arbeiten der verschiedenen Experten wird synchronisiert, wenn eingetragene Spezifikationen aus dem privaten Arbeitsbereich in einen zentralen Bestand (vgl. "Software Engineering Database" DAVIS /Da77/, "Projektbibliothek" DENERT /De8o/) zurückgeschrieben werden bzw. wenn private Kopien von der erforderlichen Teilmenge des zentralen Bestands gezogen werden.

3 Lösungsansatz

3.1 Stand der Technik

Es soll hier nicht der Eindruck erweckt werden, als ob existierende Instrumente keine Verbesserung der Ausgangssituation (vgl. Abschn. 1) gebracht hätten. Vielmehr verweist eine Fülle von Instrumenten in die im Abschnitt 2 aufgezeigten Richtungen. Eine gute Übersicht darüber geben BALZERT /Ba81/ und HESSE /He81/.

Zusammenfassend läßt sich jedoch feststellen, daß der Großteil der Verfahren zuwenig von einem Modell des gesamten Problemlösungsprozesses ausgeht, so daß i.allg. pragmatisch zurechtgeschneiderte Verfahren für Teilprobleme entstanden sind, die nur schwer zu bewerten und in eine durchgängige Konstruktionshilfe zu integrieren sind. In SCHNEIDER /Sc8o/ wird mit dem computergestützten Problemlösungsunterstützungssystem COMPASS ein Gesamtansatz für die Softwareproduktion vorgeschlagen.

3.2 Modell des Anforderungsdefinitionsprozesses

1) Im Verlauf der Anforderungsdefinition werden mit Hilfe von Operationen Veränderungen vorgenommen an Objekten und Beziehungen, d.h. Entities und Associations, vgl. CHEN /Ch76/.

2) Die Objekte und Beziehungen modellieren und beschreiben reale bzw. abstrakte Objekte und Beziehungen.

3) Die Objekte und Beziehungen sind anwendungsabhängige Anforderungen und Restriktionen.

4) Veränderungen an Anforderungen und Restriktionen dürfen nur so vorgenommen werden, daß anwendungsunabhängige Regeln über Objekte und Beziehungen nicht verletzt werden.

Zur Unterstützung der Anforderungsdefinitionen müssen folglich

- Sprachmittel für Konstruktionsregeln (3.3)
- Sprachmittel für Anforderungen und Restriktionen (3.4)
- Verwaltungsoperationen für Anforderungen, Restriktionen und Konstruktionsregeln (3.5)

bereitgestellt werden.

3.3 Explizites Konstruktionswissen bei der Anforderungsdefinition

Herkömmliche Verfahren zum Requirements Engineering erheben mehr oder weniger ausdrücklich einen Anspruch darauf, nun die Anforderungssprache und die Methode zur Anforderungsdefinition entwickelt zu haben. Deshalb werden i.a. Sprachmittel und Methode starr in ein Instrument einzementiert.

Wie im Abschnitt 3.2 erläutert, sollen jedoch auch die Regeln explizit formuliert und nicht implizit im Code einer Konstruktionshilfe festgeschrieben werden. Damit bietet der vorgestellte Lösungsansatz völlig neuartige Möglichkeiten:

o Der Vorgang der Anforderungsdefinition kann durch Austausch des Regelbestands branchen- bzw. firmenspezifisch angepaßt werden.

- o Verbesserte Vorgehensweisen können durch Fortschreibung des Regelbestands übernommen werden.
- o Aus einem vorgegebenen umfassenden Sprachrahmen lassen sich die benötigten Teile benutzerspezifisch ausblenden.
- o Die Sprachmittelsyntax kann innerhalb eines vorgegebenen Rahmens durch syntaktische Regeln modifiziert werden.

Ansätze, die in diese Richtung weisen, findet man z.B. bei TEICHROEW /Te8o/ und BALZERT /Ba81/.

Das Aufbauschema für Regeldefinitionen mit IBIS wollen wir am Beispiel der bereits angesprochenen Bedingung mit dem Namen 'zexists' (s. Abschn. 2.2) erläutern. Man findet die entsprechende Regeldefinition mit dem Kommando 'reg-finden' (vgl. Abb. 2).

```
Bitte Kommando eingeben!
REG-FINDEN ZEXISTS

Allgemeine Erklärung zur Kommandobearbeitung:
Die Definition der gewünschten Regel wird am Bildschirm angezeigt.

Beginn der Kommandobearbeitung:
REGELDEFINITION  'zexists'
KOMMANDOMUSTER   'ad-testen zexists'
PRÜFBEDINGUNG    'valid iff not exists procedure-form.of-db named a
                            where a.input = undefined
                            and not exists procedure-form.of-db named a
                            where a.output = undefined
                            and not exists procedure-form.of-db named a
                            where a.tool = undefined'
HANDLUNG         'otherwise not valid and supply-message (Eingetragene
                 Spezifikation 'COMPUTED VALUE' der Zielstruktur ist
                 noch teilweise undefiniert.)
                 enddefine'
ERKLÄRUNG        'Inhalt der Regel -
                 Die Existenz von Bewertungsvorgaben in der Anforderungs-
                 datenbank wurde überprüft.'
                 'Maßnahmen zur Fehlerbehandlung -
                 Definition von Bewertungsprozeduren überprüfen,
                 Vollständigkeit von Zielvorgaben überprüfen.'
```

Abb. 2: Regelverwaltung mit IBIS (hier: FIND)

REGELNAME

Der Regelname 'zexists' wird festgelegt (Zeile 1).

MUSTER

Die Regelprüfung hat defensiven Charakter, d.h. sie wird nur bei einer bestimmten Kommandokonstellation ('ad-testen, zexists') durchgeführt (Zeile 2).

BEDINGUNG

Die Bedingungen, unter denen die Regel als erfüllt gilt, werden durch die folgenden Zeilen (3 - 8) festgelegt. Die Bedingungen besagen, daß die Werte bei bestimmten Formularkeyworten ('input', 'output', 'tool') des Formulartyps ('procedure') nicht undefiniert sein dürfen.

HANDLUNG

Im Fehlerfall wird standardmäßig das Kommando nicht ausgeführt. Statt dessen soll eine Fehlermeldung erfolgen (Zeilen 9 - 11). Durch das Schlüsselwort 'enddefine' wird der Definitionsteil beendet (Zeile 12).

ERKLÄRUNG

Die Regel und Maßnahmen zur Fehlerbehandlung werden verbal erklärt (Zeilen 13 - 18).

Anmerkung:

Selbstverständlich besteht auch die Möglichkeit, Ausnahmen von Regeln zuzulassen, wenn das Arbeiten sonst zu starr eingeschränkt würde.

3.4 Zielnetze

Bei der Benutzung herkömmlicher Verfahren zur Anforderungsdefinition hat man i.allg. Schwierigkeiten, das zu bewerten, was man fordert. Dies liegt daran, daß viele Zielvorstellungen nichtquantifizierbar sind und daß es z.B. keine allgemein akzeptierten begrifflich geklärten Definitionen des Ziels 'Software Qualität' gibt (vgl. /Sn82/).

BOLLMANN /Bo77/ hat gezeigt, daß man zuerst einen Anwender-Standpunkt überprüfbar definieren muß, bevor eine Frage wie: Ist Alternative A (mit einer Antwortzeit von 5 Sek.) besser als Alternative B (mit einer Antwortzeit von 1o Sek.) vernünftig beantwortet werden kann.

Die in FLOREK /Fl81/ beschriebenen Zielnetze (ZN) sind nun Hilfsmittel, um anwenderspezifische Qualitätsvorstellungen zu modellieren und zu bewerten. Im einzelnen haben Zielnetze folgende Eigenschaften:

Grundlagen

Die von PETRI (z.B. /Pe77/) entwickelte Netztheorie hat sich als ein mächtiges Instrument zur Analyse, zum Design und zur Simulation bei Informationssystemen erwiesen. Sie beruht darauf, daß die Elemente von Systemen in zwei disjunkte Mengen aufgeteilt werden, deren Zusammenhang durch eine Relation zwischen den Elementen beschrieben wird.

Deshalb wurden Zielnetze so entwickelt, daß sie aus Bewertungskomponenten und Informationskomponenten bestehen. Diese Komponenten bilden eine Präzedenzstruktur und sind schrittweise verfeinerbar.

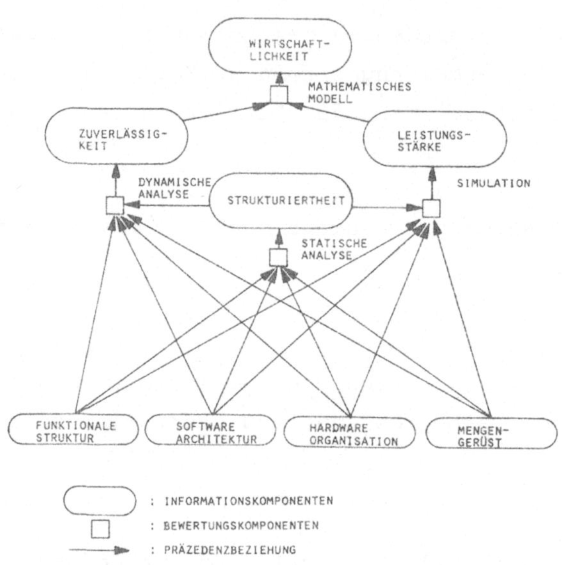

Abb. 3: Exemplarische anwenderspezifische Zielstruktur

Bewertungskomponenten sind Informationsverarbeitungseinheiten zur Ermittlung eines Zielertrags (hier: versehen mit den Namen 'Dynamische Analyse', 'Statische Analyse', 'Simulation' und 'Mathematisches Modell', vgl. Abb. 3).

Bei den Informationen sind zu unterscheiden beliebige Informationseinheiten, die ein Ziel darstellen (hier bezeichnet mit den Namen 'Zuverlässigkeit', 'Wirtschaftlichkeit', 'Leistungsstärke' und 'Strukturiertheit'), von standardmäßig vorgesehenen Informationseinheiten, die einen Spezifikationstyp darstellen (hier 'Funktionale Struktur', 'Software Architektur', 'Hardware Organisation' und 'Mengengerüst', vgl. Abb. 3). Hervorzuheben ist, daß alle Komponenten gemäß den spezifizierten Anwenderwünschen verfeinerbar sind.

Modellierungs- und Sprachmittel

Bei ZN treten Zwischenprodukte des Software Lifecycle's als Informationskomponenten auf, und zwar sind dies die mit Standardnamen bezeichneten Komponenten. Die Modellierung und die linearisierte Beschreibung aller Komponenten erfolgt in Anlehnung an die ISAC-Methode, beschrieben in STÜBEL /St79/.

Es werden folgende Spezifikationstypen unterschieden:

Bereich F - Funktionale Struktur, Datenfluß

Beim Entwurf der funktionalen Struktur werden die Hauptaktivitäten und deren Ein- und Ausgabeinformationen spezifiziert. Sie werden mit den beiden Formulartypen ACTIVITY und INFORMATION modelliert, die das Informationssystem vom Standpunkt einer problemorientierten Systembetrachtung beschreiben.

Bereich S - Software Architektur, Schnittstellengerüst

Nach dem logischen (funktionalen) Entwurf wird eine weitere Strukturierung der Anforderungen vorgenommen, indem Aktivitäten und Informationen zu Modulen zusammengefaßt werden. Deren Interdependenzen und Schnittstellen werden festgelegt. Die Formulare MODULE und INTERFACE erlauben es, das Informationssystem vom Standpunkt dieser architekturorientierten Systembetrachtung zu modellieren.
Anmerkung:
Falls man der Meinung ist, diese Angaben sollten bei der Anforderungsdefinition nicht erfaßt werden, kann man über die Festlegung von Regeln den sichtbaren Sprachbereich entsprechend verkleinern.

Bereich H - Hardware Organisation, Ressourcen

Die modellierte Hardware-Konfiguration besteht aus Prozessoren, Kanälen, Speicher- und Peripheriegeräten. Sie muß beschrieben werden, wenn man realistische Bewertungen vornehmen will. Dazu dienen die Formulartypen ACTIVE RESOURCE und PASSIVE RESOURCE, mit denen das Informationssystem vom Standpunkt einer betriebsmittelorientierten Sichtweise betrachtet wird.

Bereich U - Systemumgebung

Zur Systemumgebung gehört die Topologie, das Lastprofil und das Mengengerüst des geplanten Systems. Diese Aspekte werden mit den Formularen SOURCE und SIGNAL modelliert.

Bereich K - Kontroll- und Steuerfluß

Die Spezifikationen der bisher erläuterten Bereiche erfolgen so, daß keine prozeduralen Details angegeben werden müssen. Um dennoch typische Abläufe gezielt untersuchen zu können, werden Pfade beschrieben, indem die gewünschte Reihenfolge von Aktivitäten spezifiziert wird. Die PATH Formulare beschreiben somit eine für den Anwender zusammenhängende Folge von Operationen.

Bereich Z - Zielstruktur

Die Zielstruktur selbst wird beschrieben, indem Bewertungskomponenten und Zielinformationen spezifiziert werden. Zur sprachlichen Beschreibung stehen die Formulartypen PROCEDURE und INDICATOR zur Verfügung.

Hervorzuheben sind folgende Eigenschaften des Sprachmittelentwurfs:

1) Es werden nur nichtprozedurale Elemente bereitgestellt, damit bei der Anforderungsdefinition nicht Design-Details vorweggenommen werden können.

2) Die Zielstruktur hat durch den Anschluß von mächtigen Tools nicht bloß deskriptiven Charakter, sondern man kann auch bewerten, was man fordert.

3) Die Spezifikationstypen sind nach einem einzigen einheitlichen Metaschema entwickelt worden, indem zunächst auf die Dualität von aktiven und passiven Objekttypen geachtet wurde und dann grundlegende Beziehungstypen für diese vorgegeben wurden.

4) Es können Verfeinerungen innerhalb eines Bereichs modelliert werden (z.B. im Bereich 'Funktionale Struktur' die Verfeinerung von Aktivitäten in feinere Aktivitäten und Informationen).

5) Darüber hinaus können bereichsübergreifende Beziehungen modelliert werden. Die Bedeutung dieser Beziehungstypen, die Zuordnungen genannt werden, wird besonders einsichtig, wenn man sich klarmacht, daß Aktivitäten an Ressourcen zugeordnet werden müssen, die sie ausführen, und daß Ressourcen an physischen Stellen aufgestellt werden müssen. Sachverhalte, die mit Zuordnungen modelliert werden, sind auch geläufig unter den Namen Funktionsverteilung, Datenverteilung, Lastverteilung, Speicherhierarchie.

6) ZN ermöglichen eine realistische begleitende Bewertung und ein fragestellungsspezifisches Arbeiten, da die Erträge der Zielgrößen

von der Verfeinerung und Synthese der Spezifikationen abhängig ermittelt werden. Es liegt auf der Hand, daß die Dynamik beim Bewerten darin besteht, daß mit zunehmendem Detaillierungsgrad der Anforderungsdefinition die Auswertbarkeit der Ziele zunimmt. Zwar könnte bei unserem Beispiel eine vollständige gültige Auswertung der Ziele 'Zuverlässigkeit', 'Wirtschaftlichkeit' und 'Leistungsfähigkeit' erst beim Betrieb erfolgen, jedoch können für feinere Ziele (d.h. Unterziele) schön früher gültige Werte ermittelt werden. Ein solches zielgerichtetes Vorgehen bei der Entwicklung der Anforderungen scheint unbedingt ratsam und könnte als zielorientiertes Spezifizieren bezeichnet werden.

Einerseits verhindert der vorgegebene Entwurf des Sprachmittelrahmens, daß beim zielorientierten Spezifizieren konzeptionelle und praktische Fehler gemacht werden, andererseits kann man die erlaubten Spezifikationsschritte über projektspezifische Regeln noch sehr detailliert steuern.

3.5 Modell- und Methodeninstrumentarium

Eine generalisierte Konstruktionshilfe, welche auf den bisher vorgestellten Konzepten basiert, ist das IBIS-System (Instrumentarium zur besseren Beherrschbarkeit von komplexen Informationssystemen) als Komponente des COMPASS-Systems. Es benutzt Daten-, Modell- und Methodenbestände und wird zur Zeit als Prototyp in PROLOG /CL81/ realisiert.

Eine Datenbank enthält die Anforderungsspezifikationen und das Know-how über den Vorgang der Anforderungsspezifikation (Regeln). Allein durch die Benutzung der Datenbank kann ein großer Teil des Entwicklungsvorgangs kontrolliert erfolgen.

Die Modellbank wird benötigt, wenn komplexere Regeln den Einsatz von Modellbausteinen erfordern (z.B. /Bi79/). Prinzipiell können durch Transformation von IBIS-Spezifikationen auch Eingaben für Netzanalyse- und Simulationsinstrumente erzeugt werden, die z.B. die Lebendigkeit und Sicherheit von Systemen bewerten können /Go83/.

Die Methodenbank nimmt Hilfsmittel und vorgefertigte Bausteine auf, die zur Transformation von bewerteten und akzeptablen Anforderungsdefinitionen im Datenbankschemata oder Quellcode benötigt werden.

Die Steuerungskomponente führt Operationen zur Prüfung und Manipulation von Anforderungen durch:

Operationen auf dem Regelbestand dürfen die Konsistenz des Regelsystems nicht verletzen. Das Ausführen korrekter Operationen beinhaltet, daß der Regelbestand manipuliert wird und die zugehörigen Checkroutinen abgeleitet werden.

Operationen auf dem Anforderungsbestand werden zunächst geprüft, wobei die aktuell geltenden Prüfkriterien sich gemäß dem Regelbestand ergeben. Zulässige Manipulationen werden dann ausgeführt, sonst erhält der mit IBIS arbeitende Experte eine ausführliche Information über das Prüfresultat, welche ihn zur Fehlerbehandlung anleitet.

4 Bewertende Zusammenfassung

Die Effektivität jeder Konstruktionshilfe wächst zum einen in dem Maße, in dem mächtigere Operationen verwendbar werden (z.B. Simulation und Programmgenerierung), zum anderen müssen Zusammenhänge zwischen den Einflußgrößen sowie Regeln im Sinne einer Konstruktionslehre empirisch abgesichert werden.

Der Grad der Rechnerunterstützung, den IBIS für Projektmanager, Anwendungsfachmann, Systemanalytiker, Designer oder Systemingenieur bietet, ist zwar konzeptionell schon weitergehend als bei isolierten "Software Tools", jedoch soll IBIS hinsichtlich der beiden zuletzt genannten Aspekte noch ausgebaut werden, indem Kostenmodelle und branchenspezifisches Anforderungswissen einbezogen werden.

Es sollte jedoch hier bereits deutlich werden, daß die für die Anforderungsdefinition entwickelten neuartigen Konzepte auf alle Phasen des Software Life-Cycle's übertragbar sind. Damit ist die Grundlage für einen dringend benötigten integrativen Ansatz einer Konstruktionshilfe gegeben.

5 Literatur

/Ba81/ BALZERT, H.
Methoden, Sprachen und Werkzeuge zur Definition, Dokumentation und Analyse von Anforderungen an Software-Produkte.
Informatik-Spektrum 4, 3&4, 1981

/Bi79/ BIEBER, J.; FLOREK, S.
A Performance Tool for Design and Installation Support of Distributed Database Systems.
1. Conf. on Distributed Computing Systems, 1979

/Bo77/ BOLLMANN, P.
Untersuchung von Effektivitätsmaßen für Dokumentenretrieval Systeme.
Diss., Berlin 1977

/Ch76/ CHEN, P.P.S.
The Entity-Relationship Model - Toward a Unified View of Data.
ACM Trans. on DBS, March 1976

/Cl81/ CLOCKSIN, W.F.; MELLISH, C.S.
Programming in PROLOG.
Springer Verlag, Berlin 1981

/Da77/ DAVIS, C.G.
The Software Development System.
IEEE Trans. on SE, Januar 1977

/De8o/ DENERT, E.; HESSE, W.
Projektmodell und Projektbibliothek: Grundlagen zuverlässiger Software Entwicklung und Dokumentation.
Informatik Spektrum 3, 4, November 198o

/Fl81/ FLOREK, S.
Modellierung, Messung und Bewertung von Anforderungen zur Unterstützung von Planung, Entwurf und Betrieb von Informationssystemen.
Diss., Berlin 1981

/Fl82/ FLOREK, S.
Bündelung von Leistungssimulation und Requirements Engineering beim IBIS-System.
Angewandte Informatik 12, 82, pp. 594-599

/Go83/ GODBERSEN, H.P.
Funktionsnetze. Eine Modellierungskonzeption zur Entwurfs- und Entscheidungsunterstützung.
Ladewig-Verlag, Berlin 1983

/He81/ HESSE, W.
Methoden und Werkzeuge zur Software Entwicklung: Einordnung und Überblick.
Informatik-Fachberichte, 43, Springer 1981

/Hn81/ HEILMANN, H.
Modelle und Methoden der Benutzermitwirkung in Mensch-Computer-Systemen.
Forkel Verlag, Stuttgart 1981

/Pe77/ PETRI, C.A.
Modelling as a Communication Discipline.
In: BEILNER, H., und GELENBE, E. (eds.)
Measuring, Modelling and Evaluating Computer Systems, North-Holland 1977

/Sc78/ SCHNEIDER, H.-J.
Möglichkeiten und Grenzen normativer Ansätze für die Gestaltung von Informationssystemen.
In: Fachberichte und Referate, Bd. 6,
Entwicklungstendenzen der Systemanalyse.
Oldenbourg Verlag, 1978

/Sc8o/ SCHNEIDER, H.-J.
Sind computergestützte Informationssysteme bei zunehmender Komplexität noch beherrschbar?
6. Internationaler Kongreß Datenverarbeitung, Wien 198o

/Sn82/ SNEED, H.M.; WIEHLE, H.R. (Hrsg.)
Software-Qualitätssicherung.
Berichte des German Chapter of the ACM, Bd. 9
Teubner Verlag, Stuttgart 1982

/St79/ STÜBEL, G.
ISAC - Eine formale Methode zur rechnergestützten Beschreibung von Betriebsabläufen.
In: MAYR, H.C., und MEYER, B.E. (eds.)
Formale Modelle für Informationssysteme.
Informatik-Fachberichte, 21, Springer 1979

/Te8o/ TEICHROEW, D. et al.
Application of the Entity-Relationship Approach to Information Processing Systems Modeling.
In: CHEN, P. (Ed.)
Proc. International Conference on the Entity Relationship Approach,
North-Holland 198o

/Wa79/ WASSERMAN, A.
USE - A Methodology for the Design and Development of Interactive Information Systems.
In: SCHNEIDER (Ed.)
Formal Models and Practical Tools for Information Systems Design,
Proc. of the IFIP WG8.1, Oxford 1979,
North-Holland 1979

/We71/ WEINBERG, G.M.
The Psychology of Computer Programming.
Van Nostrand Reinhold,
New York 1971

SYSTEM DESIGN USING PETRI NETS

Wolfgang Reisig

Lehrstuhl für Informatik II, RWTH Aachen
Büchel 29-31 5100 Aachen, Germany

Introduction

We present a Petri Net based design method which supports the initial phases of the software development process. This method allows for the systematic specification and analysis of system requirements and software requirements.

Our design method

- is easy to learn and to understand, also for somebody who is not familiar with computers,
- allows for a continuous and systematic development leading from informal to formal specifications,
- supports the problem-oriented structuring of a system,
- allows for a systematic transition from the representation of static components and relations to the description of dynamic behaviour,
- comprises, besides of the usual top-down- and bottom-up- hierarchies also the possibility of embedding or isolating components,
- contains methods to discover inconsistences and gaps within a design,
- allows to formulate and to verify system properties without regard to the (particular) implementation.

1. An Example

As a first approach to the modelling of some real system, it is useful to decompose the system into a few, but significant components. As an example, Fig.1 shows a very first step towards the design of an idustrial assembly line. Some more details of this system are given in Fig.2 and in Fig.3.

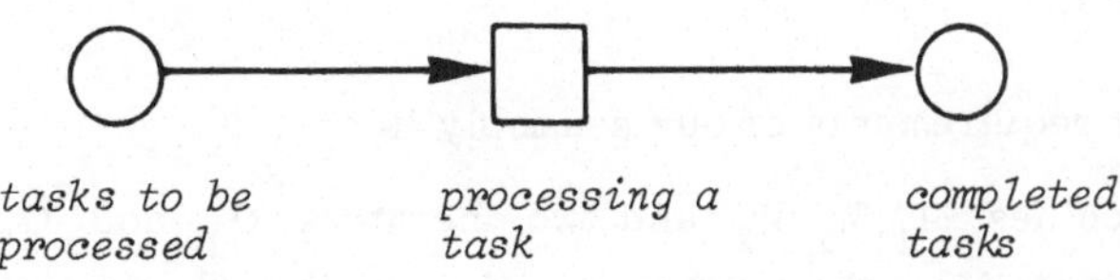

Fig.1 Coarse structure of a simple industrial assembly line

These figures are examples of channel/agency-nets. In a channel/agency-net

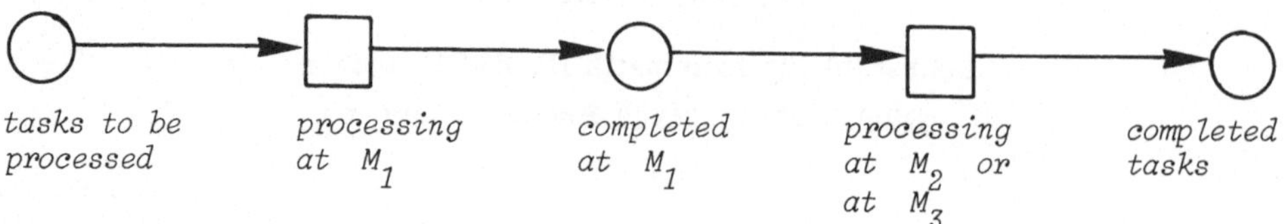

Fig.2 More detailed structure of the assembly line

- each channel (drawn as a circle ○) represents a passive system component. Such a component may be a buffer, a store, be in some actual state, or can make objects visible,
- each instance (drawn as a square □) represents an active system component which is responsible for production, transport, transformation, or modification of objects,
- each arrow represents some logical relationship, a coherence, a proximity (in space), or acces rights. An arrow never represents any real system component, but always some abstract relationship between them.

In a channel/agency-net (as in nets of any type), an arrow links nodes of different types (i.e. a channel is never immediately linked to a channel or an agency immediately to an agency).

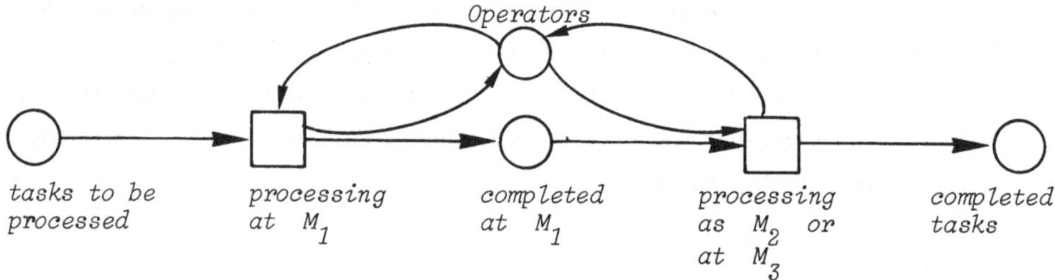

Fig.3 Fig.2 with an additional channel

Channels, agencies and also arcs of a channel/agency-net may hold any inscriptions. It is reasonable that inscriptions in channels indicate objects which are to be processed and inscriptions in agencies and at arcs indicate how and under which circumstances objects are processed.

Assume the follwing requirements of our assembly line:

There are three machines M_1, M_2, M_3 and two operators O_1 and O_2. Each task has first to be processed at M_1 , then either at M_2 or M_3 . The operator O_1 has acces to M_1 and M_2 . O_2 has acciess to M_1 and M_3 .

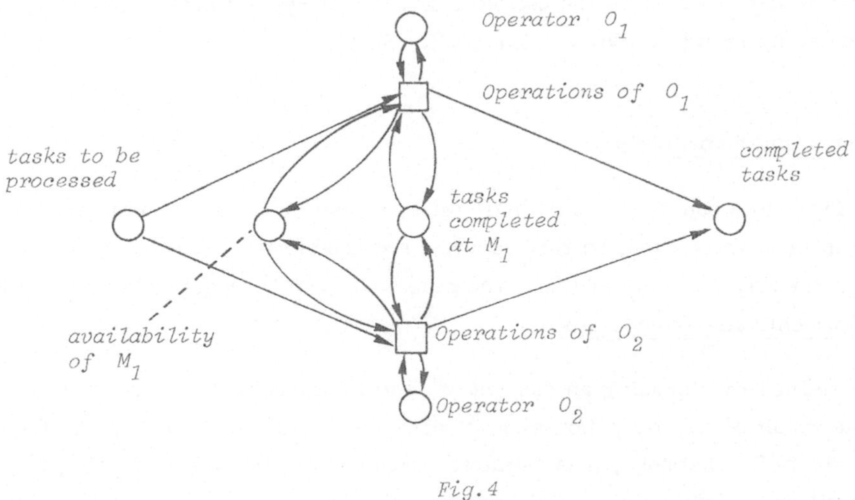

Fig.4

The decompositions of Fig.1 which are shown in Fig.2 and Fig.3 are oriented at the objects to be processed and at the processing machines. On the contrary, Fig.4 decomposes the system from the operator's point of new Fig.5, finally, represents the system on the detailed level of a place/transition net (usually called Petri net), speifying the dynamic behaviour of the system by means of the firing rule for such nets [Ge St 80, Re 82].

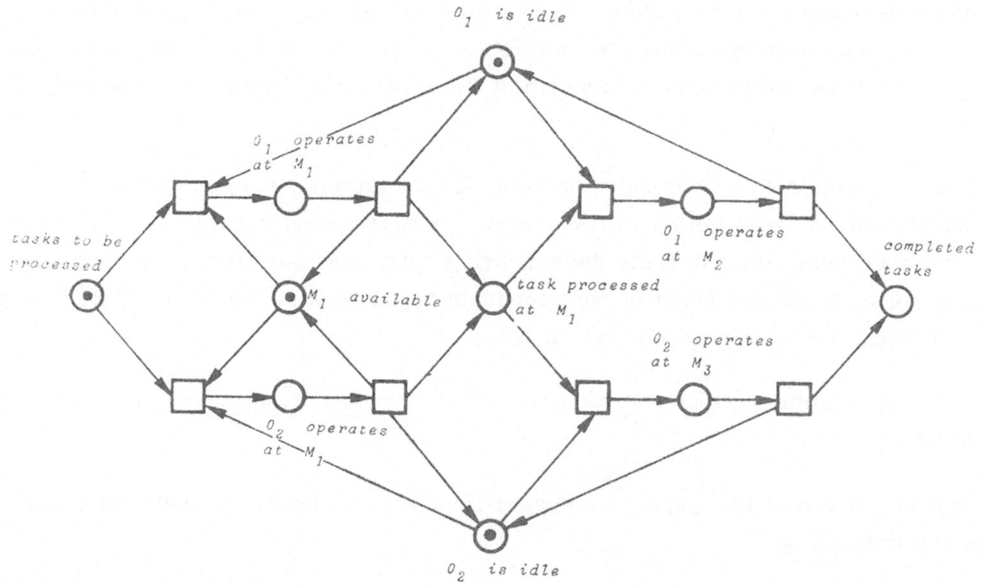

Fig.5 The dynamic behaviour of a production system

We do not intend here to discuss the concepts of channel/agency nets in detail; more on this topic can be found in [Ob 80] and in [Kr Sc 80]

2. Refinements and Embeddings

The nets of Fig.1 to 5 concern all one distinguished system. It will turn out that there nets - and all nets which occur in this paper - are related to each other in a well-defined way. Starting from any of them, the other nets can be constructed systmatically be refinements and embeddings.

A net N is refined by replacing an element x and its surrounding arcs by a whole net N' . The result of this operation should, of course, again be a net (in the following called N"). Furthermore, it is required that each arc in N" connecting the nets $N \setminus \{x\}$ and N' is already represented by some arcin N . To be more precisely: Assume, in N" , an arc between some $a \in N \setminus \{x\}$ and some $b \in N'$. Then, in N , there exists an arc connecting a and x with the same orientation. For example, the steps from Fig.1 to Fig.2 and from Fig.3 to Fig.4 are refinements.

The step from Fig.2 to Fig.3 cannot be understood as a refinement: Fig.3 contains arcs which have no representive in Fig.2. Respecting the inscriptions of channels and agencies we find that there is no other possibility than to consider "operators" as an additional buffer: The net of Fig.2 is embedded into the net of Fig.3.

Refining a net means to substitute a new net for some element. Embedding a net means to add new components to the net. In both cases, of course, the result should be again a net. This new net bears more information of the represented system that the original net.

Starting from small nets with complex or informal inscriptions, we obtain by iterated refinements more detailed nets with less complex or more formal inscriptions. Eventually one may obtain nets with a formally defined firing rule, e.g. place/transition nets, as given in Fig.5. In many cases it is more adequate to design a net with individual tokens, e.g. a predicate/transition net [GL 81, Re 82].

Embedding and refinements are net morphisms and reverse net morphisms, respectively [Ge St 80].

The central concern of this paper is a systematic study of relationship between refinements and embeddings.

3. Design and Schedule

The development of large systems according to refinements and embeddings as shown in Chapter 1 yields a large number of nets such that a survey can easily be lost. Systematic methods are necessary to support the design process and to detect inconsistencies or gaps. Such systematic methods will be derived in the following.

As a first idea for such a method, it is possible to represent, in which way nets are related by refinements and embeddings. This can be achieved by a graphical representation, as illustrated in Fig. 6 for the five nets of our example : Refinements are represented as simple vertical arcs (↓), embeddings are represented as double-lined horizontal arcs (⇒). Thereby it is convenient that refinements and embeddings are both transitive operations.

A set of nets which all show aspects or parts of one system, will be called a design.

Fig. 6 shows an example for a schedule of a design. The orientation of arcs shows the direction of information increase.

The schedule of a design may be used to detect inconsistencies and gaps. In order to describe some rules for these investigations, we extend our example.

Fig. 7 shows a coarse structure of our system which, compared with Fig. 1, is enlarged by the operators. Fig. 8 shows a refinement of Fig. 7 which turns out to refine also Fig. 4. In Fig. 9 we can see how these new nets fit in the schedule of Fig. 6.

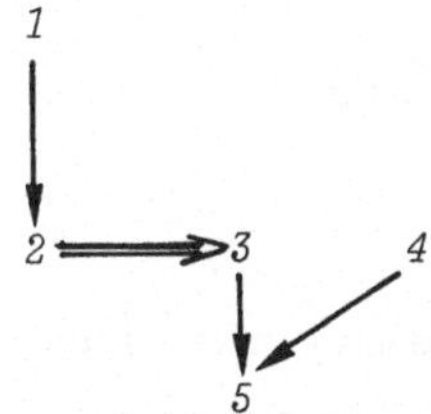

Fig. 6 Schedule of the design in Chaper 1

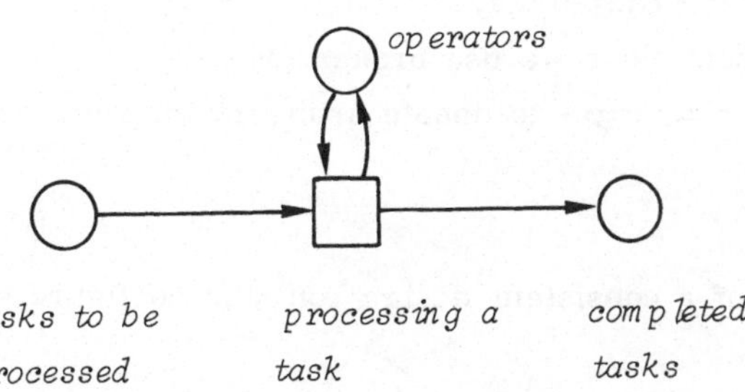

Fig. 7 Enlarged coarse structure of the industrial production system

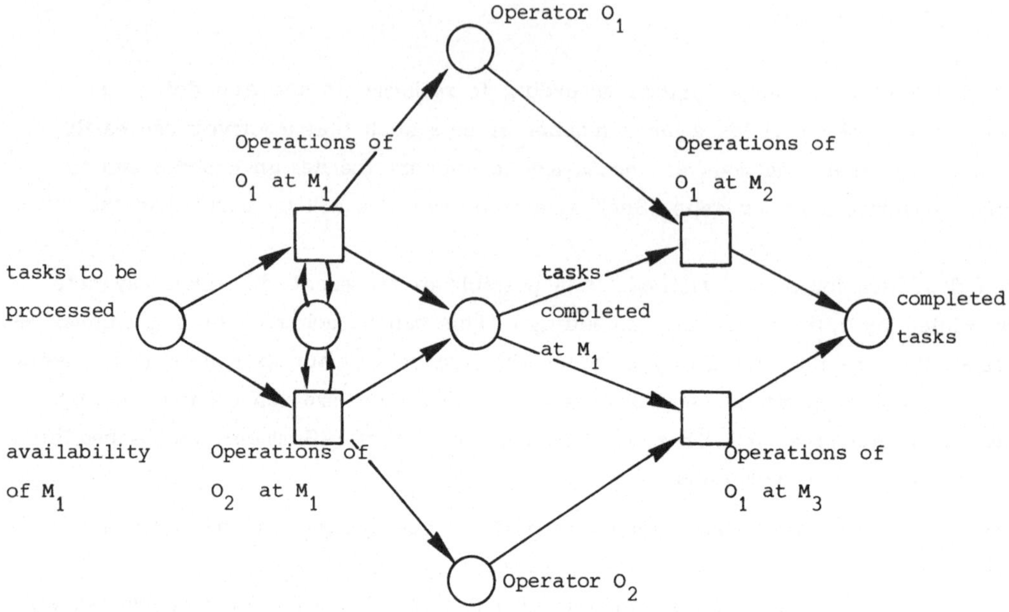

Fig. 8 Joint refinement of Fig. 3 and Fig. 4

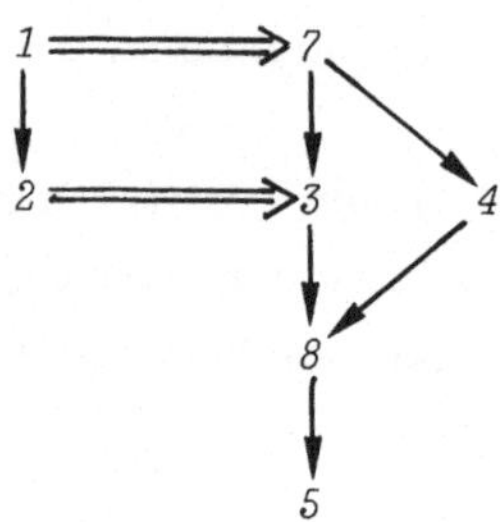

Fig. 9 Schedule of the enlarged design

4. Consistency of a Design

During the design of large systems there may arise inconsistencies ; in particular, if several persons are involved in the design process.

In this chapter, we shall present some rules which help to detect such inconsistencies. To be more precise, we describe some conditions on the schedule of designs which are necessary for consistency.

In the following presentations we use broken arcs (—— - —→ and ══ = ══⇒) to denote arbitrary long arc sequences of the corresponding type.

Rule 1

The schedule of a consistent design contains no figure shaped like

A

B ══ = ══⇒ C

As an example, the idea of this rule can be illustrated by Fig. 6. In Fig. 6 we get

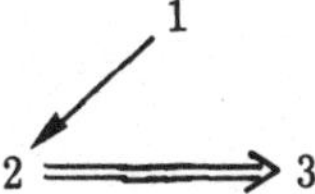

which means, that the "operators" are not part of "processing a task", but are an additional component with respect to Fig. 2. Arguing from a formal point of view one might construct a refinement from Fig. 1 to Fig. 3. In this case, the "operators" would be part of the processing unit. Each of the two refinements (1 ⟶ 2 and 1 ⟶ 3) is acceptable, but we cannot allow both of them in one design because this yields a contradiction.

Rule 2

The schedule of a consistent design contains no figure shaped like

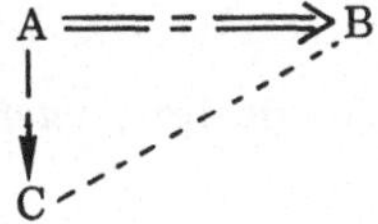

The dotted line ----- denotes either an ——— – ——► arrow or an ══ = ══⇒ arrow which is directed either form B to C or from C to B .

Actually, this rule represents four different rules since the dotted line may be interpreted in four different ways. For instance, it is excluded by this rule that a refinement is at the same time regarded as an embedding, or that a net element as well as one of its refinements is contained in the same net.

Rule 3

The schedule of a consistent design contains no path sequence which forms a circle.

The soundness of this rule is obvious : Successive refinements and embeddings can never yield the initial net again.

Definition A design is called consistent iff its schedule respects the rules 1 to 3.

As Fig. 9 shows, our example is consistent.

5. Completeness of a Design

If the most refined nets of a design describe a system on the same level, it should eventually be possible to compose them to one most detailed and most comprehensive net.

In this chapter we shall state some rules showing how to supplement a design in order to obtain a complete design.

Rule 4

The schedule of a complete design is connected : Each two nets of a schedule are connected by some arcs of arbitrary type and arbitrary orientation.

Rule 5

In the schedule of a complete design, each figure shaped like

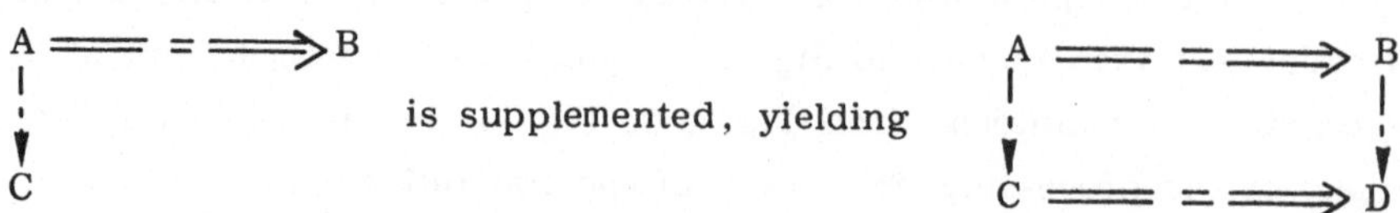

This is an important rule. Whenever a net A is embedded, this rule requires the specification of how all the refinements of A are embedded. It is mainly this rule which guarantees that eventually a most detailed and most comprehensive net exists in a complete design.

Rule 6

In the schedule of a complete design, each figure shaped like

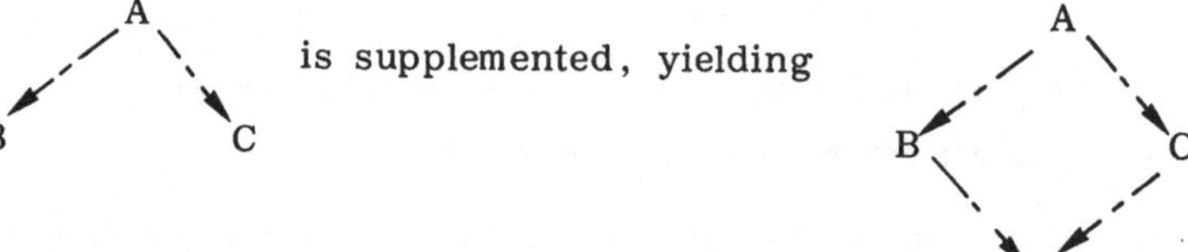

This may include B = D or C = D .

In Fig. 9 we find this figure, assuming A = 7, B = 3 and C = 4. 3 and 4 represent different refinements of the net 7. It would not be adequate to assume that only one of them is correct. Rather, they may represent different aspects of the systems. Rule 5 requires only that these aspects fit together in a joint refinement D. In Fig. 9 this is the case with D = 8 .

Rule 7

In the schedule of a complete design, each figure shaped like

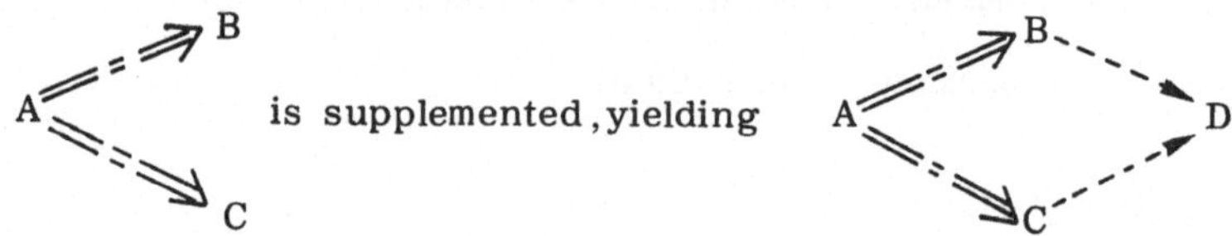

This may include B = D or C = D . Each - - - - -► arrow represents a path sequence with arcs of arbitrary type but with the indicated orientation.

Definition A design is called complete if its schedule respects the rules 4 to 7.

Fig. 9 shows that our example represents a complete design.
A design is successfully finished if it is consistent and complete.

<u>Definition</u> A design is called <u>final</u> if it is consistent and complete.

A central property of our design method is the following :

<u>Theorem 1</u> In a final design there exists a most detailed and most comprehensive net N_0 . This means that from each net in the schedule of the design there exists a path to N_0 .

According to rule 3, no arc starts at N_0 .

Fig. 9 shows that our design is final. The net of Fig. 5 is most detailed and most comprehensive.

6 Modules and Interfaces

The construction of final designs requires often a large number of nets. In many cases, the new nets which must be constructed due to rule 5 result uniquely from the given nets. (In such cases, their explicit construction can be skipped.) We first characterize unique completions :

<u>Theorem 2</u> Let A be a net, let B be an embedding and let C be a refinement of A . Then there exists a unique net D such that the diagramm

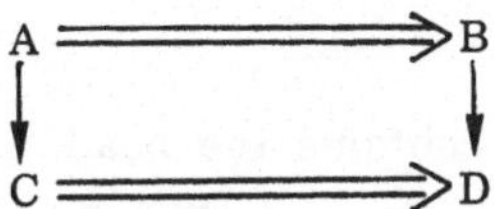

commutes iff no element x of A is connected with a new arc of B and at the same time refined in C .

As an example, Fig. 10 shows a unique net D , in contrast to Fig. 11 .

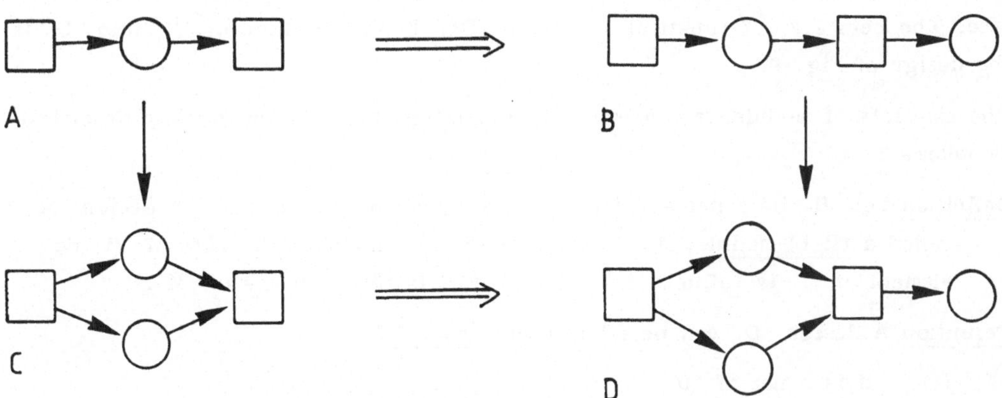

<u>Fig. 10</u> Unique completion according to rule 5

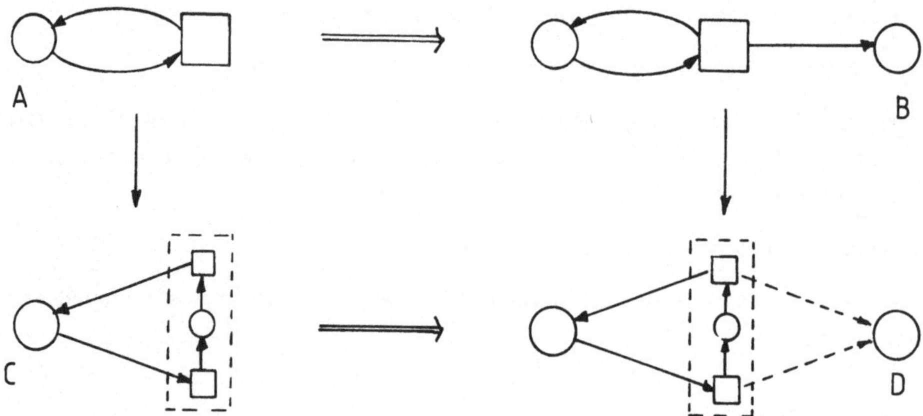

Fig. 11 *According to rule 5, D is not unique :*
One or both of the dotted arcs ------→ may exist.

A distinguished situation where unique completions occur, is given by the construction of modules : A module , M , is a design with a distinguished net H, the head of the module. Each element of H either belongs to the interface I or to the local elements L of H , hence H = I ∪ L, and I ∩ L = ∅ . It is required now that no element of I is refined in any net of M . Local elements may arbitrarily be refined in the module.

Assume furthermore a design D which contains the head H of some module M such that no element of H is refined in D and all embedding arcs of H connect only interface elements, but no inner elements of H . In this case, the module M can be integrated into the design D . This integration is just the union of M and D and, by the way, itself a design, D' . Provided M and D are consistent and complete, then in any case D' is also consistent and complete.

As a very first example, consider the nets 3,4,5,8 as a module M with 3 as its head and the channels "tasks to be processed" and "completed tasks" as its interface. The nets 1,2,3,7 constitute a design D . The integration of M into D is the design of Fig. 9.

The concepts of module, modularization, and integration can be formally described as follows :

Definition Let H be a net and let I be a subset of its elements. A design, M ,is called a (H,I)-module, if H is a net of M and if, in all nets of M, no element of I is refined. H is the head, I is the interface of M .

Definition A design D can be (H,I)-modularized iff

(i) H is a net of D

(ii) I is a subset of the elements of H

(iii) no element of H is refined in any net of D

(iv) all elements of H , which are source or target of additional arcs in nets of D, are contained in I .

<u>Definition</u> Let D be a design which can be (H,I)-modularized and let M be a (H,I)-module. Then the design D' := D ∪ M is the <u>integration</u> of M into D .

<u>Theorem 3</u> Let D be a final design which can be (H,I)-modularized and let M be a final (H,I)-module. Then above all designs which contain the integration D' = D ∪ H , there exists uniquely a final and smallest one.

If a module M is integrated into a design D, we are interested in completion- and consistency properties of the resulting design D' = D ∪ M . These properties can be verified, of course, by supplementing D' according to the rules 1 to 7 with additional nets. But in case D and M are already final, it is not necessary to construct explicitely these nets, as Theorem 3 guarantees their existence.

In order to show an example, we slightly enlarge our design. Fig. 12 shows an embedding of the net given in Fig. 7. If this net is added to the design of Fig. 9, the resulting design (Fig. 13) is no longer complete. According to rule 5, four additional nets W,X,Y,Z are necessary, as indicated in Fig. 14.
We shall not explicity construct these nets here, because they result uniquely from the rest of the design, as guaranteed by Theorem 2.

The design of Fig. 13 can be modularized in several ways. Assume the two channels "tasks to be processed" and "completed tasks" to form an interface I. The figures 7 and 12 are together a design which can be (7,I)-modularized. Furthermore {1,2,3,4,5,7,8} is a (7,I)-module. Theorem 3 guarantees now the existence and uniqueness of the net Z in Fig. 14.

A further modularization is given by the design {1,2,3,7,12}, which can be (3,I)-modularized and by the (3,I)-module {3,4,5,8}. Here again, the net Z of Fig. 14 is guaranteed by Theorem 3.

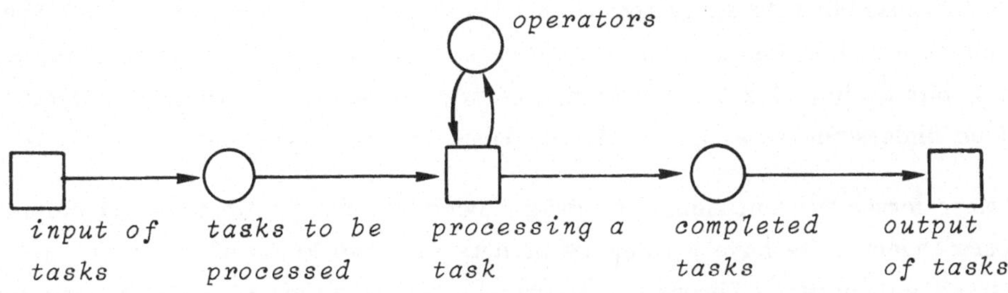

<u>Fig. 12</u> Embedding of Fig. 7

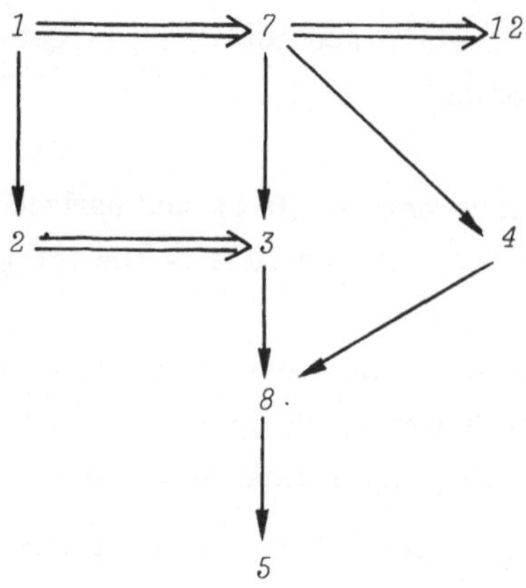

Fig. 13 *Enlargement of Fig. 9*

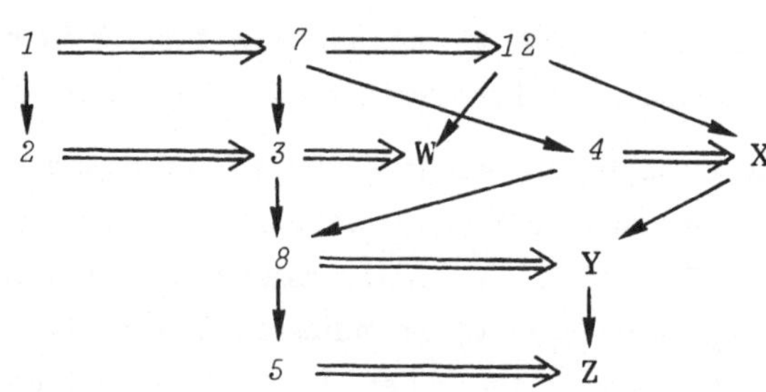

Fig. 14 *Completion of Fig. 13*

Concluding Remarks

We explained our design method by help of a small toy example. For this example, of course, it is not yet really necessary to apply our design method. Nevertheless, large designs differ from our toy example only with respect to the number of involved nets. For large designs, a further principle is worthwhile, which could not be shown by our toy example :

A module may itself be modularized. Its elements may be replaced by modules. This offers the possibility to apply the modularization technique recursively and Theorem 3 guarantees also for this case that a unique smallest and final designs exists. As an example our design {1,2,3,7,11} (which is modularized by the module {3,4,5,8} can itself be understood as a module of some more comprehensive design.

In a more formal presentation, our design technique may be described in terms of category theory : We have a category of nets with two kinds of functors : refinements and embeddings. Theorem 2 guarantees the existence of pushouts under certain conditions. A second category is obtained from the first one by the usual powerdomain construction. Its objects are the designs and its functors are set-theoretical operations. Each terminal design is a fixed point of completion-functors which can be derived from the rules 5, 6, 7 . Within this category, Theorem 3 guarantees the existence of pushouts under certain conditions.

A comparison with other design methodologies shows some relationships to the principles of SADT [RoSc 77, Ro 78].The duality of data and activities is in SA represented by data- and activity diagrams, respectively, whereas nets of channels and agencies suggest a joint representation with two kinds of nodes. To be more precise : in a SA-data-diagram the nodes correspond to channels and the arcs to agencies. Conversely, in a SA-activity diagram the nodes correspond to agencies and the arcs to channels. In this way a SA-data-diagram may be considered as a net with unbranched agencies by the correspondence

SA □→□ ⁓ ○→□→○ net and an SA activity diagram corresponds to a net with unbranched channels :

SA □→□ ⁓ □→○→□. Conversely, it would be interesting to join SA data- and activity- diagrams into one net of channels and agencies. Nets comprise the representation of dynamic behaviour in a natural way. The orthogonal concepts of refinement and embedding which were developed in this paper might be transfered to other methodologies, eg SADT, where only refinements are included.

References

[Br 80] W. Brauer (ed) Net Theory and Applications Lecture Notes in Computer Science 84

[GeLa 81] H. Genrich, K. Lautenbach : System Modelling with High Level Petri Nets Theoretical Computer Science 13 (1981)

[GeSt 80] H.J. Genrich, E. Stankiewicz-Wiechno : A Dictionary on Some Basic Notions of Net Theory in [Br 80]

[KrSc 81] B. Kraemer, H.W. Schmidt : Der Entwurf nebenläufiger Systeme mit Handlungs-Entscheidungs-Netzen in : GI 11. Jahrestagung W. Brauer (ed) Informatik-Fachberichte 50 (1981)

[Ob 80] H. Oberquelle Nets as a Tool in Teaching and Terminology Work in [Br 80]

[Pe 81] J.L. Peterson : Petri Net Theory and the Modeling of Systems Prentice Hall Inc. (1981)

[Re 82] W. Reisig Petrinetze - Eine Einführung Springer Verlag 1982

[Ro 78] D. T. Ross : Structured Analysis (SA) : A Language for Communicating Ideas in : Programming Methodology, D. Gries (ed) Springer Verlag 78

[RoSc 77] D. T. Ross, K. E. Schoman : Structured Analysis for Requirements Definition IEEE Transactions on Software Engineering, January 1977

ABSTRACT DATA TYPES AS A TOOL FOR REQUIREMENT ENGINEERING[1)]

Helmut Partsch
Peter Pepper

Institut für Informatik
Technische Universität München
D-8000 München 2
West-Germany

Abstract

Abstract data types represent a means for a modularized and abstract formal specification of programs. But there remains the problem of requirement engineering, that is, of the derivation of the abstract types from the user's informal problem description. The paper suggests a methodology, where results from the theory of abstract data types are employed as guidelines for this derivation process.

1. Introduction

In a somewhat idealistic way, software development may be viewed as going from an informal specification of a problem to a formal specification of a solution. The former is generally described by way of examples, graphic presentations, and explanations in natural language; the latter is usually formulated in high-level languages such as ALGOL, Pascal, Ada, etc. A great deal of the difficulties encountered in software production is due to the fact that the gap between these two levels is too wide.

A natural candidate for an intermediate level is a formal specification of the problem, using predicate calculus, set theory, universal algebra, etc. Thus, software development is very roughly split into two phases:

---

1) This research was carried out within the Sonderforschungsbereich 49, Programmiertechnik, Munich.

```
informal                          formal                           formal
specification      ----->         specification      ----->        specification
of the problem                    of the problem                   of the algorithmic
                                                                   solution
                  requirement                          program
                  engineering                        development
```

There already exist a number of techniques for the second phase of this process, some based on verification methods (e.g. [Dijkstra 76], [Gries 81]), others based on deductive methods using program transformations (e.g. [Bauer 76], [Broy,Pepper 81]). Since both the starting point and the end point of this second phase are formal objects, the transition between them can be done formally. For this reason the formal specification of the problem may be taken as the "contract" ([Bauer 81]) for the program development.

The first phase, called requirement engineering, has been attacked from two sides: One approach is to put more structure and more precision into the costumer's informal descriptions (cf. [IEEE 77]). The other approach tries to ease the use and derivation of formal specifications; the methods used here essentially depend on the tools available for the formalization.

In this paper, we concentrate on the second approach, for we believe that it provides an important - though to date neglected - complement to the non-formalized methods. Our tool for expressing the formalization are **abstract data types**, for which by now a well-founded and sound theoretical background has been established[2)]. In addition, abstract types enable modularization and support joint treatment of data and operations. However, due to the preciseness and rigor of this formalism, it is nearly impossible to write down a moderately complex type in one sweep, given the original vague statements of the costumer. And it is equally unreasonable to expect the costumer to provide a detailed enough description of his problems such that the formalization becomes straightforward. He will rather concentrate on the essentials, disregarding borderline cases, questions of definedness, and so on. As a consequence, the costumer's description usually is both incomplete and, from a rigorous point of view, inconsistent.

The method we suggest here uses the theoretical results gained for abstract data types to make the initial description of the costumer complete and consistent in a stepwise process. The informal statements from the costumer decide the contents of the specification ("the semantics"), the theory will be used to determine the form. As to the theoretical results, we will generally refer to the paper [Wirsing et al. 80] which was influenced by other work, in particular [Goguen et al. 78] and [Guttag 75].

For illustrating our method we will use "priority queues" as a running example. This problem is simple enough to be dealt with in a few pages, but it is not as trivial as the classical examples stacks, sequences, sets, etc. We may envisage such queues for example as part of a multiprocess system illustrated in the following diagram:

---

2) A related approach to the usage of abstract data types for software engineering can be found in [Ehrig et al. 82]

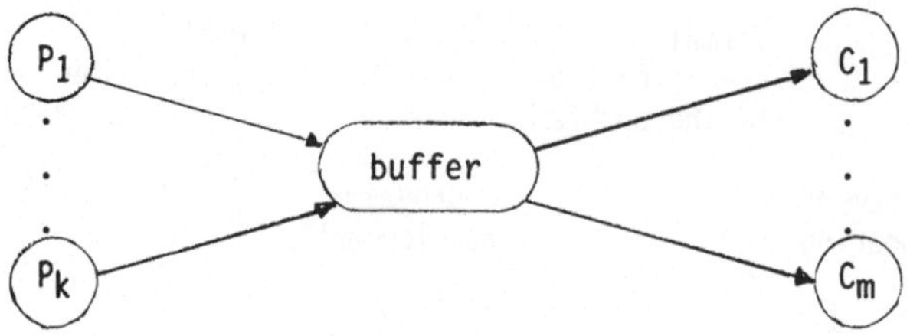

We start from a rough, informal description of this system:

(R1) The P_i send informations ("producer processes").
(R2) The C_j process informations ("consumer processes").
(R3) There is a common buffer for storing and distributing all informations.
(R4) All informations are tagged with priorities that determine the order of processing.

It is the requirements (R3) and (R4) we are interested in here; that is, we want to obtain a formal specification for the buffer module.

2. Hierarchical decomposition ("Modularization")

We start here with the clarification of data dependencies. The statements (R3) and (R4) imply the following relationships:

(1) A "buffer" records "informations".
(2) Every "information" is attributed with a "priority".
(3) "Priorities" are linearly ordered ("determine the order of processing").

As a first, but straightforward design decision we represent "priorities" by natural numbers, in accordance with (3) above and come to the following rough dependency diagram:

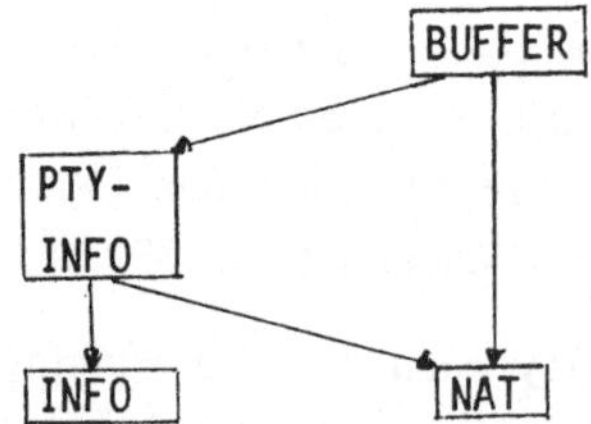

In a linear notation (cf. [Bauer, Wössner 82], [Bauer et al. 81]) this corresponds to the type fragments:

```
type BUFFER ≡ queue,...                 type PTY-INFO ≡ pty-info,...
     based on PTY-INFO,NAT;                  based on INFO,NAT;
     sort queue;                             sort pty-info;
     .                                       .
     .                                       .
     .                                       .
end of type                             end of type

type INFO ≡ info,...                    type NAT ≡ nat,...
     sort nat;                               sort nat;
     .                                       .
     .                                       .
     .                                       .
end of type                             end of type   .
```

The keyword **sort** indicates that the type defines a new kind of data; the hierarchical dependencies are reflected by the line starting with the keyword **based on**. Thus, the collection of types together with the based-on relation defines the gross structure of the program. The theoretical considerations studied in [Wirsing et al. 80] furthermore ensure that each of these "modules" can be implemented independently from the others.

3. The Signature

Having such a hierarchy of type fragments, in the next step we determine the operations of the individual types. The user generally has a good idea (at least after some analytic activities) of the operations that are needed. Our task therefore is to first list these operations together with their functionalities.

In the theory of abstract types this syntactic part (i.e. the functionalities together with the indication of the new sorts) is termed **signature**. Based on the fundamental principle of computer science that all objects must be effectively denotable the signature also defines the set of all "abstract objects" of an abstract type. These are simply (equivalence classes of) the syntactically correct terms, i.e. all terms that can be built from the operation symbols while obeying the respective functionalities.

The original requirements can be rephrased as

(R3a) Information can be put into the buffer.
(R4a) The information with the highest priority can be taken out of the buffer.

From this description we can extract the following two operations:

```
put: queue X pty-info  →  queue
get: queue             →  info X queue .
```

Already this very first step towards formalization requires two design decisions, enforced by the need for precise functionalities: Any access to the maximal element of the queue is coupled with the removal of this element. Secondly, the consumer merely gets the plain information; he must not know its priority.

To technically simplify the specification, we split get into two auxiliary operations, namely

max: queue → pty-info

rest: queue → queue .

The connection between these two operations and the original get is given by the axiom

∀ queue q: get(q) = <infopart(max(q)),rest(q)>

where

infopart: pty-info → info

is an operation to be supplied by the type PTY-INFO (which we disregard for the rest of the paper[3]).

This results in the type fragment

```
type BUFFER ≡ queue,put,get:
   based on PTY-INFO,INFO,NAT;
   sort queue;
   put: queue X pty-info  →  queue,
   get: queue  →  info X queue,
   max: queue  →  pty-info,
   rest:queue  →  queue;
    ∀ queue q:
   get(q)  =  <infopart(max(q)),rest(q)>
   .
   .
   .
end of type
```

The fact that max and rest are not included in the headline indicates that they are "hidden from the outer world", i.e. they are local to the type and cannot be used by other types.

Note that we have already made a correction to our previous hierarchical decomposition: Due to the functionality of get, the type INFO had to be added to the list of primitives.

Although seemingly satisfactory the signature of this type actually violates a formal soundness criterium: There is no operation having queue as result sort without having it as parameter sort. In other words, all operations derive new queues from given ones, but there is no way to start this process. Hence we add the further requirement (to the list of Section 1):

(R5) In the beginning, the buffer is empty.

Accordingly, we add the operation

init: → queue

to the type BUFFER. (As in most approaches to abstract data types we treat constants as nullary operations, because this simplifies the theory.)

---

3) But note that the work on the type BUFFER also has effects on its primitive types

4. The Semantic Characterization

The meaning of the operations of an abstract type is determined by a set of axioms, which usually are universally quantified conditional equations between terms.

For example, in arithmetic an equation such as $a*(b+1) = a*b+a$ expresses the fact that the evaluation of the expression on the lefthand side yields the same result as the evaluation of the righthand side. The point of using such equations is that they allow us to define e.g. multiplication (recursively) in terms of addition.

Of course, no specification technique can help in determining what to specify, but it can help in finding out how to do it. For algebraic types the work of John Guttag (cf. [Guttag 75], [Guttag, Horning 78]) and later refinements (cf. e.g. [Wirsing et al. 80]) provide useful hints on the axioms needed:

(a) First one should distinguish a set of so-called constructor operations, that is, a set of operations that suffices to generate all objects of the newly defined sort (queue in our example) .

(b) Then one has to specify for all remaining operations the effect they have on the objects generated by the constructors[4)] .

Obviously, the set of all operations having queue as their range is a constructor set. However, as indicated by step (b), this set should be kept as small as possible. In our example init and put will do.

> Remark: In general, minimal constructor sets are not uniquely determined. Also, the question whether a given set of operations is a minimal constructor set, is in general undecidable even when the full axiomatization is known. In practice, however, the user will be able to designate a suitable constructor set.

In the example BUFFER we have to specify the meanings of the compositions

max(put(...)), rest(put(...)), max(init(...)), rest(init(...)).

According to the informal description, max is to yield the element with the highest priority. Therefore, for max(put(...)) we need a case distinction leading to the three axioms for max(put(q,x)):

(The notation "a = [b ¦ c]" is shorthand for "a=b $\vee$ a=c")

pty(max(q)) < pty(x) $\Rightarrow$ max(put(q,x)) = x

pty(max(q)) > pty(x) $\Rightarrow$ max(put(q,x)) = max(q)

pty(max(q)) = pty(x) $\Rightarrow$ max(put(q,x)) = [x ¦ max(q)]

The third axiom states that we do not care which element we get if the highest priority occurs several times. (Note that the informal description does not give any hint for this situation - a typical instance of the aforementioned disregarded borderline cases!)

Similar axioms are derived for rest(put(q,x)):

pty(max(q)) < pty(x) $\Rightarrow$ rest(put(q,x)) = q

pty(max(q)) > pty(x) $\Rightarrow$ rest(put(q,x)) = put(rest(q),x)

pty(max(q)) = pty(x) $\Rightarrow$ rest(put(q,x)) = [q ¦ put(rest(q),x)]

---

4) This is the essence of the theoretical notion of "sufficient completeness", cf. [Guttag 75]

The only difficult case is the second axiom. It simply states that "adding a nonmaximal element x to the queue and then taking away the maximal one" is the same as "first taking away the maximal element and then adding x". As a guideline we should ensure that the non-constructor operation rest is "moved further inside" the term. (For more details on how to syntactically ensure sufficient completeness, cf. [Guttag, Horning 78]).

It remains to specify the two cases max(init) and rest(init). Again, these are borderline cases that are completely ignored in the informal specification. Hence we postulate

¬ **defined**(max(init)), and

¬ **defined**(rest(init)),

where **defined** denotes a special predicate that is needed when types with partial operations are considered.

Remarks:

(i) Some people prefer a more explicit error handling. This means the introduction of special error elements and, consequently, a full axiomatization of their behaviour.

(ii) Despite the simplicity of our example, we have identified an extremely error-prone situation here: If rest(init) remains open, the user of the module may well assume this to be equal to init. The implementor, however, may have chosen to simply abort the program in this situation, since nothing else has been required.

5. Soundness of the Axiomatization

Strictly speaking, the axiomatization obtained so far is not sound. For example, if in the axiom

pty(max(q)) > pty(x) ⇒ max(put(q,x)) = max(q)

q is the empty queue, then the premise of the axiom is undefined. To avoid this situation, we have to modify the axiom into

q≠init ⇒ (pty(max(q)) > pty(x) ⇒ max(put(q,x)) = max(q))

or, using a sequential and, into

q≠init ⩓ pty(max(q))>pty(x) ⇒ max(put(q,x)) = max(q) .

But now sufficient completeness requires that we specify the meaning of max(put(init,x)):

max(put(init,x)) = x.

The analogous modifications are needed for the other axioms, too.

The background of these modifications is the need for explicitly taking care of undefined situations when using partial operations. Another soundness criterion (which already implicitly has been taken care of) is the above-mentioned sufficient completeness. A further, mandatory requirement is consistency: there has to exist at least one model that fulfills the axioms of the abstract type. Unfortunately, there is no easy way to guarantee this property. "Mental models" (see below) are a good approach here; but in the worst case, the proof of this aspect is not given but by the successful implementation of the type. This is an important argument in favour of "prototyping" (see below). If hierarchical abstract types or parameterized abstract types are used more elaborate variants of these basic soundness notions are needed (for details cf. [Wirsing et al. 80], [Wirsing, Broy 81]).

6. Comments on the Resulting Formalization

Summing up, we have arrived at the following type:

```
type BUFFER ≡ queue,put,get,init:
   based on PTY-INFO,INFO,NAT;
   sort queue;
   put: queue X pty-info  -->  queue,
   get: queue  -->  info X queue,
   max: queue  -->  pty-info,
   rest: queue  -->  queue,
   init:  -->  queue;

    ∀ queue q, pty-info x:
   get(q)  =  <infopart(max(q)),rest(q)>,
   ¬ defined(max(init)),
   ¬ defined(rest(init)),
   max(put(init,x))  =  x,
   rest(put(init,x)  =  init,
   q≠init ∧ pty(max(q))<pty(x)  ⇒  max(put(q,x))  =  x,
   q≠init ∧ pty(max(q))>pty(x)  ⇒  max(put(q,x))  =  max(q),
   q≠init ∧ pty(max(q))=pty(x)  ⇒  max(put(q,x))  =  [x ¦ max(q)],
   q≠init ∧ pty(max(q))<pty(x)  ⇒  rest(put(q,x))  =  q,
   q≠init ∧ pty(max(q))>pty(x)  ⇒  rest(put(q,x))  =  put(rest(q),x),
   q≠init ∧ pty(max(q))=pty(x)  ⇒  rest(put(q,x))  =  [q ¦ put(rest(q),x)]
 end of type
```

This type is quite satisfactory - at least from a pragmatic point of view. In a puristic theoretical attitude, however, there are still some modifications neccessary. For example, in the place of inequations such as

q≠ init

it is preferable to have equations like

isinit(q) = false

(cf. [Wirsing et al. 80]). Of course, the new operation

isinit: queue --> bool

has to be specified appropriately.

Also, a term such as

pty(max(q)) < pty(x)

actually is a shorthand for the equation

(pty(max(q)) < pty(x)) = true,

since, different to "=" and "**defined**", "<" is not a predicate symbol of the underlying logic of abstract types, but rather a boolean operation

.<.: nat X nat --> bool

in infix notation (defined by the type NAT).

7. A Note on Implementations

The type BUFFER is a complete and formal specification of the input/output-behaviour of priority queues. But there still is sufficient freedom for choosing implementations.

For example, we may use unordered sequences, where put simply is achieved by appending the element, while get requires a linear search (of time complexity O(N), where N is the number of elements in the queue). Alternatively, ordered sequences make get trivial while put requires insertion (of order O(N)). By using "heaps" - a special kind of binary trees (cf. [Knuth 76]) - both operations can be executed in O(log N) time.

The freedom goes even further: In a concurrent environment (as sketched in Section 1) the buffer may be a shared memory for the processes P_i and C_j, or it may be a process itself that communicates with the others[5)]. If in the latter case an operation such as put is implemented by a combination of more elementary operations, it is also left open which part of this combination is executed by the process buffer, and which one is executed by the process P_i.

The decisive point is that all these implementations can be derived from and formally verified against the specification (for a corresponding theoretical basis cf. [Broy et al. 83]).

8. Excursus: On Cross-Checking a Specification

One of the crucial points with formal specifications is to make sure that they are really formalizations of the user's original intentions. Of course, whether or not a formal specification meets the original requirements cannot be proved. However, confidence in the adequacy of a specification may be increased. One possibility is to use "mental models".

The verbal descriptions (R3a), (R4a), and (R5) of Section 3 have a certain set-theoretic flavour. This suggests considering buffers as sets (more precisely, as multisets allowing multiple occurrences of elements) and specifying

$\text{put}(q,x) = q \cup \{x\}$,

$\text{rest}(q) = q \setminus \{\max(q)\}$,

$\max(q) \in q$,

$\forall x \in q: \text{pty}(x) \leq \text{pty}(\max(q))$

However, this means that we have actually specified a model rather than an abstraction[6)]. Since multisets usually are not part of programming languages, we still have to find an implementation closer to the machine, say HEAP. The situation may be visualized as follows:

---

5) See, e.g. [Broy, Pepper 83] where, for a similar example, the aspect of concurrency is dealt with in more detail

6) Such "abstract model" approaches are the underlying principles of languiages such as ALPHARD, [Wulf et al. 76]

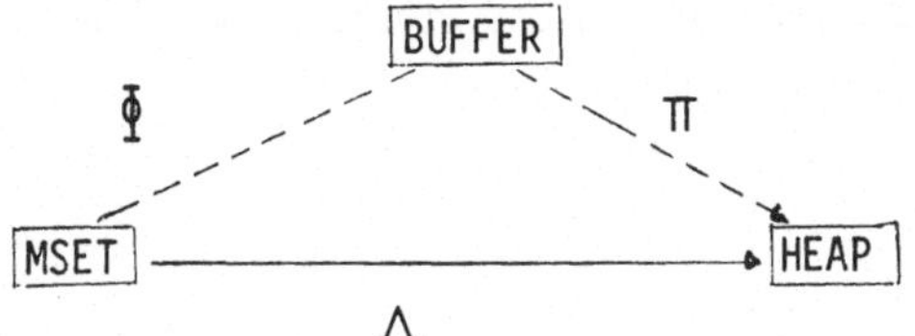

Φ and Π both represent implementations for BUFFER, while Λ is a mapping between two models. The major problem here is that this mapping need not exist in general. Even if it exists, it might be much more complicated than Φ or Π.

Nevertheless, there is a good use for the "mental implementation" MSET: Since it is so close to the user's intuition, we may use it to increase the confidence in the specification by checking whether it is compatible with the type buffer. To do this we use the mapping

Φ: <u>queue</u> $\rightarrow$ multiset :

and rewrite the above specification correspondingly:

Φ(put(q,x)) = Φ(q) $\cup$ {x},
Φ(rest(q)) = Φ(q)\{max(q)},
max(q) $\in$ Φ(q),
$\forall$ x$\in\Phi$(q): pty(x) $\leq$ pty(max(q)) .

Using these properties we now can check the axioms of the type BUFFER, for instance

Φ(q)$\neq\Phi$(init) $\wedge$ pty(max(q))>pty(x) $\Rightarrow$ Φ(rest(put(q,x)) = Φ(put(rest(q),x)

(The proof is straightforward, using the property of multisets:
(s $\cup$ {x})\{y} = (s\{y}) $\cup$ {x}, if x$\neq$y.)

Another possibility for increasing the confidence in the specification is by proving (or disproving) additional properties of the type (cf. [Guttag, Horning 80], [Partsch, Laut 82]). For example, we may wish to find out, whether the order in which elements are put into the buffer is significant. It turns out that

put(put(q,x),y) and put(put(q,y),x)

are not distinguishable unless x and y are different elements with the same priority. We consider only one illustrative case here, namely

pty(x) maximal and pty(x)$\neq$pty(y).

Then

max(put(put(q,x),y)) = max(put(q,x)) = x

and

max(put(put(q,y),x)) = x.

In essence these considerations mean that confidence in adequacy is increased by adding redundancy. A similar effect via redundant information is achieved by having more than one specification for the same problem and proving them equivalent. In contrast to the former two possibilities, however, this one requires considerably more effort.

Finally, at least for certain kinds of specifications, there is yet another possibility which will be dealt with in the following section.

9. Excursus: On Prototyping

There is a further, extremely important use for abstract data types that even goes beyond the formal cross-checking mentioned in the previous section: One can use (certain) data types for (rapid) prototyping.

As mentioned before, most data types found in practical applications have universally quantified conditional equations. Hence, they are equivalent to certain "Horn-clauses", which are the building blocks of PROLOG programs. For example, our axiom

$$q \neq init \wedge pty(max(q)) > pty(x) \Rightarrow max(put(q,x)) = max(q)$$

can be trivially translated into a PROLOG clause

$$equal(max(put(q,x)),max(q)) \Leftarrow notequal(q,init),greater(pty(max(q)),pty(x)) .$$

Actually, the PROLOG version would look slightly more complicated, because also operations such as max(put(q,x)) had to be formulated in terms of relations and thus would lead to the introduction of auxiliary free variables.

Since PROLOG programs are executable, our specifications are obviously executable, too. In fact, conditional axioms of abstract data types can be viewed as programs for a term-rewriting system (cf. [Goguen, Tardo 77], [Lescanne 82], [Jouannaud 83]).

What is the purpose of such reduction mechanisms? Slow as they are, these programs at least show the functional behaviour of the specified operations. So one can run the program and study its principal input/output behaviour. This allows the customer to check, whether the specification actually is what he wanted. Similarly, ergonomic aspects of the user interface can be tested at a very early stage of the software development process.

Summing up, abstract data types also allow a validation of the specification well before the - sometimes very costly - implementation phase starts. Above all, modifications of the requirements are much more easily done in the formal specification than in the final software.

10. Conclusion

We have proposed a method that uses abstract data types for deriving formal specifications from verbal requirements. The main aspect of this method is that it is oriented at the syntactic structure of abstract types and uses results from the underlying theory to guide the stepwise development of the formalization.

The major steps in such a development are:

(1) Clarify the hierarchical data dependencies.

(2) List the operations.

(3) Design the axioms.

(4) Correct the axioms.

Steps (1) and (2) are interchangeable; sometimes it is preferrable to define the functionalities first and then do a modularization depending on the intertwining of the operations. Also, later steps may have impacts on preceding steps, thus making the overall design process iterative (cf. [Partsch, Laut 82]).

Obviously, these steps correspond roughly to particular components and notions of abstract types: (1) corresponds to the type "interface" (denoted by its headline), the primitives and the sorts; (2) corresponds to the functionalities; hence, (1) and (2) together constitute the "syntactic" part of a type; (3) reflects the "semantic" part, viz. the laws, whereas (4) is related to the notions of definedness, sufficient completeness, consistency, etc.

The most important fact is that in steps (3) and (4) the theory indicates the number and basic form of equations to be considered for a "complete" axiomatization; that is, we can tell which axioms are needed, while it depends on the problem under consideration what they look like.

Unfortunately, most theoretical results known from the literature merely concern completeness. The consistency of a specification frequently is not proved but by the success of the implementation phase. We have shown that the use of "mental" models based on set theory and the like can at least partially solve this problem. Similarly, prototyping can be used to increase the confidence in the specification.

The formal rigor and the mathematical notation of abstract types may frighten practical programmers when they encounter them for the first time. In particular, "recursive" equations such as

rest(put(q,x)) = put(rest(q),x)

may look obscure in the beginning. (However, in elementary arithmetic most people feel perfectly happy with the rule $a*(b+1) = a*b+a$ defining multiplication.) From our experience with students we learned that it takes only a very short time to become familiar with reading such specifications - at least for frequently encountered types such as stacks, queues, files, trees, etc. Other studies (cf. [Gerhart et al. 80]) have shown that there are not so many different types around. This means that for the majority of concrete applications it would be sufficient to have a predefined library of types (including additional properties, possible implementations, etc.) together with mechanisms to adjust them to particular problems. Applying such mechanisms to existing types, of course, is considerably easier (and thus more promising for use in practice) than defining new types from scratch. Nevertheless, even a situation like this would require that the programmer is at least able to understand the definitions.

The main features of abstract data types are modularity, representation independence, and a sound theoretical foundation. In this paper we hope to have shown that abstract types also are close enough to verbal specifications such that they may serve as a major building stone for a specification language to be used in requirement engineering.

Acknowledgment: We gratefully acknowledge critical remarks by H. Wössner on an earlier version of this paper.

11. References

[Bauer 76]
Bauer, F.L.: Programming as an Evolutionary Process. Proc 2nd International Conference on Software Engineering, San Francisco 1976, p.223-234

[Bauer 81]
Bauer, F.L.: Programming as Fulfilment of a Contract. In: Henderson, P. (ed.): System Design. Infotech State of the Art Report, Series 9 Number 6, Maidenhead: Pergamon Infotech Ltd. 1981, p.165-174

[Bauer, Wössner 82]
Bauer, F.L., Wössner, H.: Algorithmic Language and Program Development. Berlin-Heidelberg-New York: Springer 1982

[Bauer et al. 81]
Bauer, F.L., Broy, M., Dosch, W., Geiselbrechtinger, F., Hesse, W., Gnatz, R., Krieg-Brückner, B., Laut, A., Matzner T., Möller, B., Partsch, H., Pepper, P., Samelson, K., Wirsing, M., Wössner, H.: Report on a Wide Spectrum Language for Program Specification and Development. Institut für Informatik der TU München, TUM-I8104, 1981

[Broy, Pepper 82]
Broy, M., Pepper, P.: Programming as a Formal Activity. IEEE Transactions on Software Engineering SE-7, 10-22 (1981)

[Broy, Pepper 83]
Broy, M., Pepper, P.: On the Coherence of Programming Language and Programming Methodology. Proc. IFIP Working Conference on Programming Languages and System Design, Dresden, 1983

[Broy et al. 83]
Broy, M., Möller, B., Pepper, P., Wirsing, M.: Algebraic Implementations Preserve Program Correctness. To appear in Science of Computer Programming 1983

[Dijkstra 76]
Dijkstra, E.W.: A Discipline of Programming. Englewood Cliffs, N.J.: Prentice-Hall 1976

[Ehrig et al. 82]
Ehrig, H., Fey, W., Hasler, K.P.: Algebraische Spezifikationen: Konzepte und Sprachen für die Software-Entwicklung. To appear in: "10 Jahre Informatik an der Universität Dortmund" 1982

[Gerhart et al. 80]
Gerhart, S.L., Musser, D.R., Thompson, D.H., Baker, D.A., Bates, R.L., Erickson, R.W., London, R.L., Taylor, D.G., Wile, D.S.: An Overview of AFFIRM: A Specification and Verification System. In: Lavington, S.(ed.): Information Processing 80, Amsterdam: North-Holland, 1980, 343-347

[Goguen, Tardo 77]
Goguen, J.A., Tardo, J.: OBJ-0 Preliminary Users Manual. University of California at Los Angeles, Computer Science Department, 1977

[Goguen et al. 78]
Goguen, J.A., Thatcher, J.W., Wagner, E.G.: An Initial Algebra Approach to the Specification, Correctness, and Implementation of Abstract Data Types. In: Yeh, R.T.(ed.): Current Trends in Programming Methodology, Vol. 4. Englewood Cliffs, N.J.: Prentice-Hall 1978, p. 80-149

[Gries 81]
Gries, D.: The Science of Programming. Berlin-Heidelberg-New York: Springer 1981

[Guttag 75]
Guttag, J.V.: The Specification and Application to Programming of Abstract Data Types.

University of Toronto, Department of Computer Science, Ph. D. Thesis, Report CSRG-59, 1975

[Guttag, Horning 78]
Guttag, J.V., Horning, J.J.: The Algebraic Specification of Abstract Data Types. Acta Informatica **10**, 27-52 (1978)

[Guttag, Horning 80]
Guttag, J.V., Horning, J.J.: Formal Specifications as a Design Tool. Proc. 7th Annual ACM Symp. on Principles of Programming Languages, Las Vegas, Nevada, 1980, p.251-261

[IEEE 77]
Special Collection on Requirement Analysis. IEEE Transactions on Software Engineering SE-3, 2-84 (1977)

[Jouannaud 83]
Jouannaud, J.P.: Church-Rosser Computations with Equational Term Rewriting Systems. Centre de Recherche en Informatique de Nancy, Tech. Report 83-R-006, 1983

[Knuth 76]
Knuth, D.E.: The Art of Computer Programming, Vol. III: Sorting and Searching. Reading, Ma.: Addison-Wesley 1976

[Lescanne 82]
Lescanne, P.: Computer Experiments with the REVE Term Rewriting System Generator. Centre de Recherche en Informatique de Nancy, Tech. Report, 1982

[Partsch, Laut 82]
Partsch, H., Laut, A.: From Requirements to their Formalization - A Case Study on the Stepwise Development of Algebraic Specifications. In: Wössner, H.(ed.): Programmiersprachen und Programmentwicklung. Informatik-Fachberichte **53**. Berlin-Heidelberg-New York: Springer 1982, p.117-132

[Wirsing, Broy 81]
Wirsing, M., Broy, M.: An Analysis of Semantic Models for Algebraic Specifications. In: Broy, M., Schmidt, G.(eds.): Theoretical Foundations of Programming Methodology. Dordrecht: Reidel 1981

[Wirsing et al. 80]
Wirsing, M., Pepper, P., Partsch, H., Dosch, W., Broy, M.: On Hierarchies of Abstract Data Types. Institut für Informatik der TU München, TUM-I8007, 1980. Also to appear in Acta Informatica 1983

[Wulf et al. 76]
Wulf, W.A., London, R.L., Shaw, M.: An Introduction to the Construction and Verification of Alphard Programs. IEEE Transactions on Software Engineering SE-**2**, 253-265 (1976)

ERFAHRUNGEN MIT PROGRAMM-PROTOTYPEN

Dipl. Math. Wolfgang Dette
IBM Deutschland GmbH, Entwicklung und Forschung

1.0 WAS IST EIN PROGRAMM-PROTOTYP?

1.1 Definition eines Programm-Prototyps

Das altgriechische Wort "prototypos" bedeutet Urbild oder Muster. Es setzt sich aus den Worten "protos" mit der Bedeutung Erster und "typos" mit der Bedeutung Abbild oder Modell zusammen.

Daraus hat sich in der Technik das Wort Prototyp zum Synonym für das erste Konstruktionsmodell entwickelt; ein Modell, das man zur vollständigen Evaluierung der Form, des Entwurfs und der Leistungsmerkmale benutzen kann.

Solch ein Prototyp wirkt auf einen potentiellen Endbenutzer wie das endgültige Produkt und kann auch so von ihm gehandhabt werden. Trotzdem können sich die Herstellungsart sowie einige oder alle Konstruktionselemente des Prototyps vom späteren Produkt mehr oder weniger unterscheiden.

Betrachtet man den Bereich der Programmentwicklung, so führen die gleichen Überlegungen zu einem Programm-Prototyp. In der Programmierung sind die Benutzerschnittstellen das, was ein Prototyp zeigen soll, wobei dahinter nicht notwendigerweise die gesamte Breite der geplanten Funktionen beruecksichtigt werden muß.

Aus diesen Überlegungen ergibt sich folgende Definition für einen Programm-Prototyp:

"Ein Programm-Prototyp ist ein(e) Maschine/System, die/das einige externe Funktionen und Benutzerschnittstellen ähnlich oder gleich denen des endgültigen Produkts verfügbar macht." (J.-P. Augias)

Das wichtigste für einen Programm-Prototyp im Sinne dieser Definition ist, daß er nur das "was" und nicht das "wie" behandelt. Der Prototyp kann als "black box" angesehen werden, die nur die externen Funktionen nach außen sichtbar werden läßt.

Das heißt jedoch nur, daß die interne Realisierung des Programm-Prototyps nicht von Bedeutung für seine Benutzung ist. Der Prototyp im hier benutzten Sinne ist sehr wohl ein Produkt mit genau definierten Anforderungen und Zielsetzungen.

Auf keinen Fall darf der hier definierte Begriff des Programm-Prototyps mit der Vorstellung verwechselt werden, es handle sich um ein nur mit vagen Vorstellungen begonnenes Produkt, dessen endgültige Form mehr dem Zufall überlassen bleibt, als daß eine bereits vorhandene Benutzerschnittstellenspezifikation umgesetzt und damit besseren Evaluierungsmethoden zugänglich gemacht wird.

1.2 Anforderungen an einen Programm-Prototyp

Im allgemeinen sind die Mensch-Maschine-Schnittstellen - im weiteren Benutzerschnittstellen genannt - die kritischen Teile eines Programms. Sie erfordern die Erstellung eines Prototyps aus verschiedenen Gründen.

Die Erstellung der funktionalen Spezifikationen wird erleichtert. Normalerweise sind Markterfordernisse und Programmanforderungen nicht klar definiert. Bei der Adaptierung dieser Anforderungen und dem Entwurf der benötigten Benutzerfunktionen bleibt daher viel Raum zu Mißinterpretationen. Das Ergebnis sind oft Fehler oder sogar die Spezifikation eines falschen Produkts, was bei Einsatz eines Prototyps vermieden werden kann.

Ergonomische Anforderungen sind sehr stark auf die dynamischen Aspekte eines Programms bezogen. Daher ist der beste Weg, um ein "auf Papier sieht es großartig aus"-Syndrom zu vermeiden, ein laufendes Modell, selbst funktional eingeschränkt, zu haben, damit ergonomische Aspekte schon in einem frühen Entwicklungsstadium evaluiert werden können.

Um die Vollständigkeit des funktionalen Entwurfs eines Produkts zu prüfen, sind ebenfalls die dynamischen Aspekte wesentlich. Daher kann die Evaluierung des Entwurfs mit Hilfe eines Prototyps die Vorteile, die ein formaler Inspektionsprozeß beinhaltet, wesentlich ergänzen.

Um früh die Entwicklung eines Schulungsprogramms zu beginnen, kann der Prototyp beim Lernen und Verstehen der Benutzerfunktionen sehr hilfreich sein. Er kann entweder selbst zur Schulung des späteren Benutzers eingesetzt werden, oder als Teil oder Basis für ein Schulungsprogramm benutzt werden, z.B. wenn die Hardware oder Systemsoftware unterschiedlich zu der des Prototyps sind.

In engem Zusammenhang zum Punkt Schulung steht die Entwicklung der Benutzerdokumentation, bei der ein Prototyp ebenfalls sehr hilfreich sein kann. Das bessere Verständnis der Benutzerfunktionen sowie ihre früher mögliche Demonstration führen zu einer größeren Korrekheit und einer früheren Verfügbarkeit der Dokumentation, und damit letztendlich zu einer höheren Qualität des Gesamtprodukts.

Weiterhin kann ein Prototyp, falls Alternativen für den Entwurf einer Benutzerfunktion existieren, der beste, schnellste und manchmal einzige Weg sein, um Vor- und Nachteile abzuwägen und die beste Entscheidung zu treffen.

Nicht zuletzt muß ein Programm-Prototyp frühzeitig, schnell und mit begrenztem Aufwand zu realisieren sein.

1.3 Umfang eines Programm-Prototyps

Wie schon gesagt sind Programm-Prototypen hauptsächlich für Programme mit Benutzerschnittstellen sinnvoll, speziell für solche, die diese Schnittstellen zu nicht EDV-erfahrenen Benutzern haben.

Um die Anforderungen des vorherigen Kapitels zu erfüllen, sind die Gebiete, die ein Prototyp abdecken muß, leicht zu identifizieren. Dabei werden im weiteren nur Bildschirm-Schnittstellen betrachtet.

Zuallererst muß der Aufbau dessen, was dem Benutzer des endgültigen Programms angezeigt wird, Teil des Prototyps sein. Es müssen also alle spezifizierten Bildschirmmasken definiert werden. Das umfaßt alle Felder, die zu einer spezifischen Bildschirmmaske gehören, und ihre jeweilige Position. Außerdem müssen alle Feldattribute definiert werden.

Dazu gehört außderdem die Wortwahl dessen, was angezeigt wird. Der konstante Text in der Bildschirmmaske und mögliche graphische Symbole müssen definiert werden. Das umfaßt auch die Entscheidung über die Benutzung von Großbuchstaben und syntaktische und semantische Aspekte. Wird eine Kommandosprache benutzt, müssen ihre Syntax und Semantik definiert werden.

Sind die einzelnen Bildschirmmasken definiert, müssen sie miteinander verbunden werden. Mit anderen Worten, die Ablauffolge der Anzeige dieser Masken muß Teil des Prototyps werden, um das dynamische Verhalten des späteren Programms an der Schnittstelle zum Benutzer hin zu simulieren. Dies umfaßt die Anzeigelogik, d.h. welche Bildschirmmasken können ausgehend von einer spezifischen Maske als nächste angezeigt werden, welche Parameter bestimmen die Abfolge, sollen Funktionstasten benutzt werden usw..

Weiterhin muß an dieser Stelle entschieden werden, ob mit dem Prototyp die volle Dynamik der Bildschirmmaskenabfolge implementiert werden soll oder nur ein oder mehrere vordefinierte Szenarios. Im letzteren Fall wird dynamisches Verhalten nur für einen speziellen Fall demonstriert, anstatt alle möglichen Eingabeparameter wie beim endgültigen Produkt zu prüfen und daraus die nächste Bildschirmmaske zur Anzeige auszuwählen.

Schließlich kann der Prototyp einen Teil oder alle Benutzerfunktionen abdecken. Diese Abdeckung ist unbedingt erforderlich, wenn der Prototyp für einen Test der ergonomischen Aspekte benutzt werden soll.

2.0 ERFAHRUNGEN MIT PROGRAMM-PROTOTYPEN

Das Problem, die funktionalen Programmspezifikationen zu evaluieren und sie gegen die Programmanforderungen zu prüfen, zwingt dazu, nach neuen Methoden und Hilfsmitteln zu suchen, die einem bei der Beurteilung helfen.

Besonders die Notwendigkeit, das dynamische Verhalten eines Bildschirm-Programms und die Wirkung seiner Schnittstellen auf den Benutzer frühzeitig überprüfen zu können, haben zu der Idee geführt, einen Prototyp für solch ein Programm zu erstellen.

2.1 Logischer Aufbau eines Programm-Prototyps

Programm-Prototypen können entsprechend ihrer unterschiedlichen Funktionen in drei Teile unterteilt werden.

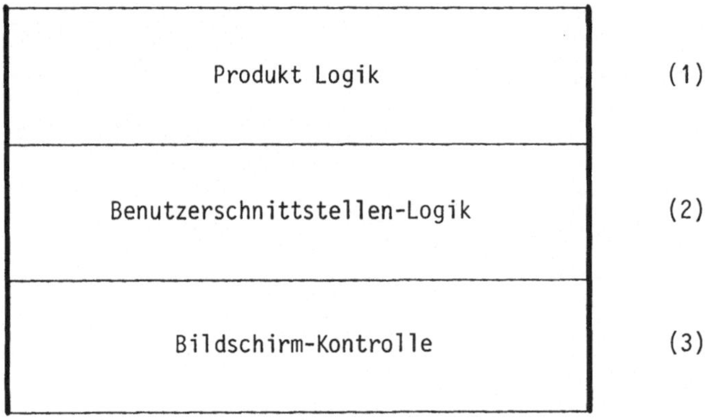

Produkt Logik	(1)
Benutzerschnittstellen-Logik	(2)
Bildschirm-Kontrolle	(3)

(1) Die Produkt-Logik beinhaltet Teile der Datenverarbeitungslogik des endgültigen Produkts, die unabhängig von der Schnittstellen-Logik sind.

(2) Die Benutzerschnittstellen-Logik beinhaltet die Analyse der Endbenutzer-Kommandos oder -Eingabeparameter und unterstützt die Verbindung zur Produkt-Logik, falls diese vorhanden ist.

(3) Die Bildschirm-Kontrolle kontrolliert die physikalische Schnittstelle. Das Verketten von Bildschirmmasken in Abhängigkeit von Benutzeranforderungen kann auch noch in der gleichen Weise wie die Benutzerschnittstellen-Logik implementiert sein, sodaß es vorkommt, daß zwischen (2) und (3) tatsächlich kein Unterschied besteht.

2.2 Ergebnisse für Projekte mit Programm-Prototypen

Die Ergebnisse von vier Projekten sind in der folgenden Tabelle gelistet.

	1	2	3	4
Größe des Endprodukts	30 KLOC	100 KLOC	130 KLOC	19 KLOC
Abdeckung des Prototyps				
- Maskenaufbau	X	X	X	X
- Maskenwortwahl	X	-	X	X
- Maskenabfolge	X	X	X	X
- Eingabeprüfung	teilweise	X	X	teilweise
- Endbenutzerfunktionen	X	teilweise	teilweise	-
Prototypanforderungen				
- Benutzerschnittstellenabnahme	X	-	X	X
- Vollständigkeitsprüfung des funktionalen Entwurfs	X	-	X	X
- Alternativen zeigen für Benutzerschnittstellen	-	X	X	-
- Ergonomisches Verhalten evaluieren	-	-	X	X
- Ergonomisches Verhalten testen	-	-	X	-
Prototypgröße				
- Anz. ausführb. Anweisg.	2000	6000	12800	280
- Anz. Bildschirmmasken	30	15	21	18
Aufwand für Prototyp	15 pd	40 pd	220 pd	35 pd
Fertigstellung	Ende HLD	Ende UT	Ende HLD	Ende HLD

HLD = High Level Design (Grobentwurf), UT = Unit Test, pd = person days

Auf den ersten Blick lassen sich sofort einige Resultate ablesen.

1. Je größer ein Programm ist, desto größer wird sein Prototyp.

2. Je mehr Eingabeparameterprüfung realisiert wird, desto größer wird der Prototyp.

3. Je mehr Benutzerfunktionen realisiert werden, desto größer wird der Prototyp.

4. Je größer der Prototyp ist, desto größer wird der benötigte Aufwand.

Dazu liefert eine sorgfältige Analyse einige wichtige Ergänzungen. Prototyp 1 benötigte zum Beispiel relativ weniger Aufwand, weil der Ersteller mit der Implementierungssprache sehr vertraut war. Aber auf grund des Erfolgs dieses Prototyps sind dieselbe Sprache und dieselben Hilfsmittel weiterhin benutzt worden, auch wenn die Produktivitätsrate geringer war.

Wie unter 3. gesagt benötigen mehr zu implementierende Benutzerfunktionen mehr Aufwand. Da aber Prototyp 3 auch zum Testen ergonomischer Aspekte benutzt wurde, mußten Benutzerfunktionen, die implementiert wurden, so vollständig wie möglich abgedeckt werden. Daher sind Größe und Aufwand für den Prototyp sehr viel höher, als die Produktgröße vermuten läßt.

Obwohl Prototyp 4 klein ist, war der Aufwand relativ hoch. Dies lag daran, daß nach den ersten Erfahrungen mit dem Prototyp die Benutzerschnittstellen vollständig geändert wurden. Dadurch erhöhte sich der Aufwand für den Prototyp, aber nicht seine Größe.

Die Ergebnisse aus der Benutzung der Prototypen sind sehr stark abhängig vom Zeitpunkt ihrer Fertigstellung in bezug auf den Entwicklungsprozeß und von ihren jeweiligen Anforderungen.

Die Prototypen 1, 3 und 4 wurden zur Überprüfung der Vollständigkeit des funktionalen Programmentwurfs benutzt. Weiterhin wurden die Benutzerschnittstellen den zuständigen Stellen zur Abnahme der funktionalen Programmspezifikationen vorgeführt, um schon in einer frühen Entwicklungsphase sicherzustellen, daß die Programmanforferungen richtig abgedeckt wurden.

Die frühzeitige Evaluierung ergonomischer Aspekte ist ein weiteres Ergebnis der Benutzung dieser drei Prototypen. Für Prototyp 3 ist dies Ergebnis signifikanter, weil ein formaler Test der ergonomischen Aspekte mit ihm durchgeführt wurde. Ohne den Prototyp hätte dieser Test nicht bereits am Ende der Grobentwurfsphase stattfinden können.

Es ist auch sehr unwahrscheinlich, daß die Benutzerschnittstellen während der Fertigstellung der funktionalen Programmspezifikationen vollständig in ihrem Aufbau geändert werden, wenn nicht die Anwendung eines Prototyps dazu führt, wie es das Ergebnis bei Prototyp 4 zeigt (wie bereits weiter oben erwähnt).

Wie aus der Tabelle zu entnehmen ist, war Prototyp 2 nicht vor Beendigung des Unit Tests fertig. Deshalb konnten die Ergebnisse seiner Anwendung nur Alternativvorschläge für bereits im endgültigen Produkt implementierte Benutzerschnittstellen und Funktionen sein. Wegen der fortgeschrittenen Entwicklungsphase wurde keine der Alternativen adaptiert.

2.3 Empfehlungen für zukünftige Programm-Prototypen

Auf grund der Erfahrungen mit der Erstellung und Benutzung von Programm-Prototypen sollen hier einige Empfehlungen für die Zukunft gegeben werden.

Um den größten Nutzen aus einem Programm-Prototypen zu ziehen, sollte mit seiner Erstellung bereits während der Architekturphase begonnen werden als Teil des Entwicklungsprozeßes. Damit ist sein Einsatz für eine frühzeitige Evaluierung der ergonomischen Aspekte ebenso möglich wie für eine zusätzliche Überprüfung der Vollständigkeit des funktionalen Programmentwurfs.

Außerdem hilft dann der Programm-Prototyp dabei, die externen Schnittstellen bereits mit Feststellung des Grobentwurfs abschließend festzulegen. Damit werden die späteren Änderungen an diesen Schnittstellen, die bisher immer zu ungeheueren Problemen führten, vermieden.

Um die Erstellung und Benutzung von Programm-Prototypen zu verbessern, sollten die Implementationsprache und die Bildschirmmasken-Definitions- und -E/A-Programme dieselben wie für das Produkt selber sein. Damit wird es möglich, Teile des Prototyps in das Endprodukt zu übernehmen, womit Aufwand und Fehler bei der Übertragung der Benutzerschnittstellendefinitionen vermieden werden.

Weiterhin könnte der Aufbau einer Datenbank für wiederverwendbare Prototypbausteine helfen, den Erstellungsaufwand zu reduzieren.

Abschließend kann man sagen, daß die Benutzung eines Programm-Prototyps für die Benutzerschnittstellen sich sowohl als notwendig als auch als nützlich erwiesen hat, wenn es sich um Programme mit ausgeprägten Bildschirm-Benutzerschnittstellen handelt, besonders bei solchen, die sich an nicht EDV-erfahrene Benutzer wenden.

DREI JAHRE SADT BEI SCS: BLICK ZURÜCK OHNE ZORN

Dipl.-Math. Almuth Fischer
SCS-Akademie, Hamburg

1. Vorgeschichte

SCS, Beratungsunternehmen mit breit gestreutem Kundenspektrum (siehe Projektprofil im Anhang), zog 1979 aus, um in der Vielfältigkeit des Methodenurwaldes einige Exemplare zu identifizieren, die die Projektarbeit geeignet unterstützen könnten. Das hehre Wunschziel

> "Ein Verfahren für alle Projekte, das durchgängig alle Aktivitäten abdeckt und von allen am Systementwicklungsprozeß Beteiligten ohne Schwierigkeiten akzeptiert wird"

wurde von vornherein als utopisch angesehen. Dafür lagen hinreichend viele Erfahrungen aus Projekten vor, in denen die unterschiedlichsten, zum Teil mit Rechnerunterstützung versehenen Verfahren eingesetzt worden waren, dies allerdings nicht systematisch mit dem Ziel einer Bewertung, sondern immer aufgrund entweder des existierenden Umfeldes beim Kunden oder der Kenntnisse der SCS-Mitarbeiter.
Es war also nötig, das "Wofür" zu präzisieren, d.h. die Frage nach der "typischen SCS-Projektarbeit" zu stellen. Nur dann konnte entschieden werden, ob es für uns einen gangbaren Mittelweg zwischen "ein Verfahren für alles (und alle)" und "allem (und jedem) sein Verfahren" gäbe.

Das inhaltliche Spektrum der Projekte reicht über eine Vielzahl von Branchen, von "reinrassigen" kommerziellen Anwendungen über Automatisierungsvorhaben mit technischer Ausrichtung, besonders qualitätssicherungsbedürftige Aufgaben im militärischen Bereich bis zu reinen Organisationsaufgaben. Der Projektumfang reicht von der Studie, die vom Einzelkämpfer erstellt wird, bis zum Großprojekt unter Beteiligung anderer Unternehmen, das den gesamten Systementwicklungsprozeß umfaßt. Beteiligt sind DV-Fachleute ebenso wie Fachleute der spezifischen Anwendungsbereiche, Sachbearbeiter ebenso wie Personen mit Managementfunktionen. Typisch daran ist also höchstens die Individualität eines jeden Einzelfalles. Daher doch: jedem Projekt sein(e) Verfahren?

Da die Betrachtung der Projekte allein zu keinen typisierenden Merkmalen führte, die bei einer Verfahrensauswahl hätten angewandt werden können, wir aber die Flinte so schnell nicht in's Korn werfen wollten, wurde über die Projekte ein Aktivitätenraster gelegt: die Phasen eines Vorgehensmodells (siehe Abb. im Anhang). An dieser Stelle reicht es aus, sich über die grobe Charakterisierung durch "Was?" (für die Analyse) und "Wie?" (für den Entwurf) den typischen Schwierigkeiten zu nähern, die während der Analyse auftreten.

Inhaltlich geht es immer darum, eine Realität zu beschreiben, die es noch gar nicht gibt. Gleichgültig, von welcher Art das zukünftige System ist, wird die Realität nach seiner Einführung eine andere sein als zu dem Zeitpunkt, an dem die Wünsche formuliert wurden. Lehmann weist auf diese Problematik mit seiner Programmklassifizierung hin [3]. Insbesondere ist es für den Anwender schwierig, sich die Auswirkungen des Systems auf seinen Arbeitsplatz vorzustellen. Beteiligt sind Personen mit unterschiedlichem Fachwissen, unterschiedlichen Ausbildungsgängen, unterschiedlichem Gesichtskreis und daraus resultierend mit unterschiedlichen Begriffswelten, Schwerpunkten, Denkkategorien und Vorgehensschemata.

Aus diesen nicht veränderbaren Fakten leiteten sich für uns folgende Forderungen an ein Verfahren ab, wenn wir es für Problemanalyse und Anforderungsdefinition, unabhängig vom spezifischen Problem, einsetzen können wollten:

- Es muß zu einer verbesserten Kommunikation zwischen den Beteiligten führen.

- Es muß die Überprüfung der Ergebnisse auf innere Konsistenz und auf Übereinstimmung mit der Anwendersicht erleichtern.

- Es muß die Tätigkeit des Analysierens systematisieren.

- Es muß eine Dokumentation liefern, die den Arbeitsfortschritt begleitet und damit transparent macht.

Außerdem sollte es kein "Neuling" sein, sondern ein Exemplar "mit Vergangenheit" (und mit Zukunft!).
In diesem Sieb blieb SADT: Structured Analysis and Design Technique hängen. Da sich beim Einsatz in einem Pilotprojekt bestätigte, was wir erhofft hatten, entschieden wir uns im Herbst 1980 endgültig für die Lizenznahme bei SOFTECH. Im folgenden soll über unsere Erfahrungen mit SADT in der Projektarbeit berichtet werden. SADT selbst wird daher hier nicht vorgestellt, sondern mindestens in groben Zügen als bekannt vorausgesetzt.

2. Einsatzerfahrungen

Seit drei Jahren also wird SADT bei SCS für die Projektarbeit eingesetzt. SADT ist der "SCS-Standard" für einen Teil der Tätigkeiten geworden, die in den ersten beiden Phasen unseres Vorgehensmodells durchzuführen sind. Dieser "Standard" ist allerdings als Angebot zu verstehen. Die Projekte sind, beginnend bei der Laufzeit und damit dem Präzisierungsgrad über die Teamzusammensetzung und endend beim Kundenumfeld, zu unterschiedlich, als daß man ein Verfahren "verordnen" könnte. Wir sind deshalb den sicher mühseligeren, aber auf längere Sicht auch nutzbringenderen Weg der Überzeugung gegangen. Zu diesem gehören eine intensive motivierende Schulung und die Erstanwendung in einem Projekt, für das mindestens ein erfahrener SADT-Anwender als Ansprechpartner bereitsteht. Zum jetzigen Zeitpunkt ist etwa ein Drittel unserer Berater (insgesamt ca. 500) geschult. Einen Überblick über die Vielseitigkeit des bisherigen Einsatzes gibt die Aufzählung einer Reihe von Projekten im Anhang. Ein deutlicher Schwerpunkt zeichnet sich im Augenblick bei Projekten für die Industrie ab, bei Projekten also, die im weitesten Sinne mit Fertigung und ihrem Umfeld zu tun haben.

Wegen der Nichtvergleichbarkeit der Projekte haben wir nicht den Versuch einer Quantifizierung des Nutzens unternommen. So sind die folgenden Ausführungen zu verstehen als Zusammenfassung subjektiver qualifizierender Eindrücke von SADT-Anwendern bei SCS. Sie sollen die Frage beleuchten, wie sich die Hauptkonzepte von SADT [6] in der SCS-Praxis bewährt haben.

(a) "Problemverständnis durch Modellbildung"

Die Anwendung von SADT auf ein Problem bedeutet, ein Modell für die Realität zu schaffen, das aus "Aktivitäten", "Daten" (konkrete Objekte und abstrakte Informationen) und möglicherweise "Mechanismen" besteht. Aktivitäten und Daten zeigen die funktionalen Komponenten des Systems, ihre Beziehungen untereinander und die Schnittstellen nach außen, Mechanismen können Hinweise auf Funktions- oder Datenträger oder auf getrennt betrachtete Subsysteme geben. Dabei kann die mit dem Mechanismus verbundene Leistung von Menschen, Software oder Hardware erbracht werden. Besonders dort, wo "Mensch-Maschine-Systeme" Projektgegenstand sind, ist diese "Abstraktion vom Prozessor" eine wichtige Hilfe dabei, sich auf das Wesentliche zu konzentrieren, nämlich auf das Zusammenwirken von Aktivitäten über Informationsbeziehungen. Typische Anwendungsbeispiele hierfür sind CAD-Anwendungen [1] oder die Prüfstandsautomatisierung für Motorenprüfstände. Wegen der Allgemeinheit seiner Modellkomponenten wird SADT bei uns aber auch für völlig dv-unabhängige Probleme eingesetzt, z.B. die Analyse von Planungsaktivitäten etwa im Rahmen von Projektplanungen oder die Untersuchung von Arbeitsabläufen.

Schwierigkeiten der Modellbildung mit SADT treten am Anfang vor allem in drei Punkten auf:

(i) Die deutsche Sprache verwischt die Grenzen zwischen aktiven und passiven Komponenten, indem Verben substantiviert werden: Meint "Planung" das Planen als Aktivität oder das Ergebnis dieser Aktivität? So passiert es SADT-Anfängern relativ häufig, daß Daten "versteckte" Aktivitäten enthalten. Hier wird man zu einem sauberen Präzisieren gezwungen und das ist ungewohnt.

(ii) Die Modellbildung zwingt die Modellersteller dazu sich festzulegen:

Wo ziehen wir die Grenze zwischen zwei Aktivitäten?
Was ist es, das die Aktivität benötigt oder erzeugt und wie benennen wir es?
Gehört das überhaupt dazu?
Ist das relevant?

Solche Fragen zu einem so frühen Zeitpunkt klären zu müssen, ist ungewohnt, manchmal lästig, in jedem Fall aufwendig. Begriffe können nicht einfach in den Raum gestellt werden, sondern müssen in ihrer Wirkung und Bedeutung für die Aktivitäten - und damit für das System - präzisiert werden. Aber diese notwendige Auseinandersetzung trägt sehr zur Erfüllung des SADT-Anspruchs "Problemverständnis durch Modellbildung" bei.

(iii) SADT-Modelle sind immer Formulierungen eines abgegrenzten Problems. Diese Abgrenzung muß vor der Modellbildung geschehen, denn nur dann kann das Modell die Fragen beantworten helfen, die im augenblicklichen Projektstadium wichtig sind. SADT bietet für diese Abgrenzung die Festlegung von Blickwinkel und Zweck an. Der Begriff "Blickwinkel" kennzeichnet die Subjektivität des Betrachtungshorizontes. Er kollidiert mit dem häufig anzutreffenden Wunsch, etwas "objektiv Richtiges" zu schaffen. Hier ist ein Stück Einsicht in die eigene Rolle nötig, um diesen Ansatz zu akzeptieren. Der Begriff "Zweck" macht deutlich, daß zunächst ein Ziel gefunden und formuliert werden muß, bevor eine Problemstrukturierung erfolgen kann. Dies ist eine zwar selbstverständlich klingende, aber keineswegs immer praktizierte Aufforderung. Wie schon unter (ii) angesprochen, zwingt auch hierdurch SADT zur Klärung der gemeinsamen Vorstellungen.

(b) "Top-Down-Zerlegung"

Ein SADT-Modell entsteht durch einen Prozeß, der bei einer sehr allgemeinen Beschreibung auf hohem Abstraktionsniveau beginnt und sich über mehrere Zerlegungsebenen mit schrittweise zunehmender Detaillierung fortsetz. Die SADT-Formalien, die eine Verfeinerungsebene an die darüberliegende Ebene anbinden, haben sich dabei als ein sehr nützliches Instrument bewährt, um inhaltliche Inkonsistenzen aufzuzeigen.

Typische Schwierigkeiten entstehen hier durch den Zwang zur Abstraktion nicht nur auf der Aktivitäten-, sondern auch auf der Datenseite. Demjenigen, dem ein ganz bestimmtes Detail wichtig erscheint, wird der Weg, bis dieses Detail sichtbar wird, sehr lang. Nicht jedem leuchtet ein, daß zum Systemverständnis zunächst nicht eine Vielzahl von nebeneinanderstehenden Details wichtig ist, sondern ein, wenn auch vergröbernder, "unscharfer" Blick auf die Art der Beziehungen des Systems nach außen wie in seinem Inneren.

(c) "Graphische Form der Darstellung"

Die SADT-Graphik kommt mit zwei Symbolen aus, dem Kasten und dem Pfeil. In den bei uns im Vordergrund stehenden Aktivitätenmodellen zeigen die Kästen die Aktivitäten und die Pfeile ihr Zusammenwirken über Daten. Die Unterscheidung zwischen Eingängen für einen Kasten, die vorrangig von der Aktivität transformiert werden, und denen, die vorrangig den Ablauf der Aktivität beeinflussen, hat sich immer wieder als sehr hilfreiches Frageinstrument während der Analysetätigkeit herausgestellt. Es führt gerade an "versteckte" Informationen heran, die der Anwender häufig als selbstverständlich voraussetzt, die er aber nicht so ohne weiteres präzisieren kann, und von denen der Analytiker nichts oder nur Unvollständiges weiß.

Das Ergebnis, ein SADT-Diagramm, ist unserer Erfahrung nach auch für Ungeübte mit relativ wenig Einarbeitungsaufwand verständlich. Am wenigsten Widerstände entstehen dann, wenn bereits in den ersten Gesprächsrunden mit den Anwendern die SADT-Symbole, sozusagen "unter der Hand", verwendet werden, um eine erste grobe Problemstruktur für alle sichtbar gemeinsam zu erarbeiten. Nach einem solchen Einstieg sind durch die schlichte Symbolik und das Aufgreifen der Anwendersprache auch spätere Ergebnisse, die ohne Mitwirkung der Anwender entstanden sind, für diese schnell verständlich, nachvollziehbar und, soweit es die Abbildung ihrer Probleme angeht, auch überprüfbar. Wir erleben immer wieder, daß bei SADT-Einsatz die Anwender aus der passiven Rolle der "Informationenlieferer" herauswachsen und aktiv mitgestalten. Durch die Graphik wird die zukünftige Realität für sie greifbarer und damit vorstell- und bewertbar.

(d) "Duale Aspekte eines Systems"

SADT betrachtet immer Aktivitäten und Daten gemeinsam, stellt jedoch jeweils eine Komponentenart in den Vordergrund. Die SADT-Theorie verlangt, für einen Blickwinkel und einen Zweck ein Aktivitäten- und ein

Datenmodell (möglichst unabhängig voneinander) zu entwickeln und diese dann in einem abschließenden Schritt wechselseitig zu überprüfen.
In diesem Sinne vollständige Modelle, also eigentlich Modellpaare, sind bei SCS (und nach unseren Informationen auch bei SOFTECH) noch in keinem realen Projekt entstanden. Bis auf wenige Ausnahmen werden immer nur Aktivitätenmodelle gebildet. Hierfür sind drei Hauptgründe anzuführen:

(i) Der Ansatz, der Daten über erzeugende, benutzende und steuernde Aktivitäten verbindet, ist unzugänglicher als der aktivitätenorientierte.

(ii) Es ist insbesondere schwierig, zu mehr als nur einem Spiegelbild des Aktivitätenmodells zu kommen, wenn man dieses vorher gebildet hat.

(iii) Der zusätzliche Aufwand, der keine grundsätzlich neuen Erkenntnisse liefert (etwa über Datenstrukturen), ist für Projekte unter realen Randbedingungen nicht vertretbar.

Dennoch werden in Einzelfällen Datagramme erstellt, wenn es von der Aufgabenstellung her vernünftig erscheint. So läßt sich mit Hilfe von Datagrammen sehr gut die Verwendung von existierenden Datenbeständen aufzeigen (im Rahmen von Ist-Analysen) oder verdeutlichen, durch welche Aktivitäten Daten bestimmte Zustände annehmen können. Für den eher statischen Aspekt eines Systems, die Daten und ihre innewohnenden Beziehungen, setzen wir ein Datenstrukturanalyseverfahren ein.

(e) "Zurückstellen implementierungsorientierter Entscheidungen"

Der Gedanke, das "Was" vom "Wie" zu trennen, prägt sich in SADT einerseits in den Mechanismen (als Hinweis auf ein mögliches "Wie"), andererseits im Blickwinkelkonzept aus (Anwender, Entwickler). Er paßt zu der Philosophie unseres Vorgehensmodells und beinhaltet daher keine Divergenzen zwischen Verfahren und Vorgehen.

Anwendungsschwierigkeiten mit diesem Konzept haben am Anfang vor allem "alte DV-ler". Mitten im Modell aus Anwendersicht wird eine andere Brille aufgesetzt und es werden dv-technische Lösungen anstelle der Anforderungen beschrieben. Im Modell spiegelt sich dies durch einen Wechsel in der Terminologie wider, ein deutlicher Hinweis auf einen gleitenden Übergang vom "Was" zum "Wie". Hier hilft es, sich nach jedem Verfeinerungsschritt zurückzulehnen, sich Blickwinkel und Zweck in Erinnerung zu rufen und noch einmal einen prüfenden Blick auf das bisher erzielte Ergebnis zu werfen.

(f) "Unterstützung der Teamarbeit"

Durch die Top-Down-Zerlegung entstehen zwangsläufig Aufgabenkomplexe mit ihren Schnittstellen, die von Einzelnen parallel weiterbearbeitet werden können, solange die Schnittstellen nicht angetastet werden. Im Modell wird die Trennung zwischen "Innen" und "Außen" aus der Sicht der Teilaufgabe deutlich und damit ist für den Bearbeiter der Teilaufgabe klar, daß er sich dann an seine(n) Nachbarn wenden muß, wenn er die Schnittstellen seiner Teilaufgabe modifizieren will. Das entstehende SADT-Modell liefert zu jedem Zeitpunkt aktuelle Informationen über den Projektfortschritt. Es erleichtert den Einstieg auf beliebigem Detaillierungsniveau und reduziert damit den Einarbeitungsaufwand für neu hinzukommende Teammitglieder.

Das Instrument des Autor/Kritiker-Zyklus, dem institutionalisierten schriftlichen Kommunikations- und Prüfweg, den SADT beinhaltet, läßt sich in unserer Projektrealität nicht durchsetzen. Gute Erfahrungen haben wir aber damit gemacht, Zwischenergebnisse entweder einem Teamkollegen oder auch einem außerhalb des Projektes stehenden SADT-Kenner zur kritischen Durchsicht in die Hand zu geben und sie mit ihm zu besprechen. Es ist für mich immer wieder verblüffend, wie schnell man in der Lage ist, ohne das Problem zu kennen, sich in ein Modell einzulesen, durch Verständnisfragen unsaubere Strukturierungen, begriffliche Inkonsistenzen und logische Mängel aufzudecken und so zur qualitativen Verbesserung des Ergebnisses beizutragen.

(g) "Schriftform für Entscheidungen und Kommentare"

SADT realisiert das Konzept in Form von Vorschriften für die Dokumentenverwaltung, die die gesamte Entstehungsgeschichte eines Modells jederzeit zur Verfügung stellen. Für umfangreiche Projekte wird daraus folgerichtig die Notwendigkeit eines Projektsekretärs abgeleitet. Auch bei SCS ist schon in der Vergangenheit in Großprojekten vor allem während Realisierung und Integration ein erheblicher Aufwand für die dann notwendige Konfigurationskontrolle investiert worden. Für die Haupteinsatzphase von SADT bei uns jedoch, die Problemanalyse und Anforderungsdefinition, haben wir bisher nicht den Eindruck gehabt, einen entsprechenden Apparat zu benötigen und deshalb dieses Konzept nicht übernommen. Dazu kommt natürlich, daß die Aufgaben des Projektsekretärs nicht sehr attraktiv sind und bei manueller Durchführung einen erheblichen Aufwand verursachen. Dokumentenhaltung und -verwaltung durch eine Rechnerunterstützung könnten dazu beitragen, daß auch dieses Konzept in der Praxis Anwendung findet.

3. Resümee: "Structured Analysis: A Language for Communicating Ideas"

Diese Überschrift eines Artikels von D. Ross [4] charakterisiert am besten, wie wir SADT einsetzen und welchen Nutzen wir darin sehen. Gleichgültig, ob man seine Ideen nur für sich selbst in ein SADT-Modell gießt, um durch den Strukturierungszwang und das Abbilden in Aktivitäten und ihre Informationsbeziehungen die Ideen besser greifen und prüfen zu können, ob eine Ist-Aufnahme oder Anforderungsbeschreibung, mit SADT durchgeführt, dem Gesprächspartner auf der Anwenderseite klar macht, daß er richtig verstanden worden ist, oder ob während eines Systementwurfes die Teammitglieder mit SADT ihre Entwurfsideen präzisieren und diskutieren, SADT hilft immer dabei, Gedanken in einer Form zu Papier zu bringen, die ihnen ein Stückchen Leben gibt und dadurch andere anregt, sich mit ihnen auseinanderzusetzen.

Voraussetzung für einen Einsatz von SADT ist, daß Projekte im Grundsatz nach einem Vorgehensmodell abgewickelt werden, das der Idee von D. Ross entspricht, den Systementwicklungsprozeß als schrittweise und sich über mehrere Detaillierungsstufen fortsetzende Beantwortung der Fragen "Warum?", "Was?" und "Wie?" zu sehen [5]. Eine Einordnung seiner Idee im Vergleich mit anderen Life-Cycle-Modellen findet sich in [2]. Die SADT-Konzepte fangen genau diese Idee auf; übernimmt man sie nicht, so wird SADT zu einem reinen Dokumentationsmittel mit einem ungenutzten philosophischen Überbau und damit bald als Ballast empfunden.

4. Zu guter Letzt: Grenzen von SADT

Generell gilt die Aussage:

> SADT ist immer dann ungeeignet, wenn es nicht um Zusammenhänge, sondern um Details geht.

So eignet es sich nicht, um

- Programmabläufe darzustellen,
- Verknüpfungen von Bedingungen und resultierende Aktionen zu dokumentieren,
- Moduln und Daten exakt zu spezifizieren.

Es ist keine Entwurfsmethode im Sinne des Softwareentwurfs, da es keine Entwurfsprinzipien beinhaltet. Es kann aber zur Entwurfsdokumentation und -überprüfung verwendet werden, wenn man bei der Strukturierung Entwurfsprinzipien zugrunde legt.

Es ist nicht möglich, Echtzeitverhalten zu beschreiben. Dennoch kann es auch im Rahmen solcher Aufgabenstellungen zur funktionalen Spezifikation benutzt werden, um die logischen Abhängigkeiten aufzuzeigen, die man kennen muß, bevor man über das Echtzeitverhalten nachdenkt.

Aufgrund der Offenheit von SADT macht die Anbindung anderer Verfahren keine Probleme. Die Schwierigkeit liegt hier in der Person des Anwendenden, der seinen Instrumentenkasten nicht nur kennen sondern beherrschen muß, um das eine Instrument rechtzeitig beiseite zu legen und ein anderes angemesseneres herauszuholen.

Literatur:

[1] Fischer, A.: SADT: eine Methode für die Anforderungsanalyse und Konzeption von Systemen, Tagungsband CAMP'83, in Vorbereitung

[2] Kerola, P. und Freeman, P.: A Comparison of Lifecycle Models, Proc. of the 5th International Conference on Software Engineering, 1981

[3] Lehman, M.M.: Programs, Life-Cycles and Laws of Software Evolution, Infotech Conference on Software Development Techniques, 1980

[4] Ross, D.: Structured Analysis: A Language for Communicating Ideas, IEEE Transactions on Software Engineering, 1, 1977

[5] Ross, D. und Schoman, K.: Structured Analysis for Requirements Definition, Proc. of the Second International Conference on Software Engineering, 1976

[6] SOFTECH: An Introduction to SADT Structured Analysis and Design Technique, SOFTECH, 1976

Anhang:

1. Projektprofil bei SCS

Die folgenden prozentualen Angaben beziehen sich auf die im Jahre 1982 von SCS durchgeführten Projekte. Sie sollen dazu beitragen, das Projektumfeld unserer Arbeit und damit einige der Anmerkungen des Vortrages zu beleuchten.

Verteilung auf die Branchen	
Industrie (Fahrzeuge, Chemie, Elektro, Metall,usw.)	44 %
Dienstleistungen, Handel (vor allem Banken, Versicherungen)	24 %
Öffentliche Hand, Versorgungsbetriebe (vor allem Verteidigung, Energie-,Wasserversorgung)	32 %

Verteilung auf die Tätigkeiten	
ORG/DV-Beratung, Technische Beratung	28 %
Softwareentwurf, Softwarerealisierung (kommerzielle Systeme)	18 %
Softwareentwurf, Softwarerealisierung (technische Systeme)	37 %
Managementberatung, Personalberatung	17 %

2. Auszug aus Projekten, in denen SADT eingesetzt wurde bzw. wird

Mit einigen Projektüberschriften soll hier in sehr knapper Form ein Eindruck von den Themenkreisen gegeben werden, in denen SADT bei der Problemanalyse, Anforderungsdefinition oder Konzeption Eingang in die Projektarbeit gefunden hat. Daneben wird es in vielen Fällen für die Projektplanung eingesetzt:

Reorganisation der Einkaufsabwicklung für eine Einzelhandelsgruppe

Analyse der Arbeitsabläufe bei einer Hafen- und Lagerhaus-Gesellschaft

Analyse des Neubaus von Handelsschiffen bei einer Werft

Analyse und Konzeption der Montagelinienbeschickungsoptimierung (Endmontage der PKWs)

Analyse und Konzeption eines CAD-Systems für Planung der Ausstattung von Montagehallen für Automobile

Analyse und Konzeption eines CAD-Systems für die Werkzeugkonstruktion

Analyse und Konzeption für ein Personal-Informationssystem

Konzeption einer Dummy-Kalibrier-Anlage

Konzeption eines Motorenprüfstands-Automatisierungssystems

Entwurf eines elektronischen Kampfführungssystems für die Marine

3. PRADOS-Projektphasen

SADT ist ein Verfahren aus dem Bündel, das wir bei SCS unter dem Namen PRADOS (Projekt-Abwicklungs- und Dokumentations-System) geschnürt haben, um die Projektarbeit zu unterstützen. Neben Verfahren für die eigentliche Projektarbeit gehören ein Vorgehensmodell, Projektmanagement und Qualitätssicherung zu diesem Bündel. Für die Darstellung des Vorgehensmodells wurde SADT gewählt. Das folgende Bild zeigt die erste Ebene unserer "Projektphasen", um die Positionierung von SADT im Rahmen der gesamten Projektabwicklung deutlichh zu machen.

Abb. Projektphasen (A0-Ebene) und das Einwirken von Projektmanagement und Qualitätsicherung

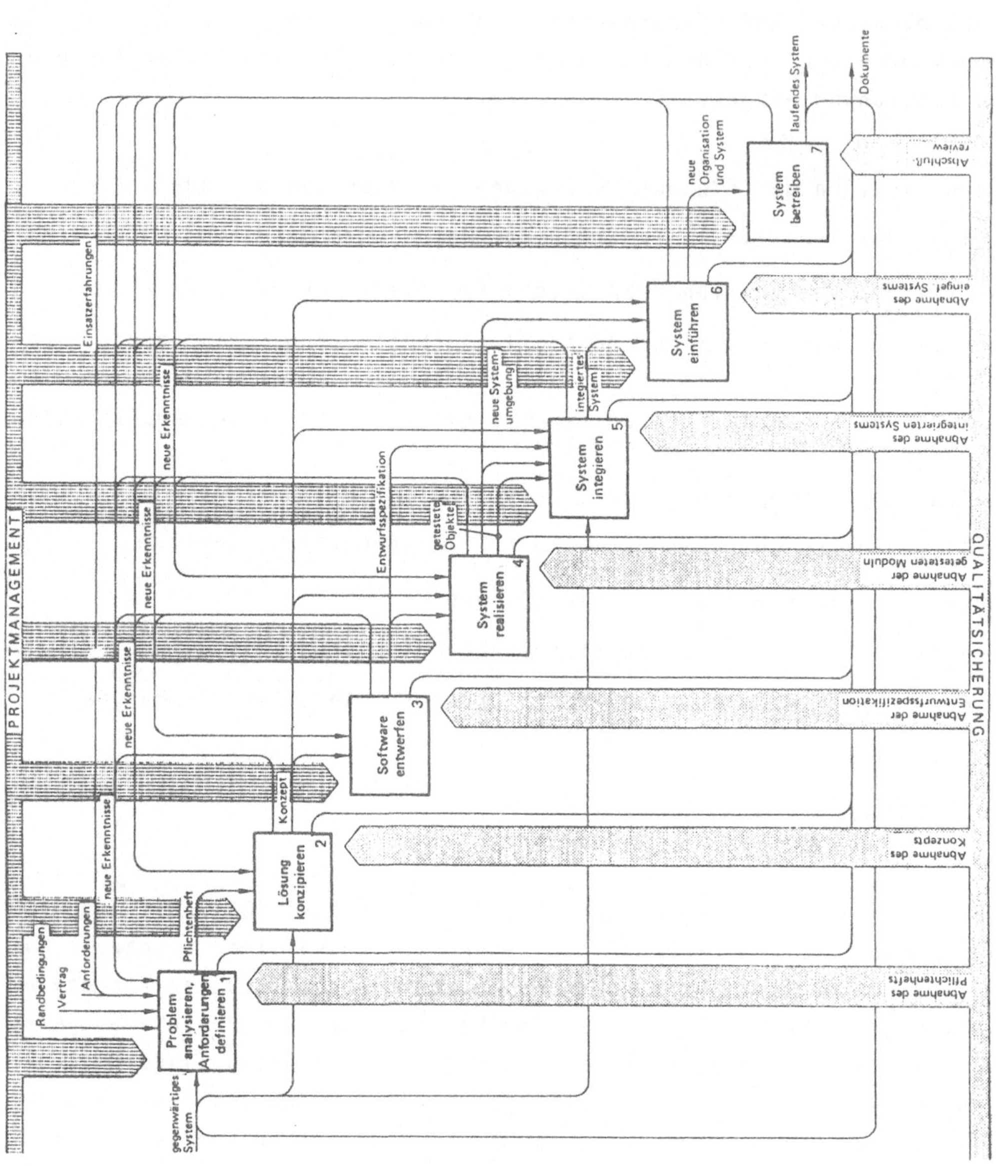

Requirements Engineering in S/E/TEC

Hanns-Martin Meyer
Softlab GmbH
Arabellastraße 13
8000 München 81

Inhalt:

1 Stellung des Requirements Engineering in S/E/TEC

2 Methoden und Darstellungsmittel des Requirements Engineering in S/E/TEC

2.1 Das Produktmuster für das Ergebnis des Requirements Engineering : Anwendungsbeschreibung

2.2 Das Produktmuster für die Einzelbeschreibung der Funktionen : Funktionsbeschreibung

2.3 Die Darstellung von Dialogabläufen: Benutzer-Interaktionsdiagramme

2.4 Die Darstellung der Benutzersicht auf die Daten : Benutzer-Datenmodell

2.5 Die Darstellung der Zusammenhänge und Abhängigkeiten: Ablaufmodell

3 Requirements Engineering im Projekteinsatz

Zusammenfassung:

Requirements Engineering in S/E/TEC umfaßt die Methoden und Darstellungstechniken der Definitions-Phase im S/E/TEC-Projektmodell. Dies sind die Funktionsbeschreibung, die Benutzer-Interaktionsdiagramme, das Benuter-Datenmodell und das Ablaufmodell. Diese Methoden und Darstellungstechniken und ihre Stellung zueinander werden vorgestellt.

1 Stellung des Requirements Engineering in S/E/TEC

S/E/TEC ist die Software/Engineering/Technologie von Softlab. Dabei umfaßt Software-Engineering alle Teilaufgaben eines Automationsprojektes von der Ist-Aufnahme (Analyse) bis zur Betriebseinführung (vgl. /DEH 80/,/DHN 80/ und /HES 80/). Der Einsatz von S/E/TEC in einem Automationsprojekt kann je nach

. Reifegrad der Überlegungen,
. Technologie-Einführungsgrad in der Projektgruppe und
. geplanter Lebenserwartung des Software-Systems

graduell verschieden sein. Er wird maximal sein in Großprojekten, die von einer technologisch vorgebildeten Projektgruppe durchgeführt werden und eine hohe Lebenserwartung des Software-Systems zum Ziel haben.

Hier soll das Requirements Engineering in S/E/TEC, d. h. die Definition der Benutzeranforderungen an das zu realisierende System, erläutert werden. Für die Definition der Benutzeranforderungen und für ihre Stellung in S/E/TEC sind die Begriffe

. Aufgabe,
. Funktion und
. Operation

und ihre Abgrenzung von Bedeutung.

Das Bedürfnis nach DV-Unterstützung entsteht durch die Aufgaben, die ein Betrieb, eine Behörde, eine Fachabteilung oder auch ein Einzelner zu erfüllen hat. In diesem - betriebswirtschaftlichen und nicht DV-technischen - Sinne wird der Begriff Aufgabe verwendet.

Ziel eines Automationsprojektes ist die Realisierung von Funktionen, die das zu erstellende DV-System an der Benutzerschnittstelle zur Unterstützung der Aufgabenerfüllung anbietet, oder in denen u. U. das DV-System Aufgaben ganz ausführt.

Aufgaben und Funktionen sind daher in der Welt der Fachabteilung, des Benutzers eines DV-Systems angesiedelt und werden zunächst nur aus dieser Sicht betrachtet.

Die Funktionen werden im DV-System durch das Zusammenwirken von Software und Hardware realisiert. In der Software werden die Funktionen im einzelnen durch ein Zusammenspiel vieler Operationen (z. B. Prozeduren) verwirklicht. Diese Operationen und ihr Zusammenspiel untereinander und mit der Hardware gehören also zur Sicht des DV-Fachmannes. Sie sind für den Benutzer aus der Fachabteilung nicht sichtbar ebenso wie zum Beispiel die Software-Bausteine Modul und Komponente.

Das S/E/TEC-Projektmodell ordnet alle Tätigkeiten und Ergebnisse - die Produkte und Teilprodukte - eines Automationsprojektes einzelnen Phasen zu.

In der Analyse-Phase werden die Aufgaben, für die eine DV-Unterstützung vorgesehen ist, analysiert, eventuell neu definiert, ihre Abhängigkeit und ihr Zusammenspiel neu geplant.

In der Definitions-Phase werden die Funktionen geplant und definiert. Das Ergebnis der Definitions-Phase ist die Anwendungsbeschreibung.

Im Systementwurf werden die definierten Funktionen DV-technisch konstruiert, in der Modulimplementierung die Moduln spezifiziert, konstruiert, codiert und einzeln getestet. In der Integrations- Phase werden diese Moduln stufenweise zum Gesamtsystem integriert.

Requirements Engineering in S/E/TEC ist die Definition der Funktionen und ihrer Abhängigkeiten durch die zukünftigen Benutzer oder deren Stellvertreter in der Definitions-Phase des Automationsprojektes.

2 Methoden und Darstellungsmittel des Requirements Engineering in S/E/TEC

Die Methoden und Darstellungsmittel des Requirements Engineering in S/E/TEC sind

. aus der Praxis der Projektdurchführung
. für die Praxis in Projekten

entwickelt worden. Insbesondere im Hinblick auf das Ziel der Verständlichkeit und Verfaßbarkeit für und durch den Anwender selbst ist der Formalisierungsgrad der Darstellungsmittel nicht auf die Spitze getrieben worden. Vielmehr kann der Grad der Formalisierung im Einzelfall, je nach Erfahrung der Anwender mit formalen Methoden, gesteigert oder vermindert werden. In jedem Fall aber ist er ausreichend, um dem System-Designer für die Systementwurfs-Phase präzise Angaben über die Anforderungen an das System zu liefern.

Der Anwender und sein Berater oder Stellvertreter sollen die Methoden zunächst ohne die Gedanken- und Begriffswelt der DV-Konstruktion und DV-Realisierung (Dateien, Formate usf.) anwenden. Lediglich globale Machbarkeits-Analysen sind in der Definitions-Phase von beratenden DV-Fachleuten begleitend durchzuführen.

Die Methoden und Darstellungsmittel der Definitions-Phase bilden ein Bündel aus den Komponenten

. Funktionsbeschreibung (FUBE),
. Benutzer-Interaktionsdiagramm (B-IAD),
. Benutzer-Datenmodell (BDM) und
. Ablaufmodell (ABM).

Alle diese Komponenten sind eng miteinander verknüpft. Sollen sie einzeln eingesetzt werden, bedarf es einer anderen, technologischen Einbettung. Der getrennte Einsatz ist unter dieser Randbedingung jedoch nicht ausgeschlossen.

Die vier Komponenten werden in diesem Kapitel 2 zusammenfaßend beschrieben. Das Produktmuster "Anwendungsbeschreibung" als oberstes Bindeglied der vier Komponenten wird zuvor in 2.1 vorgestellt.

2.1 Das Produktmuster für das Ergebnis des Requirements Engineering: Anwendungsbeschreibung

Das Produkt der Definitions-Phase ist die Anwendungsbeschreibung. Die Fertigstellung der Anwendungsbeschreibung und ein erfolgreiches Gesamt-Review über dieses Produkt bilden einen Meilenstein im Projektverlauf.

Die Anwendungsbeschreibung kann mit dem - in der Literatur häufig verwendteten Begriff - Pflichtenheft verglichen werden.

Methodischer Bestandteil von S/E/TEC ist die Vorgabe von Produktmustern für alle Produkte und Teilprodukte eines Automationsprojektes. Hierdurch wird das Erreichen der Ziele

. Homogenität der Produkte, die das Projektteam erstellt,
. Verhindern von bewußten oder unbewußten Dokumentationslücken,
. Planungs- und Fortschrittstransparenz und
. Qualitätsanhebung

maßgeblich unterstützt.

Das folgende Bild gibt eine übersicht über die Teilprodukt-Struktur der Anwendungsbeschreibung.

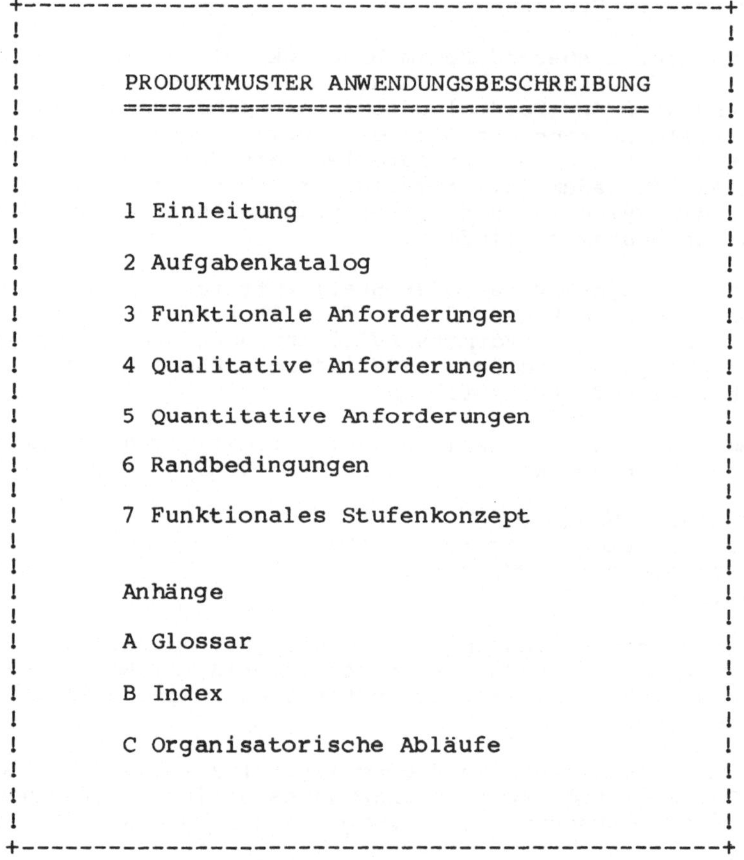

PRODUKTMUSTER ANWENDUNGSBESCHREIBUNG

1 Einleitung

2 Aufgabenkatalog

3 Funktionale Anforderungen

4 Qualitative Anforderungen

5 Quantitative Anforderungen

6 Randbedingungen

7 Funktionales Stufenkonzept

Anhänge

A Glossar

B Index

C Organisatorische Abläufe

Bild: Teilproduktstruktur der Anwendungsbeschreibung

Der Aufgabenkatalog beschreibt zusammenfaßend die Aufgaben aus dem Gesamtkonzept, für die in dieser Anwendungsbeschreibung die Funktionen definiert werden. Er bildet das Bindeglied zum Gesamtkonzept. Dabei ist es möglich, ja oft erwünscht, nur einen geeigneten Teil der Aufgaben aus dem Gesamtkonzept gemäß einem Stufenplan in die Anwendungsbeschreibung aufzunehmen.

Das Teilprodukt "Funktionale Anforderungen" bildet den Hauptteil der Anwendungsbeschreibung. In ihm werden alle Funktionen in ihrem Ablauf und mit ihren Abhängigkeiten beschrieben.

Qualitative Anforderungen sind Anforderungen an das zu realisierende System, die weder funktional noch quantitativ faßbar sind.

Herausgriffen sind hier einmal die Themen

. Datenschutz,
. Verhalten unter Fehlerbedingungen und
. Verhalten bei Teilausfällen.

Je nach der Art des geplanten Systems und der Vorbildung seiner Benutzer können hier weitere Punkte hinzutreten.

Quantitative Anforderungen sind die quantifizierbaren, allgemeinen Anforderungen an das System. Dazu zählen

. der Durchsatz,
. die Auslastung,
. die Antwortzeiten,
. die Verfügbarkeit,
. die Datensicherheit.

An dieser Stelle soll auch das Mengengerüst für das konzipierte System aufgestellt werden. Dieses Mengengrüst sollte so aufgegliedert werden, daß einerseits die Aufteilung der Last auf die einzelnen Funktionskomplexe - in Extremfällen sogar auf einzelne, kritische Funktionen - andereseits die Verteilung in der Zeit mit den Spitzenbelastungen erkennbar wird.

Darüber hinaus soll an dieser Stelle ein erster Entwurf der Ausstattung des Systems mit peripheren Geräten angegeben werden.

Während in den vorangegangenen Kapiteln die Anforderungen aus der Sicht des zukünftigen Benutzers im Vordergrund standen, werden unter den Randbedingungen dargestellt

. die Annahmen über die Basisschnittstelle
. die Abschätzung des Speicherbedarfs
. die technischen Vorgaben der Schnittstellen zu Nachbarsystemen.

Im Kapitel Funktionales Stufenkonzept soll aus Sicht der Anwender die Möglichkeit einer stufenweisen Entwicklung und Einführung des Gesamtsystems beschrieben werden. Es soll also dargestellt werden, welche Funktionen als sinnvoll für den ersten Teileinsatz des Systems erachtet werden, und in welchen Stufen darauf aufbauend das Gesamtsystem entwickelt werden kann.

Der Anhang C "Organisatorische Abläufe" enthält die Beschreibung der organisatorischen Abläufe an dem Aufstellungsort des Systems (Soll).

```
+---------------------------------------------------+
!                                                   !
!                                                   !
!    FUNKTIONALE ANFORDERUNGEN                      !
!    =========================                      !
!                                                   !
!                                                   !
!                                                   !
!     3.1      Systemmodell                         !
!                                                   !
!     3.1.1    Benutzerklassen                      !
!                                                   !
!     3.1.2    Funktionskomplexe                    !
!                                                   !
!     3.1.3    Abhängigkeiten                       !
!                                                   !
!                                                   !
!     3.2      Datenmodell                          !
!                                                   !
!     3.2.1    Strukturen                           !
!                                                   !
!     3.2.2    Daten                                !
!                                                   !
!     3.2.3    Erläuterungen                        !
!                                                   !
!                                                   !
!     3.3      Benutzerschnittstellen               !
!                                                   !
!                                                   !
!     3.4      Funktionen                           !
!                                                   !
!                                                   !
!     3.5      Von den Funktionen benutzte          !
!              Daten                                !
!                                                   !
!                                                   !
!     3.6      Schnittstellen zu Nachbarsy-         !
!              steme auf der Anwendungsebene        !
!                                                   !
!                                                   !
+---------------------------------------------------+
```

Bild: Produktmuster "Funktionale Anforderungen"

Das Teilprodukt "Funktionale Anforderungen" beschreibt aus der Sicht des Benutzers die funktionalen Anforderungen an das zu realisierende System. Qualitative und quantitative Anforderungen finden sich in diesem Teilprodukt nur insoweit, als sie sich einzelnen Funktionen oder Funktionskomplexen eindeutig zuordnen lassen. Sie finden sich ansonsten in den Kapiteln 4 und 5.

Die Beschreibung der Funktionalen Anforderungen geschieht auf den drei Ebenen

. Systemmodell,
. Funktionskomplex,
. einzelne Funktion.

Dabei ist das Datenmodell in jeder Ebene Basis der Beschreibung.
Auf der Ebene des Systemmodells werden die Funktionskomplexe gebildet, ihre Abhängigkeiten untereinander und ihre Beziehungen zu den Benutzer-

klassen beschrieben. Die Abhängigkeiten werden mit Hilfe des Ablaufmodells auf der Basis des Datenmodells dargestellt.

Auf der Ebene "Funktionskomplex" werden für jeden Funktionskomplex die Abhängigkeiten der Funktionen in diesem Funktionskomplex beschrieben. Hierzu wird das Kapitel 3.4 nach Funktionskomplexen gegliedert.

Die einzelnen Funktionen werden auf der dritten Ebene nach dem Muster der Funktionsbeschreibung definiert.

Alle hier festzuhaltenenden Anforderungen sind nur aus der Sicht der zukünftigen Benutzer zu beschreiben. Das Kapitel darf keinen Systementwurf oder Details der Konstruktion festlegen.

Im Kapitel "Von den Funktionen benutzte Daten" wird die Relation

"Datum a wird von Funktion X benutzt"

aufgezeigt. Zu den Daten des Datenmodells wird tabellenartig aufgelistet, welche Funktionen das Datum benutzen und - mit einem Stichwort - wie sie das Datum benutzen.

2.2 Das Produktmuster für die Einzelbeschreibung der Funktionen: Funktionsbeschreibung

Die Beschreibung der Funktionen erfolgt nach einem Produktmuster. Zentraler Bezugspunkt des Produktmusters ist das Datenmodell.

```
+-----------------------------------------------------------+
!                                                           !
!                                                           !
!   FUNKTIONSBESCHREIBUNG                                   !
!   =====================                                   !
!                                                           !
!                                                           !
!                                                           !
!   1       Zweck der Funktion                              !
!                                                           !
!                                                           !
!   2       Zeitpunkt und Häufigkeit                        !
!                                                           !
!                                                           !
!   3       Steuerungsmöglichkeiten                         !
!                                                           !
!                                                           !
!   4       Von der Funktion benötigte Daten                !
!                                                           !
!   4.1     Von der Funktion benötigte Daten des Daten-     !
!           modells                                         !
!                                                           !
!   4.2     Eingaben                                        !
!                                                           !
!   4.2.1 Vom Bediener einzugebende Daten                   !
!                                                           !
!   4.2.2 Daten von peripheren Geräten                      !
!                                                           !
!                                                           !
!   5       Ergebnisse der Funktion                         !
!                                                           !
!   5.1     Auswirkungen auf die Daten des Datenmodells     !
!                                                           !
!   5.2     Ausgaben                                        !
!                                                           !
!   5.2.1 Bildschirmausgaben                                !
!                                                           !
!   5.2.2 Ausgaben auf periphere Geräte                     !
!                                                           !
!                                                           !
!   6       Aus Benutzersicht zu schützende Daten           !
!                                                           !
!                                                           !
!   7       Abhängigkeiten und Restriktionen                !
!                                                           !
!                                                           !
!   8       Fehlerbehandlung                                !
!                                                           !
!                                                           !
!   9       Weitere Anforderungen                           !
!                                                           !
!                                                           !
!   10      Fachliche Hinweise                              !
!                                                           !
!                                                           !
+-----------------------------------------------------------+
```

Bild: Produktmuster "Funktionsbeschreibung"

Einige - nicht selbsterklärende - Gliederungspunkte seien hier erläutert.

- Zweck der Funktion

  Hier soll eine Kurzbeschreibung der Funktion gegeben werden ohne Details.

- Zeitpunkt und Häufigkeit

  Wann und wie oft wird die Funktion im Normalfall durchgeführt?

- Steuerungsmöglichkeiten

  Hier wird die Steuerung einer Funktion von außen beschrieben. Insbesondere wird hier der Dialog des Benutzers mit dem System - falls er von einem Standard abweicht - beschrieben. Die Beschreibung von Dialogen geschieht durch Benutzer-Interaktionsdiagramme. Bei Funktionen ohne Benutzeraufruf wird angegeben, wodurch die Funktion gestartet bzw. beendet wird.

- Von den Funktionen benötigte Daten / Ergebnisse der Funktion

  Dies sind neben den Bedienungsmöglichkeiten die wesentlichen, die Funktion bestimmenden Punkte der Funktionsbeschreibung. Die Beschreibung, auch der Algorithmen im Bedarfsfall, geschieht auf der Basis des Datenmodells. Eingaben oder Ausgaben sind nur funktionstemporär und werden außerhalb der Funktion nicht benutzt.

- Abhängigkeiten und Restriktionen

  Hier werden Einschränkungen bezüglich Uhrzeit, Beschränkungen der Reihenfolge oder Parallelität der Funktionen angegeben.

2.3 Die Darstellung von Dialogabläufen: Benutzer-Interaktionsdiagramme

Benutzerschnittstellen, die als Dialogschnittstellen entworfen werden, lassen sich am günstigsten durch Interaktionsdiagramme darstellen (vgl. /BMP 82/ und /DEN 77/). Die Interaktionsdiagramme stellen den Ablauf von

. (Warte-)Zuständen und
. Aktionen

des Benutzers an der Schnittstelle dar. Die Zustände und Aktionen müssen fallweise verbal erläutert werden. Die Abläufe werden durch Verbinden der Zustände und Aktionen sowie der Aktionen untereinander durch Pfeile (Verbindungen) dargestellt. Die Verbindungen repräsentieren

. von einem Zustand in eine Aktion die Klassifikation der Systemreaktion
. und von einer Aktion in einen Zustand oder in eine Aktion die Klassifikation der Benutzerreaktion.

Durch die Verwendung von Unterdiagrammen wird ein Top-down Entwurf der Dialogschnittstellen unterstützt. Unterdiagramme erlauben, einen zusammenhängenden Teil des Dialogs zunächst als Einheit zu betrachten und diese Einheit erst im nächsten Schritt in Zustände und Aktionen aufzulösen. Ein Unterdiagramm enthält damit Eingänge, über die man im

Dialogablauf in dieses Unterdiagramm gelangt, und Ausgänge, über die man im Dialogablauf das Unterdiagramm wieder verläßt.

In /BMD 82/ findet der Leser eine detailliertere Darstellung der Interaktionsdiagramme.

2.4 Die Darstellung der Benutzersicht auf die Daten: Benutzer-Datenmodell

Das Datenmodell beschreibt die aus Benutzersicht im System gehaltenen Daten. Daten, die erst durch Konstruktionsüberlegungen hinsichtlich Software und Hardware des Systems relevant werden, werden nicht in das Datenmodell aufgenommen. Die Strukturierung der Daten erfolgt ebenfalls nach Benutzergesichtspunkten.

Das Datenmodell bildet das Fundament für die einzelnen Funktionsbeschreibungen. In ihm werden die Daten, die das System für den Benutzer verarbeiten bzw. erzeugen soll, strukturiert und präzise beschrieben. Das Datenmodell bietet damit den entscheidenden Vorteil, die von einer Funktion verwendeten, zu verändernden oder zu erzeugenden Daten in der entsprechenden Funktionsbeschreibung exakt ansprechen zu können.

Das Datenmodell wird nach einem "Minimalitätsprinzip" aufgebaut, d.h. Aufnahme in das Datenmodell finden nur Daten, die für die Funktionen und die Benutzersicht wirklich relevant sind.

Im Datenmodell werden unterschieden

. Typen,
. Wertebereiche,
. Exemplare von Daten und
. Daten-Mengen.

Typen sind inhaltslos. Sie geben nur an, wie sich ein Datum von diesem Typ strukturell zusammensetzt. Typen sind vergleichbar mit Formblättern. Diese geben auch nur die Struktur, in der sie ausgefüllt werden müssen an.

Während Formblätter i. a. nicht aufeinander aufbauen, d. h. mehrere Formblätter auf eine bestimmte Art und Weise zusammengesetzt wieder ein Formblatt ergeben, können Typen aufeinander aufgebaut werden, d.h. die Bestandteile eines Typs können wieder Typen sein. Das Sprachmittel im Datenmodell, um Typen aufeinander aufbauen zu können, ist der Verbund.

Das Kapitel Datenmodell in der Anwendungsbeschreibung gliedert sich in die drei Teile

. Strukturen
. Daten
. Erläuterungen.

Im Abschnitt Strukturen werden die Typen der zur Verwendung kommenden Daten und Wertebereiche definiert (Welche Informationen sind unter dem bestimmten Datentyp zusammengefaßt?).

Im Abschnitt Daten werden die verschiedenen, in den Funktionen benötigten Exemplare der Daten aufgezählt und zu Datenmengen zusammengefaßt. Die Datenmengen sind dabei noch keineswegs Dateien. Die Datenmengen werden lediglich unter inhaltlichen Benutzer-Gesichtspunkten gebildet.

Im Abschnitt Erläuterungen werden die Daten und Strukturen inhaltlich erläutert. Diese Erläuterung sollte soweit wie möglich durch Literaturhinweise auf Definitionen der einzelnen Begriffe ergänzt werden.

Die Sprache des Benutzer-Datenmodells kann in verschiedenen Stufen benutzt werden. Zunächst einmal können englische oder deutsche Versionen zur Anwendung kommen. Ferner können stufenweise hinzugefügt werden Sprachmittel für

. die Fallunterscheidung,
. die Verwendung von Schlüsseln,
. die Beschreibung von Relationen.

Diese Stufen sollten in Abhängigkeit von der zu erwartenden Akzeptanz beim Anwender gewählt werden.

Die beschriebenen Funktionen arbeiten mit den Daten des Datenmodells. Soll ein bestimmter Bestandteil eines Datums angesprochen werden, so wird immer der Pfad in dem Typ des Datums bis hin zu diesem Bestandteil angegeben. Dies geschieht dadurch, daß zunächst die Kurzbezeichnung des Datums vorangestellt, dann durch Punkte getrennt, hierarchisch absteigend alle Bestandteile bis hin zu dem anzusprechenden Bestandteil angeführt werden.

BEISPIEL:

```
TYP Kunde =

    VERBUND
      Anrede: WB-Titel,
      Name,
      Adresse: TYP-Anschrift
    ENDE VERBUND

TYP Anschrift =

    VERBUND
      Postfach,
      Straße,
      Hausnummer,
      Postleitzahl,
      Ort,
      Bezirk,
      Land
    ENDE VERBUND
```

Die Funktion verwendet das Datum K vom Typ Kunde. K ist also die Kurzbezeichnung des anzusprechenden Datums. Dann werden z. B. auf einem Brief gedruckt die Daten

```
K.Anrede
K.Name
K.Adresse.Straße
K.Adresse.Hausnummer
K.Adresse. Postleitzahl
usf.
```

2.5 Die Darstellung der Zusammenhänge und Abhängigkeiten: Ablaufmodell

Mit Hilfe des Ablaufmodells werden dargestellt

. die Zusammenhänge der Funktionskomplexe über Daten und Steuergrößen im Systemmodell,
. dieselben Zusammenhänge innerhalb der Funktionskomplexe zwischen den einzelnen Funktionen und
. die Zusammenhänge zwischen Funktionen und Aktionen außerhalb der Maschine.

Steuergrößen sind dabei Zustände des Systems oder Anwendungszustände. In jedem Fall sind es nur Steuergrößen, die auch dem Benutzer am System bewußt werden und nicht nur intern im System benutzt werden. Steuergrößen werden von Funktionen erzeugt und zur Steuerung des Ablaufs herangezogen. Durch die Konzentration auf die Benutzersicht und die Möglichkeit, parallele Abläufe und ihre Synchronisation darzustellen, unterscheidet sich das Ablaufmodell wesentlich von den SADT-Diagrammen (vgl. /ROS 77/ oder auch /BAL 82/). Darüber hinaus ist das Ablaufmodell mehr an die Methode der Petri-Netze angelehnt.

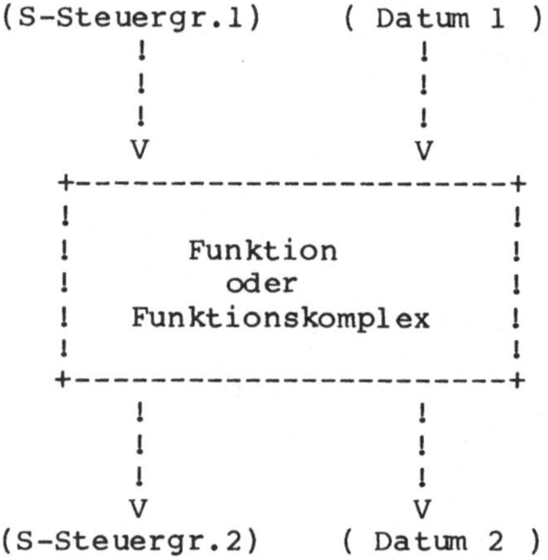

Bild: Prinzip des Ablaufmodells

Funktionen oder Funktionskomplexe werden durch rechteckige Kästen dargestellt, Steuergrößen und Daten durch ihren Namen in Klammern. Bei Steuergrößen wird lediglich ein 'S-' dem Namen zur Unterscheidung vorangestellt. Steuergrößen und Daten werden mit Funktionen bzw. Funktionskomplexen durch Pfeile verbunden. Die Bedeutung der Verbindungen ist fast selbsterklärend: Daten werden von Funktionen zur Verarbeitung benötigt, wenn der Pfeil in die Funktion führt, Daten werden von der Funktion "produziert", wenn der Pfeil aus der Funktion heraus führt. Analoges gilt für die Verbindungen mit Steuergrößen.

Mögliche Parallelitäten und ihre Synchronisation werden durch leere Funktionen dargestellt.

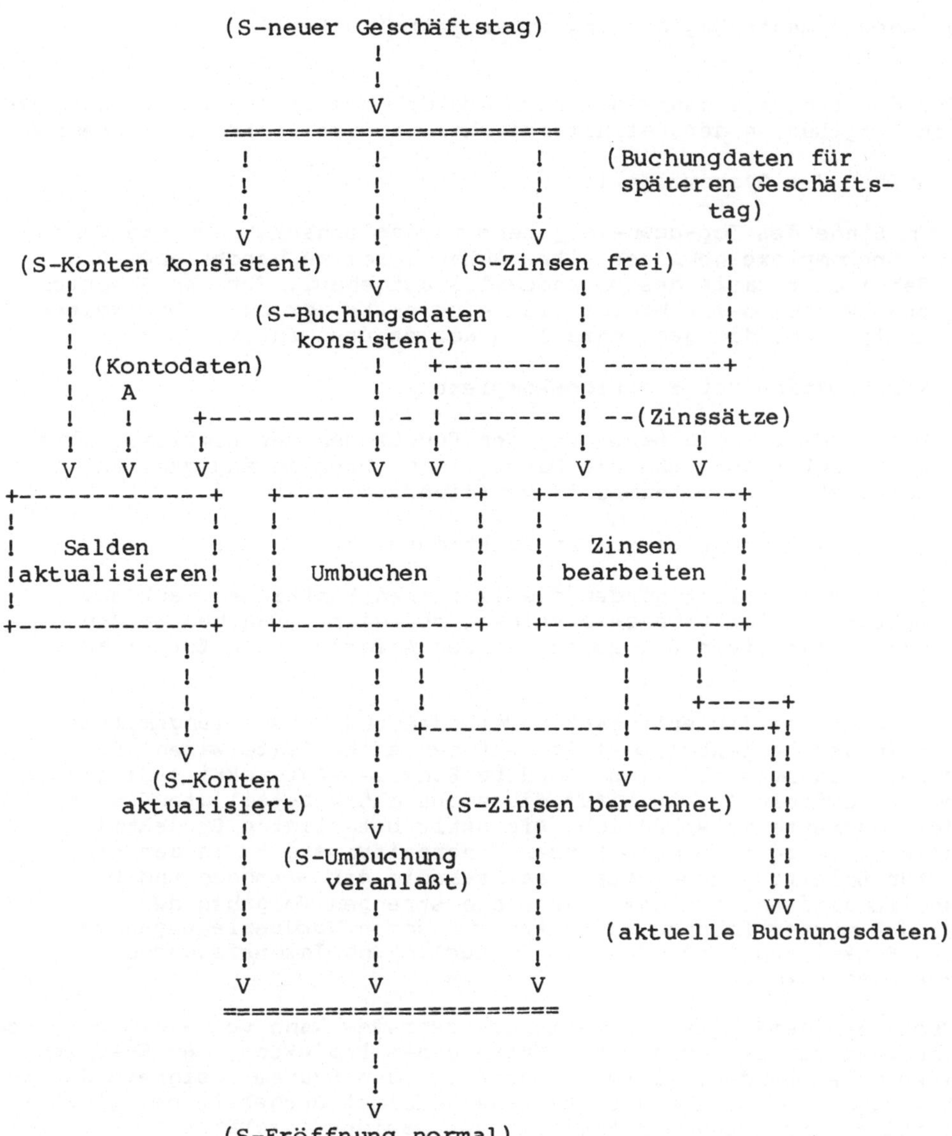

Bild: Ablaufdiagramm "Eröffnen Geschäftstag"

In eine Funktion und aus einer Funktion heraus führende Pfeile werden an der Funktion immer durch UND verknüpft. In eine Steuergröße bzw. Datum führende Pfeile und aus solchen heraus führende Pfeile werden durch nicht ausschließendes ODER an dieser Stelle verknüpft. Bei sauberer Einhaltung dieser Interpretationsregel läßt sich der Ablauf im Diagramm ausgehend von einer Ausgangssituation nachvollziehen.

3 Requirements Engineering im Projekteinsatz

Für den Projekteinsatz hat sich aus den bisherigen Erfahrungen heraus ein Vorgehen in der Definitions-Phase in drei Schritten angeboten:

. Aufbau des Systemmodells

Im Sinne des Top-down-Vorgehens werden zunächst nur die Funktionskomplexe gebildet, ihre Abhängigkeiten beschrieben und dabei eine Basis des Datenmodells aufgebaut. Für den Abschluß des Systemmodells bietet sich eine erste, grobe Machbarkeitsanalyse an, die gegebenfall zu Korrekturen führt.

. Konstruktion der Funktionskomplexe

Dies bedeutet die Benennung der Funktionen der Komplexe, ihre Kurzbeschreibung und die Darstellung ihrer Abhängigkeiten. Dabei wird das Datenmodell verfeinert.

. Beschreibung der einzelnen Funktionen

In diesem Schritt werden die einzelnen Funktionen nach dem Muster der Funktionsbeschreibung definiert. Daneben werden die qualitativen und quantitativen Anforderungen formuliert.

Die Akzeptanz der erläuterten Methoden und Darstellungsmittel war in den Projekten positiv. Auf der einen Seite waren die Darstellungsmittel - insbesondere Benutzer-Interaktionsdiagramme und Ablaufmodell - auch für die nicht aktiv beteiligten Leser der Dokumente verständlich. Die aktiv beteiligten Projektmitglieder haben sich nach kurzer Einarbeitungszeit, in der sie unter Anleitung arbeiteten, selbständig der Methoden und Darstellungsmittel bedient. Durch die strengen Vorgaben der Produktmuster konnten in Fällen, wo schon Vorüberlegungen zu den Funktionen vorhanden waren, Lücken und Inkonsistenzen aufgedeckt werden.

Trotz des gemäßigten Formalisierungsgrades kann von einem nahtlosen Übergang zur dv-technischen Seite eines Projektes, dem Systementwurf, gesprochen werden. Vielmehr wurde von den System-Designern der in der Anwendungsbeschreibung enthaltene Informationsgehalt bei gleichzeitiger Erhaltung der Freiheit des Designs geschätzt.

Literatur:

/BAL 82/ Balzert, H.: Die Entwicklung von Software-Systemen, BI Reihe Informatik Bd. 34, Mannheim 1982.

/BMP 82/ Bartsch-Spörl, B., Meyer, H.-M., Pinkert, K.: Einsatz von Interaktionsdiagrammen zur Beschreibung und Realisierung von Dialogabläufen, Fachgespräch Interaktives Programmieren / Interaktive Systeme, München 1982.

/DEN 77/ Denert, E.: Specification an design of dialogue systems with state diagramms, Proc. Intern. Comp. Symp. 1977, Liege, pp. 417-424, North Holland 1977.

/DEH 80/ Denert, E., Hesse, W.: Projektmodell und Projektbibliothek: Grundlagen zuverläßiger Software-Entwicklung und Dokumentation, Informatik Spektrum 3.4 (1980).

/DHN 80/ Denert, E., Hesse, W., Neumaier, H.: S/E/TEC - an environment for the production of reliable software, Proc. 3rd ECI/GI conference on Trends in Information Processing Systems, LNCS 123, pp. 16-35 (1981).

/HES 80/ Hesse, W.: Das Projektmodell - eine Grundlage für die ingenieurmäßige Software-Entwicklung, GI 10. Jahrestagung, Informatik Fachberichte 33, pp. 107-122, Springer 1980.

/ROS 77/ Ross, D.T., Schomann, K.E.: Structured Analysis for Requirements Definition, ToSE, Vol. SE-3, No.1, pp. 6-15,1977.

ERSTELLUNG VON ANFORDERUNGSSPEZIFIKATIONEN FÜR AUTOMATISIERUNGSSYSTEME MIT EPOS EIGENSCHAFTEN UND ERFAHRUNGEN

Silvije Jovalekic
Institut für Regelungstechnik und
Prozeßautomatisierung
Universität Stuttgart

Kurzfassung

Es wird kurz auf die Komponenten des EPOS Systems eingegangen, die in den frühen Entwicklungsphasen bei der rechnergestützten Erstellung von Anforderungsspezifikationen Anwendung finden. Anschließend wird über Erfahrungen berichtet, die bei der Anwendung im Universitäts- und Industriebereich gemacht wurden.

1. Einführung

Das System EPOS dient zur Spezifikation und zum Entwurf von Automatisierungssystemen von der Erstellung des Pflichtenheftes bis zur Wartung /1/. Es beinhaltet die Spezifikationssprachen EPOS-R, EPOS-S und EPOS-P. Für die Anforderungsphase ist die Sprache EPOS-R vorgesehen. Ausgehend von den festgelegten Anforderungen wird die Erstellung und Beschreibung des Software- und Hardware-Entwurfes mit EPOS-S durchgeführt. Mit EPOS-P wird die Projektstrukturplannung und Projektorganisation beschrieben. Die erstellten Beschreibungen werden automatisch in die Projektdatenbank abgebildet. Dann können mit dem Programmsystem EPOS-A die Beschreibungen analysiert werden. Zur automatischen Erstellung der vollständigen Dokumentation wird das Programmsystem EPOS-D verwendet.

Im folgenden Abschnitt werden kurz die Eigenschaften der Spezifikationssprache EPOS-R und der Auswerteprogramme erläutert. Die Version 2 von EPOS-R /1/, /2/ und die zugehörigen Auswerteprogramme sind seit Mitte 1982 am Institut für Regelungstechnik und Prozeßautomatisierung (IRP) der Universität Stuttgart verfügbar. Die Programme sind wesentlich erweitert und aufwärtskompatibel zu denen der Version 1. Seit Februar 1983 werden sie auch von der Gesellschaft für Prozeßrechner Programmierung (GPP) München an die industriellen Anwender ausgeliefert. Am IRP wird gegenwärtig an einer Entwicklungsversion gearbeitet.

Anschließend wird über die Einsatzerfahrungen bei der Erstellung der Anforderungsspezifikationen berichtet, die im Universitätsbereich und bei industriellen Anwendern gemacht wurden.

2. Eigenschaften der Spezifikationssprache EPOS-R

Die erste Phase bei einem Automatisierungsprojekt ist die Anforderungsphase. In dieser Phase werden die Anforderungen erfaßt, beschrieben und inhaltlich überprüft. Das Ergebnis dieser Phase nennt man das Pflichtenheft bzw. die Anforderungsspezifikation. Es stellt meistens die Vertragsgrundlage zwischen Auftraggeber und Auftragnehmer dar und ist somit die Grundlage für alle weiteren Projektphasen (z.B. Entwurf, Projektierung, Test usw.).

Während der Anforderungsanalyse sind inhomogene Personengruppen beteiligt wie Manager, Prozeßfachleute, Softwareentwickler usw., so daß die Verwendung eines ausschließlich formalen Spezifikationsverfahrens aus folgenden Gründen ausscheidet: hoher Lern- und Anwendungsaufwand, erschwerte Kommunikation zwischen den Bearbeitern, Behinderung der Kreativität durch viele formale Einschränkungen.

Es ist daher erforderlich, daß die Spezifikationsmethode so konzipiert ist, daß sie sowohl informale als auch formale Beschreibungstechniken erlaubt. Dadurch wird der Anwender in die Lage versetzt, sich selbst die Ausdrucksmittel auszuwählen. In EPOS-R wurde dieser Weg gegangen, wobei großer Wert darauf gelegt wurde, wirkungsvolle Rechnerunterstützung auch bei Verwendung informaler Ausdrucksmittel anzubieten.

2.1. Ausdrucksmittel

Struktur einer Anforderungsspezifikation

Die Anforderungsspezifikation wird aus einer Vielzahl von sog. Sektionen aufgebaut. Die Sektionen stellen Einheiten dar, die formal über eine Sektionsnummer identifiziert werden. Die Identifikationen werden entsprechend einer Dezimalklassifikation vergeben. Die Sektionsnummern (z.B. 1.2.) stehen untereinander in Beziehung, so daß es untergeordnete und übergeordnete Sektionen gibt. So ist die Sektion 1.2.1. eine Untersektion der Sektion 1.2. Inhaltlich werden die Sektionen durch Überschriften identifiziert. Dadurch ist die Möglichkeit gegeben, den inhaltlichen Umfang einer Anforderungsspezifikation festzulegen und die einzelnen Teile voneinander abzugrenzen.

Die Sektionen sind aus Texten, Begriffsdefinitionen und identifizierbaren Aufgabenkomponenten (sog. formalen Einschüben) aufgebaut. Texte sind einzeln nicht identifizierbar und dienen zur Formulierung von Sachverhalten in natürlicher Sprache. In den Begriffsdefinitionen werden fachspezifische Begriffe erläutert. Die Aufgabenkomponenten dienen zur Beschreibung von geforderten Eigenschaften des Automatisierungssystems, die im Laufe des Projektes erzielt werden sollen. Die Aufgabenkomponenten und Begriffe sind einzeln identifizierbar und stellen somit als Konfigurations-Einheiten den Ausgangspunkt für das rechnergestützte Konfigurations-Management dar.

Zusätzlich zur formalen Struktur einer Anforderungsspezifikation wird in EPOS auch ein inhaltlicher Rahmen vorgeschlagen. Dieser wird in Form eines einheitlichen Gliederungsschemas vorgegeben. Bild 1 gibt die Überschriften der Hauptsektionen (Kapitel) wieder, die in einer Anforderungsspezifikation enthalten sein sollten. Das Gliederungsschema stellt einen Vorschlag dar, der entsprechend den Erfordernissen des jeweiligen Projektes oder Anwendungsfalles ergänzt oder geändert werden kann.

1. Systemübersicht
2. Ist-Zustand und Voraussetzungen
3. Systemkonfiguration
4. Schnittstellen
5. Funktionelle Anforderungen
6. Reaktionen auf unerwünschte Ereignisse
7. Genauigkeitsanforderungen
8. Qualitätsanforderungen
9. Zuverlässigkeits- und Sicherheitsanforderungen
10. Projektabwicklung
11. Betrieb des Automatisierungssystems
12. Änderungen

Bild 1: Einheitliches Gliederungsschema (Beispiel für Grobgliederung)

Spezifikation der Begriffe

Bei der Formulierung einer Anforderungsspezifikation wird im allgemeinen die Fachsprache eines bestimmten Anwendungsgebietes (z.B. Kraftwerkstechnik, Fördertechnik usw.) verwendet. Zur Erleichterung der Verständigung werden unklare Begriffe näher beschrieben. Die Gesamtheit aller Begriffe eines Projektes bildet ein Begriffslexikon. Durch Begriffsdefinitionen wird die Begriffswelt verschiedener Bearbeiter angeglichen, vereinheitlicht und der Zugang neuer Bearbeiter erleichtert. Die Begriffe werden in der Regel mit natürlichsprachlichen Mitteln erklärt. Es besteht auch die Möglichkeit, die Begriffe mit Hilfe anwendungsbezogener Kategorien zu klassifizieren.

Da die Anforderungsspezifikation nur das Äußere des für den Benutzer sichtbaren Verhaltens des Automatisierungssystems enthalten soll, ist es erforderlich die Schnittstellen zwischen dem Automatisierungssystem und seiner Umgebung zu beschreiben. Um prinzipiell keine neuen Beschreibungsmittel einführen zu müssen, erscheint es zweckmäßig, die äußeren Schnittstellen des Automatisierungssystems ebenfalls als "Begriffe" zu definieren und zu spezifizieren. Zur Spezifikation sind formale Ausdrucksmittel angebracht und erforderlich, wenn man die Konsistenz mit den Entscheidungsprozessen rechnergestützt überprüfen will. Es werden z.B. folgende Eigenschaften beschrieben: Übertragungsrichtung der Schnittstellengrößen, Wertebereich der diskreten Größen durch symbolische Namen, Wertebereich der kontinuierlichen Größen durch Angabe des kleinsten und größten Wertes, Angabe der Einrichtungen in der Umgebung, die die Schnittstellengrößen verbrauchen bzw. produzieren, usw.

Spezifikation des Verhaltens des Automatisierungssystems

Die Sachverhalte in den Aufgabenkomponenten werden bisher im allgemeinen mit natürlichsprachlichen Mitteln ausgedrückt. Bei komplexen Zusammenhängen ist es jedoch schwierig, in den informalen Beschreibungen die Unvollständigkeiten und Inkonsistenzen aufzudecken bzw. aus der Beschreibung präzise Fragen zur Durchführung von Interviews zu formulieren. In solchen Fällen empfiehlt es sich, den Inhalt der Aufgabenkomponenten formal durch Entscheidungsprozesse zu beschreiben.

Ein Entscheidungsprozeß besteht aus einem Definitions- und einem Spezifikationsteil. Im Definitionsteil werden die für die Spezifikation relevanten Bedingungen und Maßnahmen definiert. Es ist auch möglich, deren Werte anzugeben. Der Spezifikationsteil besteht aus einer Anzahl von Entscheidungsregeln. Jede Entscheidungsregel kann alleine inhaltlich interpretiert werden. Die Entscheidungsregel enthält einen Bedingungs- und Maßnahmenanzeiger. Sie beschreiben gemeinsam mit den Bedingungen und Maßnahmen die Reaktionen des Automatisierungssystems, wenn eine bestimmte Situation vorliegt bzw. eingetreten ist. Spielt in einer Entscheidungsregel eine Bedingung keine Rolle, dann wird an dieser Stelle der Indifferenzanzeiger ('-') verwendet. Die Spezifikation der Entscheidungsregeln wird implizit durch die Verwendung der ELSE-Regel vervollständigt. Sie beschreibt das Verhalten in den Situationen, die nicht in den anderen Regeln explizit spezifiziert wurden.

```
DECISION-PROCESS    Motor-Steuerung
CONDITIONLIST:      Spannung in Ordnung,                 ┐
                    Drehzahl (zu hoch,                   │
                              zu niedrig).               ├ Definitions-
OPERATIONLIST:      Motor (abschalten,                   │     teil
                           bremsen,                      │
                           beschleunigen).               ┘
RULES:  1. (nein,      -     ; abschalten),              ┐
        2. ( ja  ,  zu hoch  ; bremsen),                 ├ Spezifikations-
        3. ( ja  , zu niedrig; beschleunigen),           │     teil
        E. (     ,           ;    -    ).                ┘
COMMENT  Es wird der Zusammenhang zwischen der Netz-
         spannung und der Drehzahl mit den Steuer-
         eingriffen des Motors beschrieben.
```

Bild 2: Formale Spezifikation einer funktionellen Anforderung durch einen Entscheidungsprozeß (Die daraus generierte Entscheidungstabelle ist in Bild 3 dargestellt.)

In Bild 2 ist das Verhalten eines Motors in verschiedenen Situationen beschrieben. Beispielsweise beschreibt die Regel 2 den folgenden Fall: Wenn die Versorgungsspannung in Ordnung und die Drehgeschwindigkeit zu hoch ist, dann ist der Motor zu bremsen. In der ELSE-Regel wird angegeben, daß in den Situationen, die nicht explizit spezifiziert wurden, keine Maßnahme ergriffen wird.

Referenzierung von Aufgabenkomponenten

Zwischen den einzelnen Aufgabenkomponenten sowie zwischen den Aufgabenkomponenten und den Entwurfsobjekten können formale Beziehungen aufgestellt werden. Aufgabenkomponenten können verfeinert und quittiert werden:

- Eine Aufgabenkomponente kann durch eine oder mehrere Aufgabenkomponenten ersetzt werden. Die "ersetzte" Aufgabenkomponente wird vollständig durch eine Liste von neu definierten Aufgabenkomponenten ersetzt. Diese Art der Referenzierung nennt man Ersetzung oder Verfeinerung. Durch diesen Mechanismus können globale Aufgabenkomponenten schon in der Anforderungsspezifikation präzisiert werden, indem sie durch konkretere ersetzt werden.
- Die Aufgabenkomponenten werden im Entwurf erfüllt. Der Entwickler hat die Möglichkeit an beliebiger Stelle im Entwurf zu bestätigen (quittieren), daß damit eine oder mehrere Aufgabenkomponenten erfüllt sind. Damit läßt sich die Validation des Entwurfes rechnergestützt durchführen. Die tatsächliche Erfüllung der Aufgabenkomponenten kann nicht automatisch erfolgen, sondern liegt in der Verantwortung des Entwicklers.

2.2. Auswerteprogramme

Der Bedarf nach Rechnerunterstützung bei der Erstellung einer Anforderungsspezifikation ergibt sich aus der Forderung nach einem stets aktuellen Dokument und aus dem Wunsch heraus, sie in das Konfigurations-Management des Projektes einzubeziehen. Insbesondere bei größeren Projekten kann auf die Rechnerunterstützung auch in den frühen Entwicklungsphasen immer weniger verzichtet werden.

Die Lesbarkeit und Verständlichkeit einer Anforderungsspezifikation wird durch konsequente Verwendung verschiedener Verweistechniken erhöht. Die Verweise werden automatisch im Laufe der Aktualisierung der Projektdatenbank bestimmt. Die Aktualisierung wird immer dann durchgeführt, wenn sich die Projektdatenbank verändert hat. Es existieren folgende Verweismöglichkeiten bzw. folgende Verweislisten können generiert werden:

- Symbolische Verweise. Sie werden an beliebiger Stelle im Text eingefügt und zeigen auf symbolische Marken.
- Begriffsmarkierung. Es werden im Text alle Begriffe, die im Begriffslexikon definiert sind, mit '>' markiert.

- Inhaltsverzeichnis. Es enthält alle Sektionsüberschriften und Seiten auf denen die Sektionen beginnen.
- Stichwortverzeichnis. Es enthält die Liste aller Begriffe und Seiten der Anforderungsspezifikation auf denen diese Begriffe verwendet werden.

Aus der Projektdatenbank können verschiedene Listen automatisch erstellt werden, die zur Beurteilung des Projektstandes hilfreich sind:

- Die Liste der Aufgabenkomponenten enthält alle oder nach bestimmten Kriterien ausgewählte Aufgabenkomponenten.
- Die Referenzliste enthält sämtliche oder nach bestimmten Kriterien ausgewählte Aufgabenkomponenten und die Stellen im Entwurf, an denen sie verfeinert oder erfüllt wurden.

Es kann optional die gesamte Anforderungsspezifikation bzw. Ausschnitte daraus erstellt werden. Dabei sind verschiedene Optionen bei der Gestaltung des Dokumentes (Deckblatt, Seitenkopf, Randausgleich, Seitennummerierung usw.) vorhanden. Die verbal formulierten Entscheidungsprozesse werden als Entscheidungstabellen dokumentiert. Die notwendigen Unterteilungen bei größeren Entscheidungstabellen werden automatisch vorgenommen. In Bild 3 ist eine aus der Projektdatenbank generierte Entscheidungstabelle dargestellt.

DT: Motor-Steuerung

		1	2	3	ELSE
C 1	Spannung in Ordnung	nein	ja	ja	
C 2	Drehzahl	-	zu hoch	zu niedrig	
O 1	Motor	abschal-ten	bremsen	beschleu-nigen	-

Bild 3: Entscheidungstabelle

Bevor eine Anforderungsspezifikation in die Projektdatenbank abgebildet wird, wird sie einer lexikalischen und syntaktischen Prüfung unterzogen. Vor dem Eintrag einer neuen identifizierbaren Einheit (z.B. Sektion) in die Projektdatenbank wird geprüft, ob sie schon darin enthalten ist. Liegt eine Mehrfachdefinition vor, erfolgt kein Eintrag. Nach dem Aufbau der Projektdatenbank können vom Anwender gezielte Prüfungen wie z.B. Prüfung eines Entscheidungsprozesses auf Vollständigkeit und Inkonsistenz durchgeführt werden.

Ein Entscheidungsprozeß ist dann vollständig, wenn jede formal konstruierbare Situation durch mindestens eine Entscheidungsregel repräsentiert wird. Ein Entscheidungsprozeß ist dann konsistent, wenn für jede Situation ein eindeutiges Verhalten spezifiziert wurde. Wird eine Situation durch mehrere Entscheidungsregeln dargestellt und ist die zugehörige Folge von Maßnahmen nicht identisch, so sind diese Entscheidungsregeln unter Zugrundelegung der Eintreffer-Interpretation inkonsistent.

3. Erfahrungen beim Einsatz

Seit 1979 wird EPOS am IRP bei der Durchführung von Semester- und Diplomarbeiten angewandt. Darüber hinaus werden im Rahmen des Fachpraktikums die Studenten der höheren Semester an einem kleinen Beispiel in der Verwendung von EPOS ausgebildet.

Seit 1981 wird EPOS in der Industrie und in Forschungsinstituten zur Abwicklung von Automatisierungsprojekten eingesetzt.

3.1. Erfahrungsquellen

Die Erfahrungen, über die hier berichtet wird, wurden sowohl bei der Durchführung von Forschungsprojekten an der Universität als auch beim Einsatz in der Industrie gewonnen.

An der Fakultät für Elektrotechnik der Universität Stuttgart werden die Studenten über die Eigenschaften und Einsatzmöglichkeiten von EPOS im Rahmen einer Vorlesung ausgebildet. Außerdem nehmen jährlich etwa 40-50 Studenten an dem Fachpraktikum teil, in dem auch ein Versuch mit einer EPOS-Anwendung durchgeführt wird. Der Versuch dauert etwa einen Tag. Es werden für einen Teil des Beispiels "Paketverteilanlage" EPOS-Spezifikationen erstellt. Als Ausgangspunkt der Bearbeitung dienen Teile der Anforderungs- und der Entwurfsspezifikation für die Eingangsstation der Paketverteilanlage. Während der Versuchsdurchführung werden folgende Aufgaben bearbeitet:

- Umsetzung der in natürlicher Sprache formulierten Aufgabenkomponenten in Entscheidungstabellen.
- Gezielte Umsetzung der identifizierbaren Aufgabenkomponenten in den Software-Entwurf.
- Praktische Tätigkeit am EPOS-Arbeitsplatz. Die erstellten Spezifikationen werden analysiert und die Dokumentation rechnergestützt erstellt.

Auch die Weiterentwicklung des EPOS Systems wird mit der Unterstützung der vorhandenen EPOS-Methoden und Werkzeuge durchgeführt.

Z.Zt. ist EPOS in mehr als 20 Firmen und Forschungsinstituten installiert. Die Anwendererfahrungen in der Industrie werden gesammelt und ausgewertet, um die Weiterentwicklung noch anwendungsbezogener durchführen zu können. Die industriellen Anwender haben die Möglichkeit, über die Erfahrungen und Wünsche auf der EPOS-Anwender-Tagung zu berichten /4/. Diese Tagung findet seit 1981 einmal jährlich statt.

Außerdem wird seit Anfang 1983 das EPOS-INFO herausgegeben, in dem die Benutzer über ihre Erfahrungen und Wünsche berichten können. So wird in der nächsten Ausgabe ausführlich über die dritte EPOS-Anwender-Tagung berichtet.

3.2. Erfahrungen

Der Bericht über die Erfahrungen mit EPOS-R ist nach unterschiedlichen Gesichtspunkten gegliedert. Zuerst werden die allgemeinen Eigenschaften wie Umfang, Lernaufwand usw. besprochen. Danach wird über die gemachte Erfahrung bezüglich vorhandener Beschreibungsmittel und bereitgestellter Leistungen diskutiert. Um Mißverständnisse auszuschließen, muß unterschieden werden, ab welcher EPOS-R Version bestimmte Ausdrucksmittel bzw. Leistungen enthalten sind bzw. aufwärtskompatibel erweitert wurden. Man unterscheidet folgende Versionen: Version 1, Version 2 und die Entwicklungsversion. Die Versionen 1 und 2 wurden an die industriellen Anwender ausgeliefert, die Entwicklungsversion ist nur im IRP verfügbar. Laut Tabelle 1 waren die Aufgabenkomponenten in der Version 1 bereits vorhanden, sie wurden in der Version 2 erweitert und danach keinen weiteren Änderungen unterworfen.

Ausdrucksmittel \ Version	Version 1	Version 2	Entwicklung
Gliederung der Anforderungsspezifikation	X		
Aufgabenkomponenten	X	XX	
Begriffslexikon	-	X	XX
Entscheidungstabellen	-	X	XX
Verfolgung von Aufgabenkomponenten	X	XX	
Stichwortverzeichnis, Begriffsmarkierung	-	-	X
Änderungsdienst, Revision	-	X	

X = eingeführt XX = erweitert - = nicht enthalten

Tabelle 1: Zugehörigkeit der Beschreibungsmittel bzw. der Leistungen zu Versionen

Bearbeiter

Im Universitätsbereich wird eine Anforderungsspezifikation in der Regel von einem Bearbeiter erstellt. Der Versuch mehrere Bearbeiter an der Erstellung einer Anforderungsspezifikation einzusetzen, scheitert aus der schwer durchführbaren zeitlichen Koordination der Bearbeiter (Studenten!).
In der Industrie werden Anforderungsspezifikationen z.T. mit 1-2 Bearbeitern, manchmal aber auch mit einem größeren Team von Bearbeitern erstellt. Im letzten Fall ist schon am Anfang eine Koordination erforderlich, weil zum Schluß die einzelnen Spezifikationen integriert werden, d.h. eine gemeinsame Projektdatenbank aufgebaut wird.

Umfang

Der Umfang der erstellten Dokumente ist sehr unterschiedlich. Im allgemeinen weisen im Universitätsbereich die Anforderungsspezifikationen nur einen kleineren Umfang auf. Im industriellen Bereich reicht der Umfang von einigen Seiten bis zu einigen hundert oder auch tausend Seiten. Die Tabelle 2 gibt eine Übersicht über den Umfang einiger erstellter Anforderungsspezifikationen gemessen in Anzahl der Seiten, Sektionen, Aufgabenkomponenten und Begriffe.

Bereich	Universität		Industrie					
Projekt / Merkmal	1	2	1	2	3	4	5	6
Seiten	50	65	30	80	50	84	500	>500
Sektionen	50	73	40	100	10	100	370	3-400
Aufgaben-komponenten	50	72	z.Z. 0	50	-	500	200	300
Begriffe	40	28	10	20	-	-	nicht erfaßt	nicht erfaßt

Tabelle 2: Umfang einiger mit EPOS erstellten Anforderungsspezifikationen

Lernaufwand

Zum Erlernen der Spracheigenschaften von EPOS wird von der Fa. GPP ein Einführungskurs von 3 Tagen Dauer angeboten. Davon beansprucht die Behandlung von EPOS-R etwa einen halben Tag. Zur Aneignung der Eigenschaften von EPOS-R und der zugehörigen Dokumentations- und Analysemöglichkeiten in EPOS-D und EPOS-A im Selbststudium auf Grund der Unterlagen (EPOS-Einführung und Handbücher) ist der erforderliche Zeitaufwand etwa 2 bis 3 Tage zu veranschlagen.

Lesbarkeit

Die erstellten Anforderungsspezifikationen werden von den Anwendern als "gut" lesbar bezeichnet. Zur guten Lesbarkeit trägt bei, daß die Formate und Gliederungstechniken verwendet werden, die die Entwickler schon gewohnt waren. Automatische Erstellung des Inhaltsverzeichnisses und der symbolischen Verweise tragen ebenfalls zur Erhöhung der Lesbarkeit bei. Die Einführung eines Stichwortverzeichnisses sowie der Begriffsmarkierung in Zusammenhang mit einem anwenderdefinierten Begriffslexikon wurden als sehr hilfreich gefunden.

Gliederung einer Anforderungsspezifikation

Die Verwendung des vorgeschlagenen Gliederungsschemas ist dem Anwender freigestellt. Es hat sich herausgestellt, daß diesbezüglich die Anwender verschieden vorgehen. So gibt es Anwender, die das vorgeschlagene Gliederungsschema weitgehend benutzen, andere nur zum Teil und manche überhaupt nicht.

Im Laufe der Abwicklung eines Projektes /3/ erwies sich das Gliedeungsschema umfassend und benutzerfreundlich. Umfassend in dem Sinne, daß es Möglichkeiten für die Unterbringung aller gestellten Forderungen bietet, und benutzerfreundlich, weil sie eine logische Unterteilung vornimmt, die der Arbeitsweise eines Automatisierungs-Ingenieurs entspricht. Die scharfen Abgrenzungen der Sektionen gegeneinander ermöglichen eine schnelle Einordnung von Informationen und deren Suche.

Das Gliederungsschema wird als eine Art "Checkliste" verstanden, die es hilft, daß keine wesentlichen Teile vergessen werden. Es erzwingt ein zielgerichtetes Vorgehen. Bei den Firmen, in denen bereits interne Gliederungsschemata existieren, wird auf die explizite Verwendung des in EPOS vorgeschlagenen Gliederungsschemas verzichtet. Es werden aber die Teile übernommen, die zur Erzielung der inhaltlichen Vollständigkeit der Anforderungsspezifikation als unabdingbar angesehen werden. Dagegen wird bei den Firmen, die kein internes Gliederungsschema vorgeschrieben haben, der Vorschlag zum Teil befolgt. Im Universitätbereich wird bei der Durchführung der Prozeßautomatisierungsprojekte der Vorschlag weitgehend befolgt. Da es sich um verhältnismäßig kleine Projekte handelt, wird die Grobgliederung eingehalten, dagegen die Feingliederung nur teilweise. Bei Projekten, die nichts mit der Prozeßautomatisierung zu tun haben (z.B. Weiterentwicklung von EPOS) wird ein stark abgeändertes Gliederungsschema verwendet.

Aufgabenkomponenten

Bei der Formulierung der Aufgabenkomponenten gehen nicht alle Anwender einheitlich vor. Die relative Anzahl der Aufgabenkomponenten, bezogen auf die Anzahl der Sektionen ist sehr stark von der Erfahrung der Bearbeiter abhängig. So konnte beobachtet werden, daß die Erstanwender versuchen möglichst viele Aufgabenkomponenten zu formulieren. Dagegen ging bei späteren Projekten ihre Anzahl stark zurück.

Die extremen Fälle mit zu vielen bzw. zu wenigen Aufgabenkomponenten sind nicht problemlos. Es wird oft versucht, die üblichen Texte in Sätze zu zerlegen und diese dann als Aufgabenkomponenten zu deklarieren. Sie werden dann zwangsläufig etwas verändert und verlieren den natürlichen Bezug zu den anderen Aufgabenkomponenten. Dabei kann die Lesbarkeit des Dokumentes stark leiden, wenn der begleitende, zur Erläuterung dienende Text ausgelassen wird.

Anders liegt der Fall vor, daß die Möglichkeit der Identifizierung von Aufgabenkomponenten sehr sparsam verwendet wird. Dieses hat den Nachteil, daß der Übergang zum Entwurf nicht rechnergestützt durchgeführt werden kann. Dieser Fall wurde insbesondere bei den Projekten beobachtet, bei denen die schriftliche Fixierung der Anforderungen erst nach der Codierungs- und Testphase durchgeführt wurde.

Die Elemente zur formalen Referenzierung (Ersetzung, Quittierung) von Aufgabenkomponenten werden bei den meisten Projekten verwendet. Dabei wird bei manchen Projekten die Möglichkeit der Quittierung von Aufgabenkomponenten auch im konzeptionellen Entwurf angewendet.

Entscheidungstabellen

Sie werden zur Zeit noch hauptsächlich im Universitätsbereich angewendet, da sie erst vor kurzem an die industriellen Anwender ausgeliefert wurden. Bekanntlich vergeht eine gewisse Zeit von der Auslieferung einer neuen Komponente bis zu deren Anwendung. Obwohl Entscheidungstabellen verhältnismäßig leicht zu erlernen sind, bedarf es einer gewissen Praxis, die informalen Aufgabenkomponenten in formale umzusetzen. Als zufriedenstellend und hilfreich haben sich die in EPOS-A enthaltenen Analysen von Entscheidungsprozessen erwiesen. Insbesondere zeigte sich, daß durch die Konsistenz- und Vollstädigkeitsprüfung teilweise konzeptionelle Fehler aufgedeckt werden konnten. Bei größeren Entscheidungsprozessen sollte bei der Vollständigkeitsprüfung die ELSE-Regel weggelassen werden, um die nicht betrachteten Fälle automatisch zu generieren. Diese Fälle können dann einzeln überprüft werden. Weiterhin wird die Formulierung von Entscheidungsregeln durch die Erstellung einer Blanko-Tabelle unterstützt.

Bei der Dokumentation einer Entscheidungstabelle werden aus Platzgründen die Namen sehr stark abgekürzt. Dadurch leidet, wie die Anwendung zeigt, die Lesbarkeit. Um diese Mängel teilweise zu beheben, wurde in der Entwicklungsversion die Dokumentation der Entscheidungstabelle überarbeitet.

Die informalen Erläuterungen werden im Kommentarteil einer Entscheidungstabelle geschrieben. Es hat sich gezeigt, daß die Zuordnung zwischen formalen und informalen Teilen nicht immer leicht erkennbar ist. In der Entwicklungsversion wurde daher die Möglichkeit eingebaut, schon bei der Definition von Bedingungen und Maßnahmen informale Erläuterungen einzufügen und als solche zu dokumentieren.

Begriffslexikon

Bei der Anfertigung von Anforderungsspezifikationen am IRP ist die Verwendung des Begriffslexikons vorgeschrieben. Es hat sich gezeigt, daß dieses Vorteile bei der Einarbeitung neuer Bearbeiter bringt. Es konnte bis jetzt keine Erfahrung über die Anwendung des Begriffslexikons in den späteren Phasen eines Automatisierungsprojektes gesammelt werden.

Als sehr günstig wird von den Benutzern die Möglichkeit der automatischen Begriffsmarkierung bezeichnet. Damit wird gekennzeichnet, welche Begriffe im Begriffslexikon enthalten sind. Dadurch wird erfolgloses Nachschlagen vermieden.

Auf der anderen Seite bietet das Stichwortverzeichnis die Möglichkeit, die Stellen in der Anforderungsspezifikation ausfindig zu machen, an denen bestimmte Begriffe Verwendung finden. Diese Möglichkeit kann in einfacher Weise zur informalen Durchführung des Projekt-Managements verwendet werden. Der Bearbeitungsstand einzelner Textabschnitte kann mit freiwählbaren Attributen versehen werden (z.B. vollständig, unklar usw.). Diese Stellen können dann schnell mit Hilfe des Stichwortverzeichnisses identifiziert werden.

Danksagung

Der Verfasser dankt Herrn Prof. Dr. R. Lauber für die kritische Durchsicht dieses Aufsatzes. Es wird allen gedankt, die im Laufe der Jahre durch ihre Beiträge und Kommentare auf mögliche Verbesserungen im EPOS System hingewiesen haben. Besonderer Dank gilt den Herren R. Kazmaier und Dr. H. Schelling von der Fa. Robert Bosch GmbH, R. Frank von der Fa. Dornier-System GmbH sowie E. Joho und J. Sprenger vom IRP, die Informationen über konkrete Benutzererfahrungen zur Verfügung gestellt haben.

Literatur

/1/ Lauber, R (Herausgeber): EPOS-Einführung
IRP, Universität Stuttgart, vierte, neu bearbeitete und erweiterte Auflage, Juni 1983

/2/ Lauber, R.; Jovalekic, S.: Wie formal soll und darf die Beschreibung des Pflichtenheftes für ein Prozeßautomatisierungssystem sein?
Informatik-Fachberichte Vol. 50, Springer Verlag Berlin Heidelberg 1981, S. 484-490

/3/ Ghassemi, A.; Reinshagen, K.-P.: Erfahrungen beim industriellen Einsatz des Spezifikations- und Entwurfssystems EPOS-80 zur Automatisierung von Tiefdruck-Rotationsmaschinen
Regelungstechnische Praxis, R. Oldenbourg Verlag München, Heft 3, S. 110-114 und Heft 4, S. 156-159, 1983

/4/ Reinshagen K.-P.: Tagung des EPOS-Benutzerkreises
Regelungstechnische Praxis, R. Oldenbourg Verlag München, Heft 1, S. 29-32, 1983

Erfahrungen beim Einsatz des Spezifikationssystems ESPRESO

Klaus Eckert
Kernforschungszentrum Karlsruhe
Institut für Datenverarbeitung in der Technik
Postfach 3640, D-7500 Karlsruhe

1. Einführung

ESPRESO (System zur Erstellung der Spezifikation von Prozeßrechner-Software) wurde in den Jahren 1978 - 1982 im IDT entwickelt (Ludewig, 1981a). Vorausgegangen war die Installation des PSL/PSA Systems (Teichroew, Hershey, 1977) und die Entwicklung und Erprobung von PCSL (Process Control Software Language) (Ludewig 1980) - eine Variante von PSL, die speziell für die Entwicklung von Prozeßrechner-Software geeignet ist und in die Systemumgebung des PSL/PSA-Systems eingebettet ist. Mit ESPRESO wurde dann eine Neuentwicklung begonnen, so daß man von der PSL/PSA-Umgebung völlig unabhängig wurde. Angestrebt wurde eine Installation auf einem Kleinrechner.

Der Hintergrund für diese Entwicklung im IDT ist die Erstellung zuverlässiger Software in Bereichen mit hohen Sicherheitsanforderungen. Dafür sollte eine geeignete Produktionsumgebung zur Verfügung gestellt werden, die den gesamten Software-life-cycle (Boehm, 1976) abdeckt. In dieser Umgebung ist ESPRESO für den Einsatz in der Spezifikations- und Entwurfsphase vorgesehen.

Der grundsätzliche Nutzen von Spezifikationssystemen wird inzwischen nicht mehr bestritten. Dementsprechend betrachten wir ESPRESO als wichtigen Schritt in die richtige Richtung. Dieser positive Aspekt soll hier aber nicht vertieft werden. Vielmehr geht es darum, die Mängel und Schwierigkeiten zu sammeln und damit eine rationale Grundlage für zukünftige Verbesserungen zu schaffen.

2. Überblick über das Gesamtsystem

Die Komponenten von ESPRESO sind die Sprache ESPRESO-S und ein auf die Sprache abgestimmtes Werkzeug (Programmsystem) ESPRESO-W. Modell und Sprache wurden bei Ludewig (1981b), Aufbau und Funktionen des Werkzeugs bei Eckert, Ludewig (1981) vorgestellt. Hier wird eine Zusammenfassung der zwei Komponenten gegeben.

2.1 Die Sprache

Eine Spezifikation in ESPRESO-S besteht aus Objekten und der Angabe von Beziehungen zwischen diesen Objekten ("Entity-Relationship-Model"). Die wichtigsten Arten von Objekten sind:

* der MODUL, innerhalb dessen andere Objekte logisch zusammengefaßt werden,
* die PROZEDUR und der BLOCK, die die aktiven Komponenten einer Spezifikation bilden und
* VARIABLE, PUFFER, TRIGGER und BETRIEBSMITTEL - die passiven Komponenten, auf die von den aktiven Komponenten aus zugegriffen wird.

Die wichtigsten Beziehungen zwischen den oben genannten Objekten legen

* die Modulstruktur,
* die Gültigkeitsbereiche für die aktiven und passiven Komponenten,
* die Verfeinerung der aktiven Komponenten,
* die Zugriffe auf die passiven Komponenten und
* die Verfeinerung der passiven Komponenten

fest.

2.2 Das Werkzeug

Das Werkzeug ESPRESO-W stellt drei Funktionen zur Verfügung (Bild 1):

* die Konvertierungsfunktion zur schrittweisen Überführung einer Spezifikation in eine interne Form, die gespeichert wird.
* die Dekonvertierungsfunktion zur Rückwandlung ausgewählter Teile einer gespeicherten Spezifikation.
* die Report- und Prüffunktionen zur Kontrolle und zur Dokumentation einer gespeicherten Spezifikation.

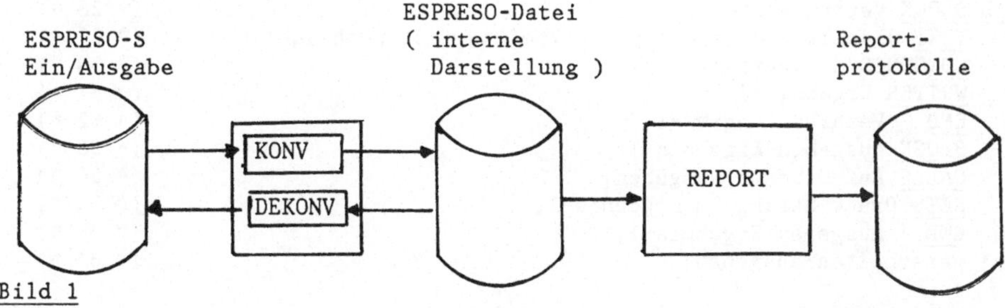

Bild 1

2.3 Beispiel

Ein einfaches Beispiel soll die Sprache veranschaulichen. Das Beispiel beschränkt sich auf die Sprachelemente, die zur Verdeutlichung der Probleme notwendig sind, und ist nicht vollständig. Die Unvollständigkeiten könnten mit Hilfe der Reportfunktionen gezeigt werden.

Es wird zuerst die Aufgabenstellung informal beschrieben (Zeilen 1 - 14). Danach wird die globale Ablaufstruktur festgelegt (Zeilen 16 - 24) und einer der Blöcke weiter verfeinert (Zeilen 26 - 37). Dann werden noch die Modulstruktur angegeben (Zeilen 38, 40, 46, 47) und für die Medien (Zeilen 41, 42, 52) und aktiven Komponenten (Zeilen 43, 44, 48, 54) Gültigkeitsbereiche definiert.

```
INFORMAL Aufgabe:                                                       (*  1 *)
(* Der folgende Text enthaelt den Querverweis Messwertverarbeitung *)   (*  2 *)
¢ Es sind die Messwerte von zwei technischen Prozessen zu erfassen und  (*  3 *)
zu verarbeiten. Die eigentliche Verarbeitung ist noch unklar. Die       (*  4 *)
Ergebnisse der Verarbeitung sollen auf einem Drucker protokolliert      (*  5 *)
werden.                                                                 (*  6 *)
***************                                                         (*  7 *)
* Prozess 1 *                    ______________________                 (*  8 *)
***************  ***> |                        |       +++++++++++      (*  9 *)
                      | !Messwertverarbeitung  | ***> + Drucker +      (* 10 *)
***************  ***> |________________________|       +++++++++++      (* 11 *)
* Prozess 2 *                                                           (* 12 *)
***************                                                   ¢;    (* 13 *)
END      Aufgabe;                                                       (* 14 *)
                                                                        (* 15 *)
PROCEDURE Steuerung:                                                    (* 16 *)
(* Die Prozedur fuehrt die globale Ablaufsteuerung aus *)               (* 17 *)
PARALLEL  BLOCK  MW-1-erfassen:                                         (* 18 *)
          PRODUCES Messwert-1;                                          (* 19 *)
          END    MW-1-erfassen                                          (* 20 *)
PARALLEL  BLOCK  MW-2-erfassen                                          (* 21 *)
PARALLEL  BLOCK  MW-1-verarbeiten-ausgeben                              (* 22 *)
PARALLEL  BLOCK  MW-2-verarbeiten-ausgeben                              (* 23 *)
END       Steuerung;                                                    (* 24 *)
                                                                        (* 25 *)
BLOCK MW-1-verarbeiten-ausgeben:                                        (* 26 *)
(* sequentielle Zerlegung des Blocks *)                                 (* 27 *)
SEQUENTIAL BLOCK Verarbeitung-MW-1:                                     (* 28 *)
           TEXT unvollstaendig ¢ die Verarbeitung ist noch unklar ¢;    (* 29 *)
           CONSUMES Messwert-1;                                         (* 30 *)
           WRITES Ergebnis-1;                                           (* 31 *)
           END    Verarbeitung-MW-1                                     (* 32 *)
THEN       BLOCK Ausgeben-Ergebnis-1:                                   (* 33 *)
           CALLS Auf-Drucker-ausgeben;                                  (* 34 *)
           SETS Druck-String TO Ergebnis-1;                             (* 35 *)
           END    Ausgeben-Ergebnis-1;                                  (* 36 *)
END   MW-1-verarbeiten-ausgeben;                                        (* 37 *)
```

```
MODULE Messwertverarbeitung:                                          (* 38 *)
(* Modulstruktur festlegen *)                                         (* 39 *)
COMPRISES MODULE Messwert-1-Verarbeitung:                             (* 40 *)
          COMPRISES BUFFER Messwert-1                                 (* 41 *)
          AND       VARIABLE Ergebnis-1                               (* 42 *)
          AND       BLOCK  MW-1-erfassen                              (* 43 *)
          AND       BLOCK  MW-1-verarbeiten-ausgeben                  (* 44 *)
          END      Messwert-1-Verarbeitung                            (* 45 *)
AND       MODULE Messwert-2-Verarbeitung                              (* 46 *)
AND       MODULE Drucker-Ausgabe:                                     (* 47 *)
          COMPRISES PROCEDURE Auf-Drucker-ausgeben:                   (* 48 *)
                    PARAMETERS INPAR Druck-String;                    (* 49 *)
                    OCCUPIES Drucker;                                 (* 50 *)
                    END        Auf-Drucker-ausgeben                   (* 51 *)
          AND     RESOURCE Drucker                                    (* 52 *)
          END     Drucker-Ausgabe                                     (* 53 *)
AND       PROCEDURE Steuerung                                         (* 54 *)
END    Messwertverarbeitung.                                          (* 55 *)
```

3. Kurzbeschreibung der Projekte

ESPRESO ist bisher bei der Spezifikation in folgenden Projekten eingesetzt worden:

1. Beim Entwurf eines hochzuverlässigen redundanten Mikrorechnernetzes für ein Reaktorschutzsystem (Fetsch, 1981):
   In diesem Projekt wurde ESPRESO zur Spezifikation
   - eines Vor-Ort-Rechners zur Datenerfassung,
   - des Gesamtsystems der redundanten Rechnergruppen mit geringem Detaillierungsgrad und
   - eines Monitors zur Zugriffskontrolle auf einen Datenbereich

   verwendet.
   Die Spezifikation wurde von zwei Personen erstellt und diente für zwei Werkstudenten als Dokument für die spätere Implementierung.
2. Beim Einsatz in der digitalen Bildanalyse und Mustererkennung:
   In diesem Projekt werden Bilder, die aus dem Bereich der Fusions- und Materieforschung stammen, verarbeitet. Das System soll modular aufgebaut werden, so daß einfache Funktionen (z.B. zur Bildsegmentierung) für unterschiedliche Bilder verwendet werden können. Es wurden die Modulstruktur und die Schnittstellen zwischen den Moduln spezifiziert.
3. Bei einigen exemplarischen Anwendungen von Studiengruppen der Universität Karlsruhe (Epple, 1982):
   Dabei wurden Teile einer Paketverteilanlage (Hommel, 1980) und einer Lackabfüllanlage (Keutgen, 1978) beschrieben und die einzelnen Funktionen des Werkzeugs getestet.

4. Erfahrungen und Kritik

Für den Bericht wurden

* vier Anwender nach ihren Erfahrungen mit dem System befragt,
* drei ESPRESO-Spezifikationen, die von Anwendern erstellt wurden, ausgewertet und
* die eigenen Erfahrungen zusammengefaßt.

Äußere Umstände wie

* das Fehlen eines Benutzerhandbuchs,
* wenige installierte Report- und Prüffunktionen und
* mangelnder Komfort an der Benutzerschnittstelle

erschwerten anfangs die Einarbeitung in das System und dessen Handhabung.

Dementsprechend wurden häufig folgende Kritikpunkte vorgebracht:

* schwer verständliche Syntaxbeschreibung von ESPRESO-S (die Sprache lag nur in Form einer erweiterten Attribut-Grammatik (Watt, Madsen 1977) vor),
* zu großer Aufwand für die Einarbeitungszeit (als erträgliche Einarbeitungszeit wurden 2 - 3 Wochen angesehen),
* mangelhafte Kontrolle durch die Prüfungen und Reports (dem Anwender fehlte eine Rückkopplung, die ihn auf Mängel in seiner Spezifikation aufmerksam macht und ihn zu gut strukturierten Lösungsansätzen führt) und
* die Abhängigkeit von Funktionen des Host Rechners.

Diese Kritikpunkte waren in der frühen Entwicklungsphase des Systems berechtigt und wurden inzwischen beseitigt.

In den folgenden beiden Unterkapiteln wird getrennt auf die Erfahrungen mit der Sprache und dem Werkzeug eingegangen.

4.1 Erfahrungen mit der Sprache ESPRESO-S

ESPRESO unterstützt die schrittweise Vervollständigung einer Spezifikation. Dabei wird folgende Vorgehensweise vorgeschlagen:

1. Es werden alle Anforderungen an ein System gesammelt und in Textobjekten dargestellt und gespeichert.
2. Dann wird die Modulstruktur nach dem Prinzip des "Information hiding" (Parnas, 1972; Koster, 1977) festgelegt.

3. Anschließend werden die aktiven und passiven Komponenten definiert und in Moduln eingeordnet. Nach und nach können diese Objekte dann weiter verfeinert werden.
4. Zum Abschluß wird die erstellte Spezifikation mit Hilfe der Report- und Prüffunktionen kontrolliert und vom Anwender korrigiert.

Die folgende Zusammenfassung orientiert sich an diesen vier Abschnitten. Jeder Abschnitt ist folgendermaßen untergliedert:
* Zuerst wird das dem Abschnitt zugrunde liegende Modell kurz dargestellt.
* Dann werden die Erfahrungen ausgewertet, und es wird untersucht, ob das Modell in der Praxis tragfähig ist. Darüber hinaus werden Erweiterungen des Modells diskutiert.

Zur Verdeutlichung einzelner Punkte wird auf das Beispiel in Kapitel 2.3 verwiesen.

4.1.1 Informale Spezifikation

Modell

Die in der Anfangsphase eines Projekts anfallenden Informationen können in Textobjekten gesammelt und gespeichert werden (Zeilen 1 - 14). In den Texten können Querverweise (Zeile 10) auf Objekte, die in einer späteren Entwurfsphase verwendet werden, enthalten sein. Weiterhin können jedem Objekt Texte mit Textselektoren, die den Inhalt eines Textes charakterisieren, zugeordnet werden (Zeile 29).

Erfahrungen und Erweiterungen

Bei den untersuchten Spezifikationen hat sich gezeigt, daß niemals Textobjekte verwendet wurden, weil ESPRESO bisher niemals in den frühen Phasen eines Projekts eingesetzt wurde. Daher kann auch noch nicht endgültig beurteilt werden, ob Querverweise für den Übergang von der informalen zur formalen Spezifikation hilfreich und ausreichend sind. Die in den Textselektoren steckenden Möglichkeiten wurden ebenfalls nicht ausgenutzt.

Die Ursachen für den geringen Einsatz von ESPRESO in der Anfangsphase liegen in
* der mangelhaften Unterstützung für die Darstellung von Bildinformationen (vgl. Zeilen 7 - 13),
* der Benutzung anderer Darstellungsmittel in der Anfangsphase (z.B. Arbeitsberichte, Projektführungsdateien).

Notwendig sind daher die Integration eines Graphiksystems in ESPRESO (vgl. Kap. 4.2) und eine Erweiterung, so daß auch Formulare, wie z.B. Besprechungsunterlagen, Zielvereinbarungen und ähnliche Dokumente verwaltet werden können.

4.1.2 Die Moduln

Modell

Der Modul wird in ESPRESO als Gültigkeitsbereich für Objekte verwendet und soll wie bereits angedeutet im Sinne des "Information hiding" benutzt werden. D.h. Daten (Medien) werden zusammen mit ihren Zugriffsfunktionen (Prozeduren und Blöcke), welche die Daten lesen und ändern, in einen Modul eingeordnet (Zeilen 40 - 45).

Erfahrungen und Erweiterungen

Bisherige Erfahrungen zeigen, daß der Entwurf der Modulstruktur anfangs mehr funktionsorientiert und nicht datenorientiert ist. D.h. der Anwender verfeinert die Gesamtfunktion eines Systems in Teilfunktionen ohne Rücksicht auf die Komplexität des Datenflusses. Bild 2 verdeutlicht den Unterschied:

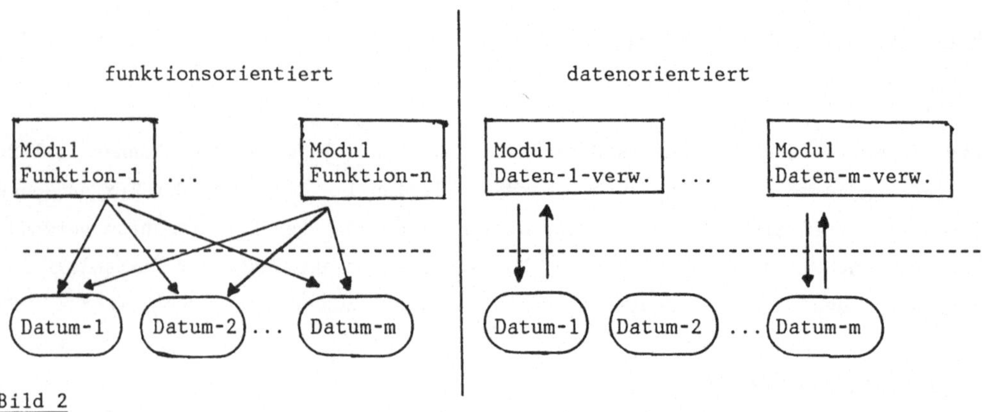

Bild 2

Nach einer Beratung wird das Prinzip jedoch verstanden und das Modell korrekt angewandt. Vorbehalte von Anwendern gegenüber dem datenorientierten Entwurf sind der erhöhte Zeitbedarf der resultierenden Programme und das Fehlen eines modularen Konzepts auf Programmiersprachenebene.

Weiterhin ist festzustellen, daß der Anwender häufig "künstliche Moduln" einfügt, da keine Möglichkeit besteht, Medien auf Prozedur- oder Blockebene zu definieren. Typisch für solche Moduln ist, daß sie nur eine einzige aktive Komponente enthalten. Diese "künstlichen Moduln" verwässern die eigentliche Modulstruktur.

In ESPRESO wird globale Eindeutigkeit von Namen gefordert. Bei der Vervollständigung einer Spezifikation müssen daher alle bisher verwendeten Namen berücksichtigt werden. D.h. der Anwender muß bei einer lokalen Verfeinerung des Systems das Gesamtsystem überblicken. Daher ist es notwendig, die Forderung der globalen Eindeutigkeit von Namen zu lockern. Ausreichend wäre eine modullokale Eindeutigkeit.

In einigen Anwendungen tritt die Anforderung auf, daß man mehrere Moduln mit ähnlichem Verhalten spezifizieren will. Ein typisches Beispiel ist die Spezifikation einer redundanten Rechner-Konfiguration (Bild 3).

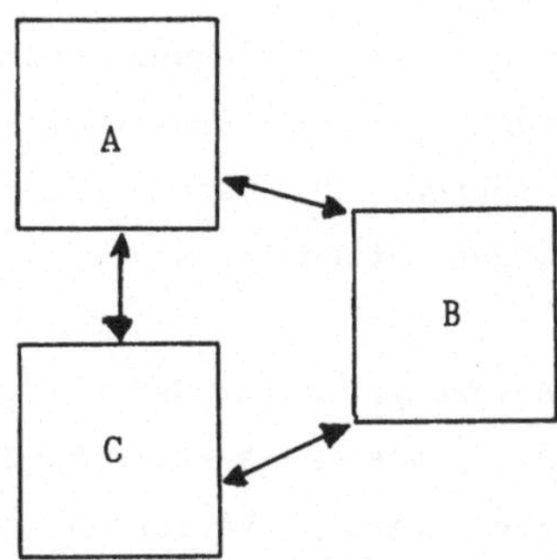

Bild 3

Die Moduln A, B und C verhalten sich mit Ausnahme ihrer Kommunikation untereinander identisch. In ESPRESO muß jeder Modul gesondert spezifiziert werden, und eine Änderung muß in jedem Modul gesondert vorgenommen werden, wobei die Möglichkeit besteht, daß die Änderung in einem Modul vergessen wird. Um dies zu vermeiden, muß das Modell erweitert werden und eine Objektart "Modultyp" in das Begriffssystem aufgenommen werden. Ähnlich wie bei der Typkonstruktion können dann beliebig viele Moduln eines Modultyps generiert werden. Die Modultypen sollten parametrisierbar sein. Mit Hilfe der Parameter kann z.B. bei der redundanten Rechner-Konfiguration für den generierten Modul A festgelgt werden, daß er mit B und C kommuniziert.

4.1.3 Aktive und passive Komponenten

4.1.3.1 Aktive Komponenten

Modell

Prozeduren und Blöcke können rekursiv in Blöcke zerlegt werden (z.B. Zeilen 16-24). Die folgende Graphik zeigt die möglichen Zerlegungen:

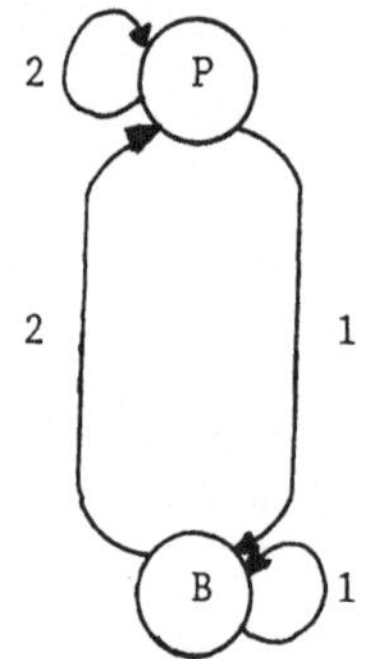

1: sequentielle, parallele oder alternative Zerlegung.
2: Aufruf einer Prozedur
P: Prozedur
B: Block

Blöcke müssen im Gegensatz zu Prozeduren in einer Zerlegung ihrer übergeordneten aktiven Komponente exklusiv zugeordnet werden. In der Praxis wird man für eine aktive Komponente zuerst einen Block einführen, der dann später bei Bedarf in eine Prozedur gewandelt werden kann, die dann auch parametrisiert sein kann.

Es werden Eingabeparameter (Zeile 49), Ausgabeparameter und transiente Parameter unterschieden. In Abhängigkeit von der Art eines Parameters kann er beim Aufruf mit einem Puffer, einer Konstanten oder einer Variablen besetzt werden.

Erfahrungen und Erweiterungen

Bei der sequentiellen Verfeinerung von Prozeduren und Blöcken (Zeilen 26, 28, 33) muß die Reihenfolge untergeordneter Blöcke unmittelbar bei ihrer Einführung festgelegt werden. Für Grobentwürfe ist dieser Ansatz zu restriktiv. Vom Anwender werden Sprachkonstruktionen gewünscht, die die sequentielle Abfolge von Blöcken offenlassen. Ebenso muß der Ablauf untergeordneter Blöcke unmittelbar bei der Zerlegung festgelegt werden. Auch hier werden Sprachkonstruktionen gewünscht, die den Ablauf noch nicht festlegen.

Kritisiert wird der Schreibaufwand bei der Zerlegung einer aktiven Komponente. Die Einführung zusätzlicher Blöcke zur Beschreibung der Aufrufreihenfolge von Prozeduren wird vom Anwender nicht akzeptiert.

Die Verwendung des Parameternamens bei der Parameterbesetzung (Zeile 35) ist für den Benutzer hinderlich, da er diesen erst ermitteln muß. Vorgeschlagen wird vom Anwender ein Prozeduraufrufblock, in dem ein Prozeduraufruf zusammen mit der Parameterbesetzung spezifiziert wird, so daß Parameterbesetzung und Prozeduraufruf stärker aneinander gebunden sind.

Ein weiterer Nachteil ist, daß Zugriffe auf Parameter innerhalb einer Prozedur nicht explizit angegeben werden können. So müßte es mindestens möglich sein,

Eingabeparameter zu lesen, in Ausgabeparameter zu schreiben, transiente Parameter zu ändern oder bei Prozeduraufrufen Parameter entsprechend ihrer Art weitergeben zu können.

4.1.3.2 Passive Komponenten

Modell

Die unter dem Begriff "Medien" zusammengefaßten Objektarten dienen zur Beschreibung von statischen Informationen (Zustandsgrößen, Schalterstellungen), dynamischen Informationen (Messgrößen, Meldungen) und Betriebsmitteln (Bandgeräte und Drucker).

Zur Beschreibung statischer Informationen dienen Variablen (Zeile 42). Puffer (Zeile 41) und Trigger dienen zur Darstellung dynamischer Informationen. In dem Modell sind keine Sprachmittel für die Spezifikation von Operationen vorhanden.

Erfahrungen und Erweiterungen

Als ungewöhnlich empfinden die Anwender, daß keinerlei Operationen auf Variablen spezifiziert werden können. Häufig wurde die Möglichkeit, Operationen informal zu spezifizieren, benutzt. Dies deutet darauf hin, daß das nicht operationelle Konzept von ESPRESO gelockert werden muß.

Erfahrungen bei der Verwendung von Puffern liegen keine vor. Betriebsmittel und Trigger wurden einmal zur Beschreibung eines Monitors (Hoare, 1974) verwendet. Folgende Schwierigkeit ist dabei aufgetreten:

Bei der weiteren Verfeinerung der Prozedur "Auf-Drucker-ausgeben" (Zeile 48), deren Blockstruktur mit der dazugehörigen ESPRESO-Spezifikation in Bild 4 gezeigt ist, mußte die globale Belegung (1A - 1E) des Betriebsmittels "Drucker" aufgehoben werden, da nur eine Belegung in den schraffierten Blöcken notwendig ist. Eine globale Belegung wäre nicht korrekt, da Betriebsmittel am Anfang eines Blockes belegt und am Ende wieder freigegeben werden und das Betriebsmittel in "Warten" nicht belegt sein soll. Daher bleibt nur die Möglichkeit, das Betriebsmittel in "Test-Frei" und "Schreiben" gesondert zu belegen (2A und 3A) mit dem Nachteil, daß das Betriebsmittel am Ende von "Test-Frei" (2E) kurzfristig wieder freigegeben wird. Eine Belegung in den Blöcken "Test-Frei" und "Schreiben" ist ohne zwischenzeitliche Freigabe in ESPRESO nicht beschreibbar.

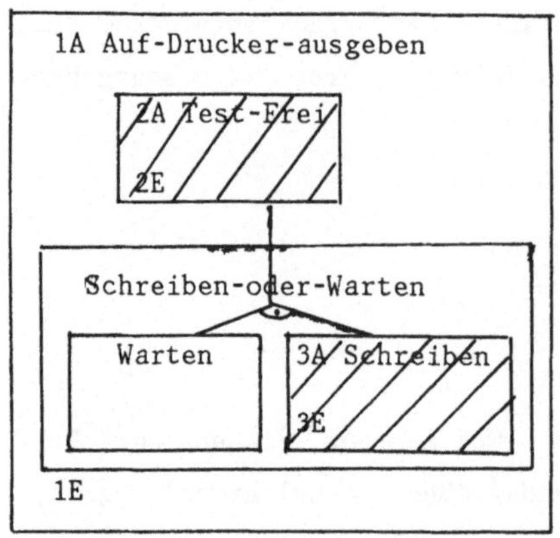


```
PROCEDURE Auf-Drucker-ausgeben:
SEQUENTIAL BLOCK Test-Frei
THEN       BLOCK Schreiben-oder-Warten:
           EITHER KEY nicht-frei FOR
             BLOCK Warten
           OR KEY frei FOR
             BLOCK Schreiben
           END Schreiben-oder-Warten;
END Auf-Drucker-ausgeben.
```

Bild 4

4.1.4 Die Kontrolle

Nur wenige Report- und Prüffunktionen standen zum Zeitpunkt des Einsatzes zur Verfügung. Daher kann zu diesem Zeitpunkt noch keine endgültige Aussage über ihren Nutzen gemacht werden.

Erwartet wird, daß die Report- und Prüffunktionen den Anwender stärker in Richtung eines guten Lösungsansatzes führen.

4.2 Erfahrungen mit dem Werkzeug ESPRESO-W

ESPRESO-W war ursprünglich auf einem Kleinrechner (Siemens R30) installiert und wurde inzwischen auf eine Rechnerkonfiguration aus IBM 3033 und Siemens 7890 übertragen. Bei der Entwicklung und Verwaltung einer Spezifikation stützt sich das Werkzeug auf die Fähigkeiten (Editor, Dateiverwaltung) des Host-Rechners ab.

Als Host-Rechner für die Entwicklung steht im IDT entweder
* die Rechnerkonfiguration, auf der das Werkzeug installiert ist, oder
* das PET-Entwicklungssystem, das mit der Rechnerkonfiguration gekoppelt ist, zur Verfügung.

Interaktive Entwicklung ist auf der Rechnerkonfiguration möglich. Vom PET-Entwicklungssystem aus ist nur BATCH-Betrieb möglich.

Bisher stehen folgende Report- und Prüffunktionen zur Verfügung:

1. Ausgabe des Inhalts einer Spezifikation. Dabei können Objekte, Arten und Schlüsselwörter als Selektionskriterien angegeben werden.
2. Ausgabe der Aufrufstruktur der Prozeduren.
3. Prüfung des Datenflusses auf Vollständigkeit.
4. Ausgabe der Modulhierarchie.
5. Überprüfung der Gültigkeitsbereiche.
6. Prüfung auf Vollständigkeit der Definitionen.

Weitere Anforderungen des Anwenders sind:

* <u>Abbildung auf Programmiersprachen</u>

  Bei allen Anwendern besteht die Schwierigkeit, ESPRESO-Sprachelemente in die verwendete Programmiersprache abzubilden. Die Praxis hat gezeigt, daß bei einer manuellen Abbildung ein Zusammenhang zwischen Spezifikation und der daraus resultierenden Implementierung nicht mehr zu erkennen ist (z.B. werden aus Unachtsamkeit unterschiedliche Namen verwendet). Weiterhin kann die Forderung, daß Änderungen bei der Implementierung immer auf dem Umweg über die Spezifikation vorzunehmen sind, ohne ein automatisches Werkzeug nicht erfüllt werden.

* <u>Graphische Darstellung</u>

  Auf die Notwendigkeit einer graphischen Darstellung wurde schon bei Gmeiner, Voges (1982) hingewiesen. Graphik ist in zweierlei Hinsicht notwendig:
  - Für die graphische Darstellung des Inhalts einer Spezifikation (z.B. Darstellung der Modulstruktur eines Systems).
  - Für die Eingabe und Verwaltung von Bildinformationen (z.B. Übersichten über Gesamt- oder Teilsysteme).

* <u>Schnittstellenreport</u>

  Der Report gibt alle Beziehungen eines Moduls mit seiner Umgebung aus. Dabei wird zwischen Objekten unterschieden, die der Modul seiner Umgebung zur Verfügung stellt, und Objekten, die der Modul von seiner Umgebung benötigt.

* <u>Cross-Reference-Report</u>

  Bei der Ausgabe einer Spezifikation in ESPRESO-S hat sich gezeigt, daß das Finden von Objekten in dem Ausgabeprotokoll zeitaufwendig ist, da nach und nach eingegebene Informationen in einer integrierten Darstellung ausgegeben werden. Daher ist ein Cross-Reference-Report entwickelt worden, so daß der Anwender auf seinem Ausgabeprotokoll jedes beliebige Objekt schnell finden kann.

* Versionsführung

Um einzelne Entwicklungsschritte einer Spezifikation nachvollziehen zu können, besteht vom Anwender die Anforderung, daß eine Versionsführung zur Verfügung gestellt wird. Dabei besteht auch der Wunsch, zwei verschiedene Versionen einer Spezifikation miteinander vergleichen zu können und die "Differenz" zweier Versionen auszugeben, so daß sehr einfach einzelne Entwurfschritte nachvollzogen werden können.

5. Allgemeine Probleme bei der Einführung eines Spezifikationssystems

In diesem Kapitel werden noch einige nicht ESPRESO-spezifische Probleme, wie sie teilweise auch bei der Einführung von EPOS bei AEG-Telefunken (Reinshagen, 1983) aufgetreten sind, zusammengefaßt.

Zunächst kann festgestellt werden, daß bei vielen Anwendern eine hohe Widerstandsschwelle gegen den Einsatz eines Spezifikationssystems vorhanden ist. Dafür können folgende Gründe angegeben werden:

* Für den Anwender bedeutet die Einführung eines Spezifikationssystems einen zusätzlichen Aufwand. Z.B. muß sich der Benutzer bei der Einführung von ESPRESO in eine neue Sprache und in die Bedienung eines neuen Werkzeugs einarbeiten.
* Bei der Entwicklung eines Systems sind die mit der Spezifikation beauftragten Personen oft identisch mit denjenigen, die das System implementieren, installieren und mit der Wartung beauftragt sind. Daher wird es nicht für notwendig erachtet, Gedanken in den frühen Phasen festzuhalten. Die Dokumentation des eigentlichen Programms bei der Implementierung wird für den eigenen Bedarf als ausreichend angesehen.
* Weiterhin hat sich gezeigt, daß ohne geeignete Werkzeuge, die eine automatische Weiterverarbeitung des Entwurfs ermöglichen, die Erstellung eines Entwurfs nur als zusätzliche Arbeit ohne unmittelbaren Nutzen angesehen wird. Fehlen solche Werkzeuge, so wird ein Entwurf in Pseudocode, der sich an der verwendeten Programmiersprache orientiert, bevorzugt. Unzumutbar für den Anwender ist der Umweg über den Entwurf bei Änderungen in der Implementierungsphase, wenn keine Möglichkeit besteht, bereits vorhandene implementierte Komponenten unverändert zu übernehmen.
* Spezifikationssysteme sollen dem Anwender Wege anbieten, die ihn zu guten Lösungsansätzen führen. Dagegen versucht der Anwender, ihm bekannte Wege zu gehen, die mit dem vom Spezifikationssystem vorgesehenen Ansätzen unverträglich

sind. Daher kommt der Anwender zu dem Urteil, daß das Spezifikationssystem für seinen Zweck nicht geeignet ist. Eine Bereitschaft, sich mit den neuen Ansätzen zu beschäftigen ist oft nicht vorhanden.

Um die Widerstandsschwelle beim Anwender abzubauen, müssen zukünftig folgende Punkte berücksichtigt werden:

* Bei der Einführung von ESPRESO hat sich gezeigt, daß zusätzlich zu einer guten Dokumentation die Rücksprache des Anwenders mit dem Systementwickler notwendig ist. Beim verstärkten Einsatz eines Systems muß die persönliche Beratung durch Schulungen ersetzt werden.
* Fehler in der Spezifikation des Anwenders müssen so früh wie möglich erkannt werden. Je später ein Fehler entdeckt wird, um so größer sind die Änderungen, die der Anwender vornehmen muß, und desto geringer ist die Bereitschaft, diese Fehler in der Spezifikation zu verbessern.
* Die Vorteile eines Spezifikationssystems werden für den Anwender erst dann sichtbar, wenn es in ein Gesamtsystem eingebettet ist, das alle Phasen des Software-life-cycle unterstützt.
* Die Schnittstelle des Systems zum Benutzer muß einfach sein. Für das Werkzeug bedeutet dies, daß es vom Anwender mit der Kenntnis weniger Funktionen bedient werden kann. Für die Sprache bedeutet es, daß die Sprachelemente mit einer Anleitung, wie sie benutzt werden sollen, einfach und übersichtlich dargestellt sind.

6. Literaturverzeichnis

Boehm B.W. (1976):
Software engineering.
IEEE Trans. Comput., C-25, 1226-1241.

Eckert K., J. Ludewig (1981):
ESPRESO-W ein Werkzeug für die Spezifikation von Prozessrechner-Software. in G. Goos (Ed.) Werkzeuge der Programmiertechnik.
Informatik Fachbericht 43 - Springer Verlag, 101 - 112.

Epple W.K. (1982):
EPOS - ESPRESO - SARS - ein praktischer Vergleich.
Institut für Informatik, Universität Karlsruhe.
Interner Bericht Nr. 26/82.

Fetsch F., L. Gmeiner, U. Voges (1981):
Entwurf eines hochzuverlässigen redundanten Mikrorechnernetzes.
in Brauer W. (Hrsg.): GI-11 Jahrestagung.
Informatik Fachberichte, Springer, S 317-326.

Gmeiner L., U. Voges (1982):
Erfahrungen mit dem Einsatz automatischer Werkzeuge für die Qualitätssicherung während Entwurf und Test.
in Sneed H.M., H.R. Wiehle (Hrsg.): Software-Qualitätssicherung.
Teubner Stuttgart; German Chapter of the ACM Bd. 9; S 235-252.

Hoare C.A.R. (1974):
Monitors: An operating system structuring concept.
Commun. ACM, 17, 549-557.

Hommel G. (1980):
Vergleich verschiedener Spezifikationsverfahren am Beispiel einer Paketverteilanlage.
PDV-Bericht 186, Band 1 und 2, KfK.

Keutgen H., F.J. Stoever (1978):
Rechnergesteuerte Abfüllüberwachung.
Qualität und Zuverlässigkeit, Heft 6.

Koster C.H.A. (1977):
Visibility of Types.
in Cousot P. (ed.): Machine oriented languages Bulletin 6.
(IFIP WG 2.4), IRIA, Le Chesnay, Frankreich; pp. 37-48.

Ludewig J. (1980):
PCSL - a process control software specification language.
KfK 2874.

Ludewig J. (1981a):
Zur Erstellung der Spezifikation von Prozeßrechner-Software.
KfK 3060.

Ludewig J. (1981b):
PCSL und ESPRESO - zwei Ansätze zur Formalisierung der Prozeßrechner-Softwarespezifikation.
in Baumann R. (Hrsg.): GI Fachtagung Prozeßrechner.
Informatik-Fachberich 39, Springer Verlag, 76-86.

Parnas D.L. (1972):
A technique for software module specification with examples.
Commun. ACM, 15, 330-336.

Reinshagen K.P. (1983):
Erfahrungen beim Einsatz eines entwurfsunterstützenden Spezifikationssystems.
in Ludewig J. (Hrsg.): Spezifikation von Realzeit-Systemen - Konzepte, Lösungen und Erfahrungen.
Schweizerische Gesellschaft für Automatik 127 - 152.

Teichroew D., E.A. Hershey III (1977):
PSL/PSA: a computer-aided technique for structured documentation and analysis of information processing systems.
IEEE Trans. Software Eng., SE-3, 41-48.

Watt D.A, O.L. Madsen (1977):
Extended attribute grammars.
Report no. 10, Univerity of Glasgow, Computing Departement.

Erfahrungen mit Modellbildung, Entwurf und Dokumentation von rechnergestützten Leitsystemen im Verkehrsbereich

Gerhard Schweizer, Stefan Kühner
Institut für Informatik III
Universität Karlsruhe
D-7500 Karlsruhe

1. EINLEITUNG

In den letzten Jahren haben in nahezu allen Bereichen von Verwaltung, Dienstleistung und Produktion Rechnersysteme Einzug gehalten auch dort, wo es kurz zuvor aus technischen Gründen oder wegen der enormen Kosten, die solche Innovationen verursachten, noch undenkbar erschien. Die neue Software-Technik und insbesondere neue Technologien für die Höchstintegration elektronischer Schaltkreise, welche z.B. Mikrorechner hoher Leistungsfähigkeit erst ermöglichten, waren die Voraussetzungen für diese Entwicklung.
Es ist aber nicht zu übersehen, daß der vollen Nutzung der vorhandenen Technologien Hemmnisse entgegenstehen, welche die Einführung rechnergestützter Geräte in Anwendungsgebieten verlangsamen und zum Teil sogar wieder rückgängig machen. Ein besonderes Beispiel stellt das sogenannte integrierte Transportsteuerungssystem (ITS) der Deutschen Bundesbahn dar, das nach einem hohen Kostenaufwand zunächst nicht weiter verfolgt wurde.

Schaut man sich vorurteilsfrei in der Praxis um, so weisen noch viele neuerstellte Systeme nicht spezifikationsgerechte Funktionsweisen, mangelnde Kompatibilität von Systemkomponenten, unzureichende Möglichkeiten für Änderungen und Erweiterungen von vorhandenen Systemen und dadurch kaum zu bewältigende Probleme bei der Wartung und Instandsetzung auf. Erschwerend kommt hinzu, daß Abnahme-, Prüf- und Zulassungsinstanzen sich meist nicht in der Lage sehen, eine zügige Abnahme und Inbetriebnahme durchzuführen oder eine begründete Zurückweisung erstellter technischer Anlagen vorzunehmen. Wenn man nach den tieferen Gründen forscht, erkennt man, daß häufig von Beginn einer Entwicklung an für die Funktionen, welche die rechnergestützten Automatisierungssysteme in dem jeweiligen Einzelfall erfüllen sollen, eindeutige formale Vorstellungen fehlen, welche z.B. durch vereinbarte Modellierungssysteme, d.h. Modellierungs- und Darstellungskonzepte gekennzeichnet sind. Dieser Zustand hält in vielen Fällen mehr oder weniger während der gesamten Entwicklungszeit an. Fehlen solche formalen Vorstellungen und existiert zudem keine gemeinsame Sprachebene (z.B. in Form von formalen Darstellungen), so kann der Betreiber meist selbst keine Klarheit über die Gesamtheit der zu erfüllenden Anforderungen gewinnen. Noch weniger wird er in der Lage sein diese Anforderungen den Entwicklern zu vermitteln. Dies wirkt sich äußerst nachteilig auf die Entwicklung und Herstellung aus und kann in einzelnen Fällen dazu führen, daß die erstellten Systeme ihre zugedachte Aufgabe nicht erfüllen.

Solche zwischen Betreibern, als Bestellern, und Herstellern, als Lieferanten, vereinbarten Modellierungs- und Darstellungskonzepte sind deshalb außer für die Spezifikation auch für alle Stufen der Konstruktion rechnergestützter Automatisierungssysteme unabdingbar.

Ein Blick auf die Praxis und auf die Fachliteratur zeigt, daß dem Bereich Spezifikation und Entwurf von rechnergesteuerten Automatisierungs-Systemen hohe Aufmerksamkeit geschenkt wird. Es haben sich eine ganze Reihe von neuen Begriffen, z.B. Requirement-Engineering herausgebildet.

In diesem Bericht werden Probleme, die bei der logischen Spezifikation und beim logischen Entwurf von rechnergesteuerten Automatisierungs-Systemen auftreten, angesprochen. Unsere Erfahrung weist nämlich darauf hin, daß die wesentlichen Probleme und Schwierigkeiten genau in diesem Bereich auftreten; dennoch : es können alle Hilfsmittel, welche auf dem Weg von der ersten Problembeschreibung bis zur Abnahme des lauffähigen Programmes verwendet werden, an diesen Schwierigkeiten beteiligt sein. D.h., die ungenügende Betrachtung von Hardwarekomponenten oder Eigenschaften des für die Realisierung der Aufgabe gewählten Rechnersystems können ebenso ein Projekt in Schwierigkeiten bringen, wie die ungenügende Erfassung der gestellten Anforderungen oder mangelnde Abstimmung von Softwareeinzelkomponenten.
Oftmals liegen jedoch die Ursachen für sogenannte "technische Schwierigkeiten des Rechners" in Fehlern beim logischen Entwurf des Systemes mitbegründet.

Die folgenden grundlegenden Ausführungen werden jeweils durch praktische Erfahrungen ergänzt. Zum Verständnis der Fragen der logischen Spezifikation und des Entwurfs müssen wir vom Wesen der Programmkonstruktion ausgehen.

Alle Rechner heutiger Technologie können nur Funktionen ausführen, die in der sogenannten Maschinensprache dargestellt sind. Das Endergebnis einer Konstruktion enthält deshalb ein Maschinenprogramm. Sobald diese in einer Maschinensprache dargestellten Modelle komplex werden, sind sie dem menschlichen Verständnis kaum mehr zugänglich. Der Mensch, welcher ein rechnergestütztes Automatisierungssystem entwickeln will, erwartet, daß das System ganz bestimmte Funktionen erfüllen soll. Er wird deshalb gezwungen sein, sämtliche erwünschten Funktionen zusammenzutragen und die Beziehungen zwischen den Teilfunktionen zu erfassen.

Da dies in Ermangelung des bereits realisierten Systemes in abstrakter Form geschehen muß, ist ein Modell zu entwickeln, welches die gewünschten Funktionen beschreibt.
Ein solches Modell nennen wir (funktionale) Spezifikation.
Dieses Modell muß im Verlauf der Konstruktion über eine Reihe weiterer Zwischenmodelle (Zwischenschritte) in ein maschinensprachliches Modell übertragen werden.

Die Konstruktion von rechnergestützten Automatisierungssystemen besteht damit in Bezug auf die Software im wesentlichen in der Umsetzung von Modellen, die von der Aufgabenstellung ausgehen und beim ablauffähigen Programm enden. Die Abnahme des Automatisierungssystems, bzw. die Prüfung und Zulassung muß die Richtigkeit des Modells, das wir als Spezifikation bezeichnen, nachweisen und den korrekten Übergang von Spezifikation auf alle übrigen Modelle bis zur fertigen Konstruktion feststellen. Im einzelnen Fall kann es sich ergeben, daß wegen der Komplexität die Korrektheit nicht nachgewiesen werden kann. In anderen Fällen muß beachtet werden, daß eine Erkenntnis, die nicht auf Axiomatik und zulässiger Ableitung beruht, nicht bewiesen werden kann.

2. Konstruktionsmethodik für rechnergestützte Automatisierungssysteme

Die klassische Konstruktion in den Ingenieurwissenschaften geht traditionell phasenweise vor sich. In der Regel unterscheidet man zwischen:

- Aufgabenstellung oder Lastenheft
- Vorkonstruktion
- Detailkonstruktion
- Erstellung und Erprobung der Komponenten
- Nachkonstruktion
- Integration der Komponenten
- Erprobung und Prüfung
- Freigabe der Serie
- Herstellung und Lieferung
- Abnahme
- Instandhaltung und Wartung

Rechnergestützte Automatisierungssysteme werden nach ähnlichen Gesichtspunkten konstruiert, wobei man gemeinhin zwischen Soft-und Hardware unterscheidet. Dies erscheint dann sinnvoll, wenn man als Hardware fertige Rechner bzw. Mikro-Prozessoren mit Peripheriebausteinen und -geräten einsetzt.

Bei der Konstruktion von rechnergestützten Automatisierungssystemen unterscheidet man in Analogie zu den Ingenieurwissenschaften zweckmäßig in

- funktionale Spezifikation (Aufgabenstellung)
- konzeptuelles (abstraktes) Lösungs-Modell
- Systemkonzept

und, was die Software anbetrifft, weiter in

- Grobentwurf
- Feinentwurf
- Codierung
- Integration mit der Hardware
- Prüfung.

Wir wollen bei unseren Betrachtungen hier zunächst die an das Systemkonzept folgende eventuelle Hardware-Konstruktion nicht weiter betrachten und annehmen, daß diese vorhanden sei.

Im wesentlichen stellt das Ergebnis jeder Phase der Software-Konstruktion bis hin zur Codierung ein abstraktes Modell dar, das die Aufgabe, d.h. die zu erfüllenden Funktionen, enthält und alle weiteren bis hier vollzogenen Konstruktionsschritte umfat. Jedes Modell als Ergebnis einer Phase stellt die Spezifikation für die nächste Phase der Konstruktion dar. Die Codierung schließlich beinhaltet ein Modell in einer auf der Hardware ablauffähigen Form. Hard- und Software (Codiertes Programm) zusammen ergeben ein physikalisches (gegenständliches) Modell, d.h. ein Gerät, das die Aktivitäten zur Erfüllung der als Aufgabe gestellten Funktion explizit ausführen kann. Falls man die Hardware und die Ausführung der abstrakten Maschine (Code) als fehlerfrei voraussetzen kann, könnte sich theoretisch die Konstruktion darauf beschränken, für jede Phase entsprechende vollständige Modelle zu entwerfen und deren Korrektheit nachzuweisen. Wir werden sehen, daß dies praktisch nicht immer möglich ist.

3. Funktionale Spezifikation

Zur Spezifikation rechnergestützter Automatisierungssysteme gehen wir vom Systembegriff aus. Ein System setzt sich aus einer Menge von Objekten zusammen, die in eindeutig definierter Beziehung zueinander stehen. In der Regel ist jedes System, z.B. ein rechnergestütztes Automatisierungssystem, in ein größeres Gesamtsystem eingebettet. Dieses Gesamtsystem bestimmt die Funktion jedes Teilsystems. Ein Teilsystem erfüllt seine Funktion, wenn es alle Aktivitäten, welche durch seine Umgebung festgelegt werden, spezifikationsgerecht ausführt. Die Festlegung der Funktion eines gewünschten Teilsystems stellt damit die genaue Spezifikation der Aktivitäten dar, welche die zu schaffenden Geräte zu erfüllen haben.

In den technischen Wissenschaften werden traditionell, wo immer möglich, Funktionen mit formalen Methoden, etwa mathematischen Notationen, beschrieben. Eine formale Spezifikation für ein rechnergestütztes Automatisierungssystem sollte in der Regel ebenfalls eine formale Beschreibung all seiner zu erfüllenden Funktionen enthalten.

Die funktionale Spezifikation stellt demnach das Abbild der kognitiven Struktur dar, das sich jemand von der Aufgabe (Funktion) eines mit seiner Umwelt in gewollter eindeutiger Beziehung stehenden Systems macht. Im Fall von gewünschten zu realisierenden rechnergestützten Automatisierungssystemen stellen die Spezifikationen zunächst abstrakte Systeme dar, von deren Funktion man sich eine klare Vorstellung gemacht hat. Die Aufgabe der Konstruktion ist nun, ein physikalisches System zu realisieren, das diese Funktion erfüllt. Das Konstruktionsergebnis stellt im Fall von rechnergestützten Automatisierungssystemen das physikalisches Modell aus Rechnern und Software dar.
Aus den Ausführungen ergibt sich :
Ein zu realisierendes Automatisierungssystem wird durch die Funktionen, die es gegenüber seiner Umwelt erfüllen muß festgelegt. Die Stellen und die Form, in der diese Funktion für die Umwelt erfahrbar wird, bezeichnen wir als Schnittstellen.

Das realisierte System muß theoretische oder experimentell dahingehend überprüft werden, ob es seine Funktion erfüllt. Man erkennt hier u.a. auch, daß Testeinrichtungen, welche eine vollkommene Überprüfung des realisierten Systems vornehmen sollen, in der Lage sein müssen, dessen Funktion vollständig auszuführen, oder aber das gewünschte Verhalten genau kennen müssen.

Ein Modell als Abbild eines gedachten Systems kann die Wirklichkeit richtig oder falsch wiedergeben. Ferner kann ein Modell in sich logisch konsistent sein oder Widersprüche enthalten. Da die bei der Modellierung vorhandenen Gedanken in ihrem Ursprung nicht als korrekt bewiesen werden können, kann das sich ergebende Modell als Abbild eines gewünschten Systems nur empirisch nicht aber formal als richtig bewiesen werden. Man spricht oft auch davon, daß es nur verifiziert werden kann.

Für die Vorgehensweise beim Entwurf der einzelnen bis zur Realisierung führenden Modelle, ist dies jedoch weitgehend unerheblich, für den Nachweis der Korrektheit der geforderten Funktionen jedoch von größter Bedeutung.

Die Korrektheit der logischen Konsistenz und insbesondere die Korrektheit der Darstellung eines formalen Modells kann bei Angabe der Darstellungsmethode hingegen überprüft werden.

4.Entwurf und Konstruktion

In der Literatur findet man eine Fülle von Definitionen für die Benennung und die Anzahl der zwischen der Spezifikation und dem endgültigen Programm liegenden Entwurfs- und Konstruktionsschritte. Es erscheint für das Gebiet der rechnergestützten Automatisierung wegen der von Problem zu Problem oft völlig verschiedenen Aufgabenstellung und Komplexität nicht sinnvoll, die Zahl der Entwurfs- und Konstruktionsschritte genau festzuschreiben. Diese Forderung wird im Rahmen von einigen Spezifikations- und Entwurfssystemen erhoben. Generell erscheint es sinnvoll, möglichst wenig Entwurfs- und Konstruktionsschritte bis zur endgültigen Realisierung einzufügen, da jeder einzelne Schritt die Gefahr der Einbringung von Konstruktionsfehlern in sich birgt.

Es ist offensichtlich, daß jeder Entwurfs- und Konstruktionsschritt die vorliegende Spezifikation aus dem vorgehenden Schritt erfüllen muß, und daß bei der Bearbeitung der Aufgabe auf der jeweiligen Stufe neue Entscheidungen für die Realisierung getroffen werden. Diese getroffenen Entscheidungen dürfen mit der vorliegenden Spezifikation aus dem vorhergehenden Arbeitsschritt nicht im Widerspruch stehen und müssen sich am Ende der Bearbeitung in der Spezifikation für den nächsten Schritt niederschlagen.

Zwei meist notwendige und sinnvolle Bearbeitungsschritte für den Entwurf von rechnergestützten Automatisierungssystemen werden nach der Diskussion einiger praktischer Erfahrungen erläutert.

5. Kurzgefaßte Erfahrungen bei Spezifikation und Entwurf großer Systeme

Bei der Bearbeitung komplexer Aufgaben zeigt die Praxis, daß man ein zu realisierendes System nicht als Ganzes durch seine funktionalen Schnittstellen spezifizieren kann. Deshalb muß man schon im Rahmen der Spezifikation eine in viele Einzelheiten gehende Problemzerlegung vornehmen. Das Gesamtsystem wird dadurch in eine große Anzahl einfacherer miteinander in Beziehung stehender Teilsysteme untergliedert, die durch ihre Schnittstelle jeweils funktional von ihrer Umgebung abgegrenzt sind. Es zeigt sich nun, daß diese Problemzerlegung in der Regel schon in der Spezifikationsphase implizit eine Reihe von Entwurfsentscheidungen vorwegnimmt. Die Möglichkeiten der Problemzerlegung werden oft wie folgt klassifiziert:

a) "Natürliche" Unterteilung:

- in Baugruppen oder Funktionseinheiten
- in örtlich, zeitlich oder funktionell unabhängige Teilaufgaben

b) "Systematische" Unterteilung:

- in Module mit exakten Schnittstellen zur besseren Übersicht und Modellierung des Systems
- in Ver- oder Bearbeitungseinheiten zur leichteren Handhabbarkeit
- in statische und dynamische Komponenten
- in feste und bewegliche Teile
- in sequentielle und parallele Funktionen

c) "Arbeitstechnische" Unterteilung:

- in Teile, die von verschiedenen Arbeitsgruppen, Firmen, Instituten etc. bearbeitet werden sollen.
- in Fachgebiete entsprechend unserer fachspezifischen Ausbildung z.B. in mechanische, elektrische, physikalische, logische, mathematische Komponenten oder in Hardware- und Software-Komponenten
- in die zeitliche Abfolge der Arbeiten.

Diese Klassifizierung ist theoretischer Natur.

Bei der Konzipierung komplexer Automatisierungssysteme fällt der Erfahrung des Konstrukteurs eine große Bedeutung zu.

Er wird dabei in den seltensten Fällen eine der vorstehenden Methoden als Denkschablone verwenden. Vielmehr wird er das gesamte Problem, welches er durch ein Automatisierungssystem lösen will, von verschiedenen Seiten her betrachten, wird nach ihm bereits bekannten Teillösungen suchen, und gewisse aus einer "systematischen" Unterteilung resultierende Teilsysteme mit ihm als adäquat bekannten formalen Notationen beschrieben.

So können Teilsysteme mit parallelen Abläufen beispielsweie duch Petri-Netzen, sequentielle Abläufe und Zustände durch Zustandsübergangsdiagramme, Struktogramme, mathematische Formeln usw. beschrieben werden.

Der erfahrende Software-Entwickler wird dabei auch schon in einer frühen Phase daran denken, welche Hardware- und Betriebssystemanforderungen bestimmte Lösungsansätze bewirken, oder welche gegenseitigen Abhängigkeiten aus einer möglichen gewählten Problemzerlegung resultieren.

Es kann bei der Denkarbeit also auch keinen reinen Top-Down-Approach geben. Eine Anzahl von Irrwegen und Sackgassen zwingen den System-Entwickler dazu gewählte Lösungsansätze zu verwerfen und auf einer höheren Ebene neue Modellierungen vorzunehmen und entsprechend zu verfeinern. Diese Vorgehensweise kann aber nur dann eingehalten werden, wenn in regelmäßigen Abständen der Stand der Entwurfsarbeiten dokumentiert wird.

Die Dokumentation muß dabei so erfolgen, daß die Teilsysteme der Problemzerlegung in adäquater Notation, ihre Abhängigkeiten und die Form ihres Zusammenwirkens in einheitlicher Notation dargelegt wird.

Eine einheitliche Notation kann hier beitragen, logische Inkonsistenzen im Modell des Systems oder eines Teilsystems aufzudecken. Sie kann aber nicht, wie bereits angemerkt, falsche Abbilder der Wirklichkeit erkennen.

Neben den oben aufgeführten Klassifikationsmerkmalen hat sich eine meist durch die Aufgabe vorgegebene grobe Problemzerlegung in die Teilsysteme:

- Geplantes Soll-Verhalten (Nominalverhalten)
- Aktuelles Ist-Verhalten
- Aktivitäten zur Disposition
- Aktivitäten zur Operation

als vorteilhaft erwiesen.

Anhand eines speziellen Anwendungsfalls sollen nun einige Erfahrungen mit der Beschreibung der Funktion des Gesamtsystemes durch die Funktion von Teilsystemen aufbereitet werden. Dabei zeigt sich unter anderem, daß das schrittweise Verfeinern eines Entwurfes nicht bedeuten darf, daß bei der konzeptionellen Durchdringungen einer Entwurfsebene kein Blick in die darüber oder darunter liegenden Entwurfsebenen getan werden darf.

In dem Projekt (Betriebsleitsystem für den öffentlichen Personennahverkehr) wurden in einem ersten Schritt betriebliche Anforderungen erarbeitet und gegliedert. (siehe Bild 1)

Diese Gliederung basiert auf den Erfahrungen mit vorhandenen Betriebsleitsystemen und präjudiziert bereits eine Problemzerlegung.

Die betrieblichen Anforderungen wurden anschließend in eine Modulpaket-Strukturierung umgesetzt (siehe Bild 2).
Das Ergebnis dieser Problemzerlegung bildet also die Zuordnung fest umrissener Teilaufgaben und stellt damit den zweiten Entwurfsschritt, das Logische Lösungsmodell, auf welches nachfolgend noch näher eingegangen wird, dar.

Jede dieser Teilaufgaben soll später, unabhängig von einer anderen, im Abschnitt 2 genannten Phasen weiterentwickelt werden.

Bild 3 zeigt eine weitergehende Problemzerlegung eines Teilsystems (Sollvorgaben) zusammen mit seiner Einbettung in das Gesamtsystem durch Schnittstellen. Das Streckennetz wurde in den ersten betrieblichen Anforderungen lediglich wie folgt beschrieben:

FORSCHUNGSVORHABEN BON
INHALTSVERZEICHNIS LASTENHEFT

0. Gesamtsystem
   0.1 Grundkonzept
   0.2 Ausbaustufen
1. Vorgabe des Soll-Betriebszustandes
   1.1 Grunddaten
   1.2 Betriebsdaten
2. Erfassung des Ist-Betriebszustandes
   2.1 Rechnergesteuerte Erfassung
   2.2 Eingaben durch den Fahrer
3. Informationsübertragung
   3.1 Datenfunk
   3.2 Sprechfunk
   3.3 Gegenseitige Beeinflussung von Daten- und Sprechfunk
4. Informationsdarstellungen in der Leitstelle
   4.1 Soll-Betriebszustand
   4.2 Aktueller Betriebszustand
   4.3 Dipositionsvorschläge
5. Massnahmen der Betriebssteuerung
   5.1 Leitstelle
   5.2 Fahrzeug
6. Kopplung anderer Leitsysteme und verkehrlicher Einrichtungen
7. Gestaltung, Anordnung und Bedienung der Geräte
   7.1 Leitstellengeräte
   7.2 Fahrzeuggeräte
8. Statistik
   8.1 Betriebsdaten
   8.2 Verkehrsdaten
   8.3 Technische Daten
9. Betriebliche Zuverlässigkeit

Bild 1 : Informelle Gliederung der betrieblichen Anforderungen
Quelle : [BON79]

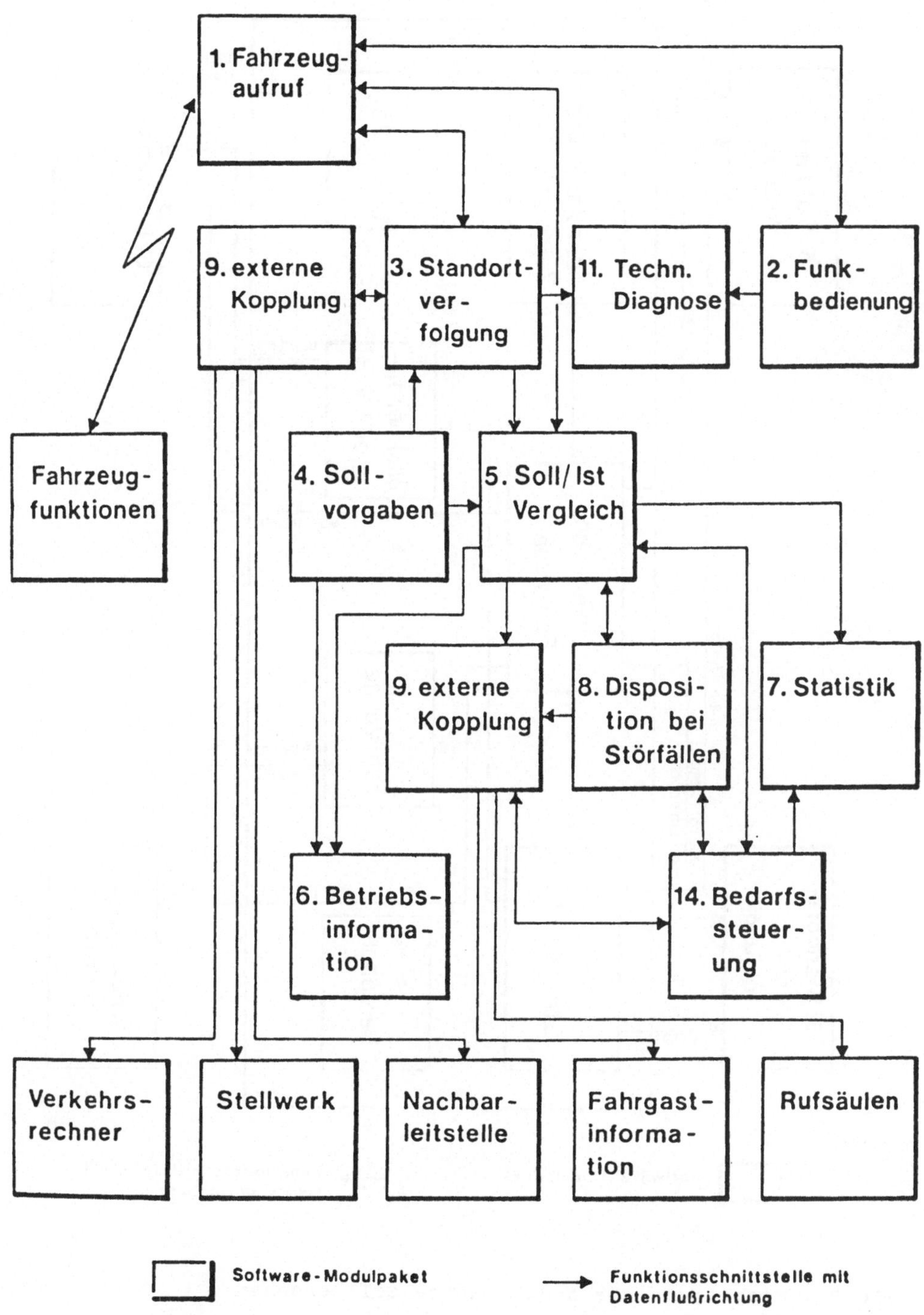

Bild 2 : Modulpaket - Strukturierung von BON
Quelle : [BON80]

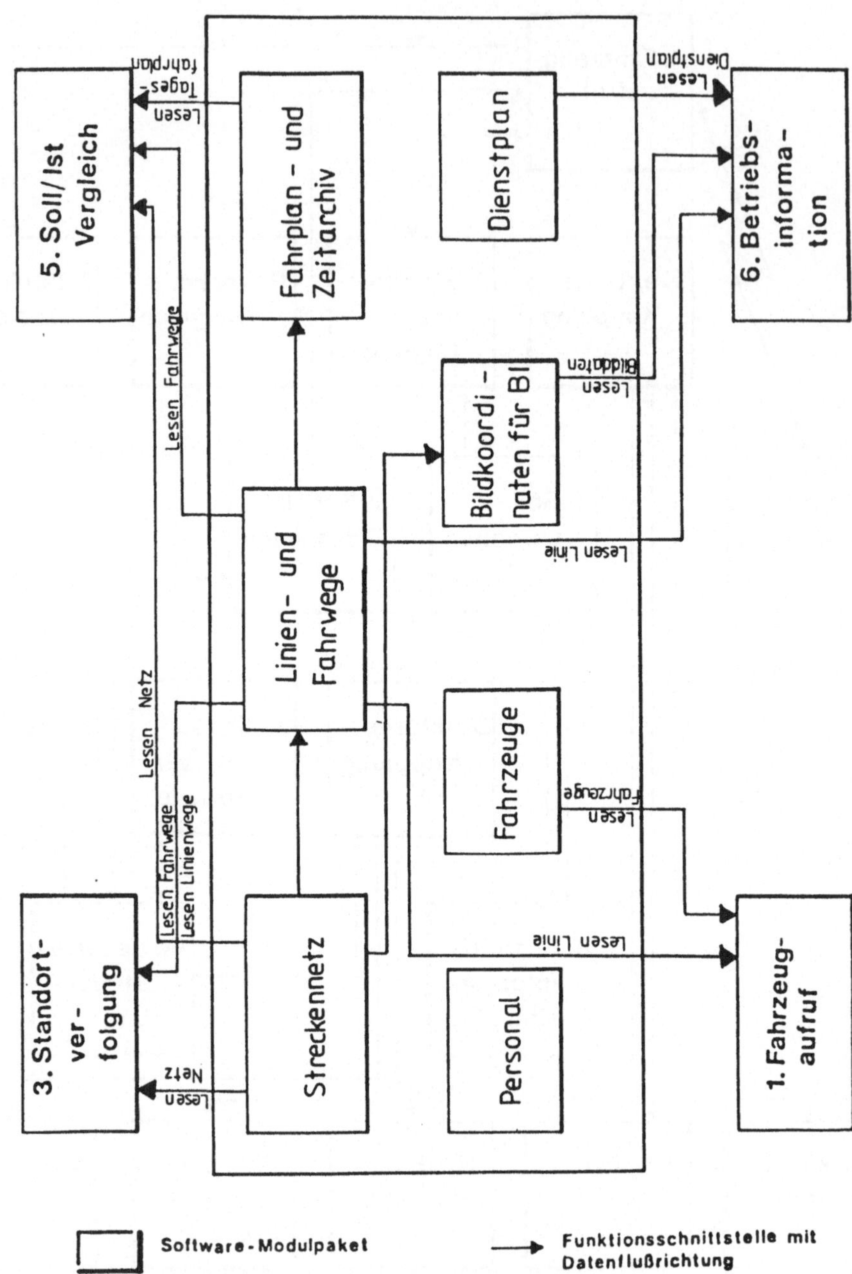

Bild 3 : Einbettung des Modulpaketes Sollvorgaben
über Schnittstellen in das Gesamtsystem

Quelle : [BON82]

Fahrwegdaten

Das Streckennetz soll durch Stützpunkte beschreibbar sein, die durch ihre räumliche Lage und die Abstände zu benachbarten Stützpunkten zu definieren sind.

Die vollständige Beschreibung des Netzes soll durch die Angabe der räumlichen Lage folgender Punkte, die nicht notwendigerweise als Stützpunkte definiert sein müssen, möglich sein:

. sämtliche Haltestellen
. Betriebshofausfahrten
. End- und Wendepunkte im Linienbetrieb
. Verknüpfungspunkte
. Lichtsignalanlagen
. Fahrmöglichkeiten

Bild 4: Ursprüngliche Beschreibung der Anforderungen an das Streckennetz
Quelle: [BON79]

Obwohl zum Zeitpunkt der Aufgabenverteilung auf Modulpakete und der Festlegung von Schnittstellen zwischen diesen noch keine programmiertechnischen Vorgaben und Entscheidungen zu treffen sind, bzw. waren, war es erforderlich, die Aufgaben der einzelnen Moduln so genau zu beschreiben, daß alle mittelbaren und unmittelbaren Abhängigkeiten zu anderen Moduln erkannt werden konnten. Nur so war eine vollständige Spezifikation auf oberster Ebene möglich. (Es war deshalb notwendig die knappe Beschreibung des Streckennetzes frühzeitig zu ergänzen).

Wurde gegen diesen Grundsatz verstoßen, so traten naturgemäß Lücken und Inkonsistenzen in der Spezifikation nachfolgender Phasen auf.

Sie führten dann zu verspäteter Festlegung von fehlenden Einzelanforderungen, welche mit komplizierten und sich häufig ändernden Einzelabsprachen verbunden waren.
Auf der Grundlage noch unvollständig bekannter Anforderungen "benachbarter" Moduln, betrieblicher Anforderungen oder Eigenschaften technischer Geräte, wurden auf tieferen Entwurfsebenen Änderungen an den bereits entworfenen Modellen notwendig, um verspätete Anforderungen noch berücksichtigen zu können.

Solche Änderungen bewirkten mehrfach ein Verlassen systematischer Lösungsstrukturen des entsprechenden Moduls, welche auf höherer Ebene festelegt worden waren. Damit verbunden war nicht nur ein erheblicher zeitlicher Mehraufwand, sondern logischerweise Verschlechterungen bzgl. Robustheit und Wartbarkeit der betreffenden resultierenden Programme.

Es ergibt sich in diesem Zusammenhang die Frage, ob eine vollständige Spezifikation (Berücksichtigung aller Requirements) bei einer so komplexen Aufgabe von Beginn der Bearbeitung überhaupt möglich erscheint. Sind einige Bedingungen erfüllt, so wagen wir mit einem vorsichtigen JA zu antworten.

Die Erarbeitung einer funktionalen Spezifikation stellt einen auf Modellierungskonzepten beruhenden Prozeß dar, der primär auf Erfahrungen und sekundär auf Erkenntnisfähigkeit beruht. Dies bedingt, daß zur Erarbeitung von funktionalen Spezifikationen Erfahrung und Kreativität gehören. Diese Komponenten lassen sich durch kein Werkzeug irgendeiner Art ersetzen. Eine funktionale Spezifikation erfüllt ihren Zweck aber nur dann, wenn sie durch Darstellungselemente und deren Bezeichner kommunikationsfähig ist. Eine solche Kommunikation scheint im technischen wissenschaftlichen Bereich vorwiegend über formale Beschreibungsmethoden möglich. Dabei ist je nach Funktion des (Teil)Systems eine geeignete Methode zu wählen. Es ist sinnlos eine formale Beschreibungsmethode für alle Anwendungsfälle verwenden zu wollen. Dies erfordert im Hinblick auf rechnergestützte Automatisierungs-Systeme umfangreiche Kenntnisse über die verschiedenen Methoden der Informatik und anderer ingenieurwissenschaftlicher Disziplinen.

Zwischenzeitlich werden (teilweise) losgelöst von der unmittelbaren Projektbearbeitung vertiefende Untersuchungen durchgeführt. Dabei ergab sich, daß eine weitgehende formale Beschreibung der einzelnen Teilsysteme möglich gewesen wäre.

Für das Datenmodell der Sollvorgaben erscheint die Beschreibung mittels des Codd'schen Relationen Modells [LOM] möglich. Für die Teilsysteme Funkbedienung und Betriebsinformation lassen sich formale Modelle angeben. Die Standortverfolgung kann logisch gefaßt werden. Die Bedarfssteuerung ist wahrscheinlichkeitstheoretischer Natur.

Wenn man für ein Teilsystem eine formale Spezifikation gefunden hat, ergeben sich durch deren Funktion in der Regel einfache und klare Schnittstellen. Der darauf folgende logische Entwurf ist strukturiert und übersichtlich. Die Praxis zeigt aber auch, daß eine formale Spezifikation nicht in jedem Fall die gedachte Wirklichkeit wiedergibt. Im Zweifelsfall kann man sich nur durch eine experimentelle Verifikation helfen. Es ist auffällig, daß im Bereich der rechnergesteuerten Automatisierungssysteme dem klärenden Experiment oft zu wenig Beachtung geschenkt wird. Andererseits zeigt die Erfahrung, daß die Realisierung einer funktionalen Spezifikation infolge unzureichender Rechnereigenschaften auf gravierende Probleme stoßen kann. Die Festlegung einer Spezifikation setzt deshalb bereits umfangreiches Konstruktionswissen voraus. In Bereichen, in denen Erfahrungslücken bestehen, empfiehlt sich oft ein klärendes Experiment.

6. Konzeptuelles Lösungsmodell (erster Entwurfsschritt)

Die Spezifikation schließt eine Reihe von Operationen implizit oder explizit ein, zwischen denen gesetzmäßige Zusammenhänge bestehen. Durch die in der Spezifikation festgelegten Funktionen und dem Darstellungskonzept wird implizit auch die Struktur des Modells festgelegt, auf das die Operationen wirken.

Im ersten Entwurfsschritt empfiehlt es sich, eine konzeptuelle (abstrakte) Struktur für alle Aktivitäten zu erarbeiten, welche notwendig sind, um diese Funktion zu erfüllen. Aus dem funktionalen Modell der Spezifikation entsteht ein deskriptives Modell, das bereits die wesentlichen Strukturen der Lösung zeigt.

In dieser ersten Phase des Entwurfs müssen in der Regel eine Anzahl von Entwurfsentscheidungen getroffen werden, welche als jeweils notwendig angesehen werden, um sicherzustellen, daß die festzulegenden Aktivitäten in der Realität tatsächlich die gestellten Anforderungen erfüllen. Diese zu treffenden Entwurfsentscheidungen dürfen nicht im Widerspruch zu der Spezifikation stehen. Die Grundlagen, auf denen die Entscheidungen für die Festlegung von zusätzlichen Entwurfsschritten beruhen, können in der Regel nur empirisch als richtig, aber nicht als korrekt bewiesen werden.

In der Regel gibt es verschiedene Wege zur Festlegung der Aktivitäten, welche zur Erfüllung der Funktion eines Systems führen. Dies bedeutet, daß man das funktionale Modell der Spezifikation in verschiedene konzeptuelle Lösungsmodelle überführen kann.

7. Kurzgefaßte Erfahrungen zum konzeptuellen Lösungsmodell

Im wesentlichen werden während der Bearbeitung des konzeptuellen (abstrakten) Lösungsmodells die funktionalen Spezifikationen in Algorithmen oder zumindest algorithmisierbare Aktivitäten, welche die Erfüllung der geforderten Funktionen sicherstellen, umgesetzt. Die Festlegung der Algorithmen ist ohne gleichzeitige Festlegung der Datenstrukturen, auf welchen die Operationen ausgeführt werden, unzureichend. Durch die Strukturierung der Modelle in Aktivitäten und Strukturen zur expliziten vollständigen Zustandbeschreibung ergeben sich innerhalb eines Teilsystems neue Schnittstellen. Diese dürfen aber nicht über das jeweils spezifizierte Teilsystem hinausreichen.

Die Schnittstellen zwischen den Modulpaketen werden verfeinert und in Zugriffsfunktionen zerlegt. Jede Zugriffsfunktion wird mit Aufgabenstellung, qualitativer Parameterspezifikation, Randbedingungen und Fehlerreaktionen unter Beachtung der Invarianz gegenüber verschiedenen Implementierungsmöglichkeiten definiert.

Die Erfahrung zeigt, daß die nicht abgeschlossene Spezifikation hinsichtlich der funktionalen Schnittstellen bei den nächsten Entwurfsschritten keine vom übrigen System losgelöste Bearbeitung eines Teilsystems erlaubt. Dies führt, wie bereits oben angesprochen, zu nie endenden Schnittstellengesprächen. Als gravierenden Nachteil stellten sich die nur verbalen Funktionsbeschreibungen der Teilsysteme, Einzelkomponenten u.s.w. bei gleichzeitiger Festlegung von Einzelschnittstellen heraus. Wegen der ungenügenden funktionalen Spezifikation der Schnittstellen in der ersten Entwurfsphase und wegen der nicht formalen Festlegung von Algorithmen und Daten (bzw. Zuständen und Strukturen) ergab sich teilweise eine viel zu große Anzahl nicht unbedingt zueinander konsistenten Einzel-Schnittstellen, welche Test und Integration wesentlich erschwerten und nicht immer zu sauber strukturierten Programmen führten.
In einem zeitlich gleichzeitig durchgeführten Projekt EVA (Elektronischer Verkehrslotse für Autofahrer) wurde der Konstruktionsschritt für das konzeptuelle Modell nahezu vollständig durchgeführt. Der Erfolg gab der zeitaufwendigen Ausführung dieses Schrittes recht. Die Schnittstellen zeigen eine klare überschaubare Struktur. Diese erlaubte es, die einzelnen Teilsystem-Realisierungen vollkommen getrennt zu testen. Die in letzter Minute beschlossene Aufteilung auf verschiedene Rechner, deren Integration und Inbetriebnahme verliefen problemlos.

8. Systemkonzept (zweiter Entwurfsschritt)

Im Rahmen der Arbeiten zum Systemkonzept wird das konzeptuelle Modell in Teilaufgaben im Hinblick auf eine Realisierung mit einer Rechnerstruktur zerlegt. Diese Teilaufgaben werden nach Gesichtspunkten der Zusammengehörigkeit, gemeinsamer Realisierung, Austauschbarkeit u.a. festgelegt.

Auf der Grundlage des konzeptuellen Modells wird nun ein nachfolgendes neues Modell gebildet aus sich einander ergänzenden, in gegenseitiger Beziehung stehenden, getrennt weiter zu entwickelnden Teilmodellen. Die Bausteine eines solchen Modells, das wir Systemkonzept nennen, sind Hard- und Softwaremoduln. Die Realisierung der Hardware-Moduln führt später zu Rechnern, Speicher- und Datenübertragungseinrichtungen, Bediengeräten u.a. Die Software-Moduln ergeben Datenobjekte zur Zustandsbeschreibung und Programme zur Ausführung der geforderten Aktivitäten.

9. Kurzgefaßte Erfahrungen zur Erarbeitung des Systemkonzepts

Das für das Projekt BON gewählte Systemkonzept zeigt Bild 5. Man erkennt daraus die Abbildung von Teilsystemen des konzeptuellen Lösungsmodells auf einzelne Komponenten des Systemkonzepts.
Es versteht sich, daß die Anforderungen an die Komponenten des Systemkonzepts erst nach genügend vertiefter Bearbeitung aller Teilsysteme des konzeptuellen Lösungsmodells vorliegen können. Die Erfahrung hat gezeigt, daß eine Vorwegnahme eines Systemkonzepts vor Abschluß der formalen Spezifikation und des konzeptuellen Lösungsmodells zu großen Schwierigkeiten führen kann. Im Extremfall ergibt sich, daß das Lösungsmodell sich nicht primär an den Anforderungen der Aufgabe, sondern, gemessen an der Bedeutung der Aufgabe, an Unzulässigkeiten des Systemkonzepts orientieren muß. Da das Systemkonzept primär die aus dem konzeptuellen Modell abzuleitenden Anforderungen erfüllen muß, ist es notwendig während der Phase des System-Konzepts außer der reinen Hardware, auch die dazu notwendigen Software-Werkzeuge festzulegen, z.B. höhere Programmiersprachen als abstrakte Maschinen, Betriebs-Systeme, Test-Werkzeuge u.a.. Die Phase des System-Konzepts kann nur dann als abgeschlossen gelten, wenn die Eignung, der ins Auge gefaßten System-Komponenten hinreichend sichergestellt ist.

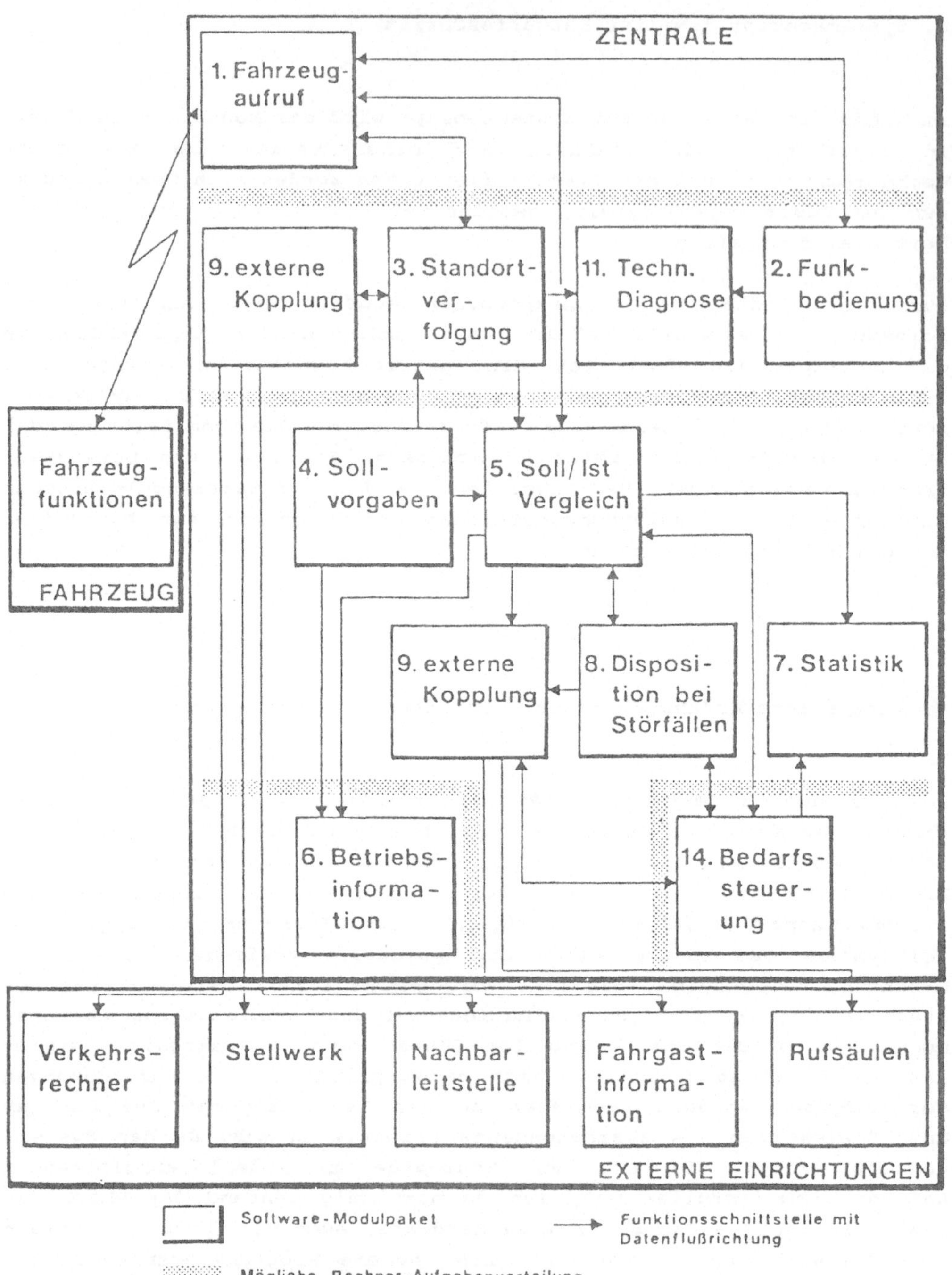

Bild 5 : Systemkonzept BON
Quelle : [BON80]

In dem Projekt BON wurden frühzeitig viele Details des System-Konzepts vorweggenommen und endgültig entschieden. Dies führte, wie anschließend kurz erläutert wird, im Verlauf der an das System-Konzept anschließenden Phasen Grob- und Feinentwurf, sowie Codierung teilweise zu Schwierigkeiten.

- Die nur eingeschränkt vorhandenen Fähigkeiten der ausgewählten Programmiersprache in Bezug auf Datenstrukturierung erlaubten es nicht, Teile des konzeptionelle Lösungsmodells ohne Hilfskonstruktionen in das Rechnermodell umzusetzen.

- Die durch das Rechnersystem verursachte Obergrenze für den Programmcode erforderte eine weitere Aufteilung von einzelnen Teilsystemen, welche mit der im Systemkonzept festgelegten Aufgabenaufgliederung nichts zu tun hatte.
  Dadurch wurden nicht nur neue Schnittstellen und Kommunikationsmechanismen erforderlich, es ist bislang noch nicht endgültig geklärt, ob dadurch gewisse betriebliche Anforderungen aufgrund veränderter Laufzeiteigenschaften der Programme, noch erfüllbar sind.

- Der Einsatz vorher nicht verfügbarer und erprobter Softwarehilfsmittel z. B. für E/A an Mensch-Maschine-Schnittstellen, führte zu zeitlichen Verzögerungen und nicht einkalkulierten Anpassungsaufwänden

Literatur

1. BON79 Budig,M.; et. al.
Forschungsvorhaben BON (BMFT TV 79615)
Betriebliche Anforderungen mit Ergänzungen
für den Bedarfsbetrieb (AP 2100)
Interner Projektbericht (Juli 1979)

2. BON80 Budig,M; et. al.
Forschungsvorhaben BON
Systemkonzept Grobentwurf (AP 2700)
Interner Projektbericht (August 1980)

3. BON82 Kühner,S.
Forschungsvorhaben BON
Streckennetz - Sollvorgaben (AP 3300)
Interner Projektbericht (Mai 1982)

4. LOM Lockemann,P.C. ; Mayr,H.C.
Rechnergestützte Informationssysteme
Berlin, Heidelberg, New York 1978

ON THE USE OF ALGEBRAIC METHODS FOR FORMAL REQUIREMENTS DEFINITIONS[1)]

H.Partsch

Institut für Informatik
Technische Universität München
Postfach 202420
D-8000 München 2
West-Germany

Abstract

By analysing various statements from the respective literature a set of criteria for good requirements definitions is extracted. It is shown that algebraic tools provide a reasonable basis for this important part of software engineering. The general statements are additionally justified by employing these algebraic methods in a comprehensive treatment of a non-trivial example, viz. part of a real-life interactive editor.

1. Requirements engineering

Requirements engineering is an important part of software engineering. Especially its enormous influence on the high costs of software (cf. [Boehm 75]) has been recognized long ago (cf. [Buxton, Randell 69]) - in particular as "that part of the process which leads to more failures than any other" [Schwartz 75].

Requirements engineering comprises (at least) two important subtasks, namely **requirements specification** (or **definition**) and **requirements analysis**, where

"Requirements specification and analysis is the translation of a user (person, business, government) need into a statement of the functions to be accomplished by an automated system, followed by an analysis of the cost and size of the projected system." [Horowitz 75]

This coincides in essence with [Yeh, Zave 79] who mention problem identification, understanding, and specification as main activities during the requirements phase.

---

1) This research was carried out within the Sonderforschungsbereich 49, Programmiertechnik, Munich

Similar definitions may be found in any other work dealing with requirements engineering (e.g. [Kimm et al. 79]).

Although requirements analysis is as important as requirements specification (cf. e.g. [Schwartz 75]) in the following we will mainly concentrate on requirements specification and how to methodically support the above-mentioned translation process from informally stated wishes to a precise (formal) specification.

1.1. Essential criteria for requirements specification

As a result of analyzing various statements on requirements specification, we will present essential criteria that may serve as a yardstick to evaluate specification methods. Our list will contain the basic criteria from [Balzer, Goldman 79]; However, we will derive slightly different consequences.

[Henderson 81] points out in agreement with many others (e.g. [Royce 75], [Zave 79], [Yeh, Zave 80], or [Wasserman 80]):

".. formal specification can be used as a method of precise communication among designers, as their basis for agreement with the customer and as a way of discovering design flaws at an early stage of the design process rather than during product test. The ideal of conceptual integrity of the design is more likely to be achieved if formal methods are used. However, we must bear in mind that readability of the specification is a prime requirement."

From these characterizations we can already identify some of the main requirements for formal specifications, namely

- abstraction and formality
- conceptual integrity
- readability and understandability .

According to [Lehman 80] software products are subjected to continuous changes ("pressure of change is built in") due to changing environments (and hence requirements). Thus ease in

- modifiability

of requirements definitions seems to be a rather important factor of a good specification technique, too.

Furthermore, a formal specification of some program or system should not enforce a single solution, but rather allow a variety of implementations ("specification freedom" [London, Feather 82], "a family of solutions" [Yeh, Zave 80]). Hence,

- liberality

is another important requirement. Our list of requirements for specifications is completed by adding yet another one (that usually is but tacitly assumed):

- adequacy .

In essence this means that the specification method should provide means to increase confidence[2] especially on the customer's side that the formal specification really reflects his original intentions. This requires, as is outlined in [Schwartz 75] that "management on both sides must ask questions, get answers, assure that all answers

2) Thus, adequacy in some sense comprises further catchwords such as "executability" (cf. [Balzer, Goldman 79]) or even "rapid prototyping".

are clear and agreed upon." or as formulated in [Zave 79] "requirements specifications should be interpretable". Of course, this cannot work, if the specification method used doesn't support getting (formally justified) answers to arbitrary questions.

1.2. The particular role of formality

By nature, formality is a consequence of two more basic requirements for specifications, viz. consistency and completeness (cf. e.g. [Royce 75], [Yeh, Zave 80]).

When asking for formality, furthermore, there seems to be a general consensus that e.g. the level of fomality provided by existing programming languages is not the one really aimed at (cf. [Zave 79]); functional descriptions (cf. [Schwartz 75]) or - even more - behavioural descriptions, i.e. what instead of how (cf. e.g. [Yeh, Zave 80], [Jones 80]), are desired.

In fact, formality is a delicate issue, in particular since it cannot be seen independently of the other requirements, e.g. understandability:

"However, we must realize that the primary purpose of a specification is communication among designers and between designers and implementers. Thus the choice of a formal language in which to write a formal specification must attempt to combine the elegance and precision of mathematics and the readability of more natural languages." [Henderson 81]

This observation allows in principle two conceptually different solutions[3] :
One approach is to impose some structure and precision onto informal descriptions (cf. [IEEE 77]) to an extent that is still manageable by a non-expert user. The other approach starts from a rigourous formal basis (i.e. the language of the expert) and tries to provide understandability (for the user), e.g. by means of suitable methodologies or interpretation mechanisms (cf. e.g. [Bauer 81], [Swartout 82]).

We feel this latter approach to be the more promising one, since, in our view, it is closer to formal methods as successfully used in other branches of engineering: In architecture for example, nobody would come to the absurd idea postulating a formalism for planning houses that allows a non-expert future house owner to produce a binding reference document for the craftsmen.

---

3) There are also approaches, e.g. [Balzer, Goldman 78], lying in between, i.e. having both, a structured informal description and a rigorous formalism where closing the gap between these two is to be significantly supported by machine. It is doubtful, whether such AI-based approaches have a chance to succeed.

2. Algebraic requirements definition

There are currently quite a number of different specification methods around[4]. The above considerations led us to favour **algebraic methods**, in particular abstract data types (cf. [Guttag 75]) as a promising basis for a suitable specification language.[5] In contrast to earlier approaches that used concrete mathematical models (such as sets or graphs) or even certain machine models, the algebraic (axiomatic) approach is free of any such implementation aspects by abstracting[6] from how something is to be done and rather concentrating on what by defining data structures and their characteristic operations just by their properties.

2.1. Fundamentals and particular issues

Instead of giving an introductory course on algebraic data types (introductions for the completely unexperienced reader can be found e.g. in [Bauer, Wössner 82] or [Pepper et al. 82]) we rather try to highlight the main aspects by means of the most frequently used example (for the particular notation cf. [Bauer et al. 81]), namely stacks (which even will be used later on):

```
type STACK ≡ (sort m) stack m ε, =ε, &, top, rest, length:
    based on NAT, BOOL,
    sort stack m,
    stack m ε,          co empty stack co
    funct(stack m)bool .=ε,      co checking for the empty stack co
    funct(stack m, m)stack m .&.,    co attaching an element to a stack co
    funct(stack m s: ¬(s=ε))m top, co the "last" attached element co
    funct(stack m s: ¬(s=ε))stack m rest,  co the "previous" stack co
    funct(stack m)nat length,
     ∀ stack m s, m x:
        (ε=ε)  =  true,
        (s&x=ε)  =  false,
        top(s&x)  =  x,
        rest(s&x)  =  s,
        length(ε)  =  0,
        length(s&x)  =  length(s)+1
end of type
```

4) for a (maybe) representative impression see e.g. [Staunstrup 81]

5) This viewpoint is shared with many other authors, e.g. [Ehrig et al. 82].

6) The importance of this particular notion of abstraction again can be found in [Henderson 81], who in accordance with [Turski 78] states:
"When it comes to formulating a specification, however, it is not possible to consider the procedures in isolation from the data structures, for the specification of a procedure will be given in terms of its effects upon the data structures.
The abstract view of this situation is to say that the designer must specify a domain of abstract objects and the abstract operations which manipulate the objects. Each operation will eventually be realized as a procedure and each object as a data structure. Moving to the abstract view frees the designer from considerations which are simply low-level implementation (i.e. language) issues."

The first line defines the <u>interface</u> of this type, i.e. the sorts, constants and functions to be used by other types.

(**sort** <u>m</u>) denotes <u>parameterization</u> with an arbitrary sort <u>m</u>; thus STACK actually is a type scheme.

based on NAT reflects the hierarchical design and states that STACK uses NAT (the natural numbers) and BOOL (the boolean values) as <u>primitive types</u>.

The part **sort**...length defines the <u>syntax</u> for well-defined abstract objects. It is collectively referred to as signature, consisting of sorts (here <u>stack</u> <u>m</u>), constants (here ε) and functionalities. The notation <u>stack</u> <u>m</u> s: $\neg(s = \varepsilon)$ (in the functionality of top) indicates that top is a partial function that is undefined for empty stacks.

The <u>semantics of the abstract objects</u> (i.e. the well-defined terms built from the constants and function symbols) is given by the remaining part referred to as laws or properties.

The <u>semantics of a type</u> then is given by "all hierarchy-preserving, term-generated models that fulfill the given axioms" (for further details, see [Wirsing et al. 80]).

This simple example already exhibits the design objectives of the Munich approach to abstract data types (cf. [Wirsing et al. 80]):

- abstract types should be specified in hierarchies
- all term-generated algebras properly reflecting the hierarchy of a type should be accepted as models
- the specification of partial operations should be supported
- a wide class of axioms should be allowed

In general, when specifying arbitrary software problems, all these four peculiarities that emerged from analyzing needs in software engineering can be profitably used. However, as we will see in our concrete example, for the specifications of interactive systems, it will be appropriate to disregard from partial functions and use particular error elements instead. Of course, our approach is flexible enough to cope with this situation equally well.

2.2. Feasibility of algebraic specifications

In our view, algebraic requirements definitions meet the list of criteria elaborated in 1.1 quite well:

- **abstraction and formality**

  Being non-operational by nature (and thus, of course, implementation-independent), algebraic specifications provide a very high degree of abstraction. Additionally, in the meantime a sound theoretical basis for (hierarchical) abstract data types is available, that particularly supports needs for requirements engineering, e.g. by the central issues of consistency and (sufficient) completeness.
- **conceptual integrity**

  Any formalism for requirements definition also has to be judged with respect to (possibly other) methods and tools to be used in the remaining stages of the classical software life cycle (cf. e.g. [Lehman 80]). In this respect the concept of algebraic abstract data type has turned out to fit in well with the transformational approach to software development (cf. [Bauer 75], [Broy, Pepper 80]) that usually starts with such a formal specification.

- **readability and understandability**

  Both are supported not only by the possibility of modularization but also by the great freedom in expressing the characteristic axioms[7)]. Below we will additionally demonstrate that reading algebraic axioms in plain English is but a matter of habit.

- **liberality**

  Since the semantics of an algebraic abstract data type is defined as the class of all admissible models, such an algebraic specification comprises lots of (even significantly) different implementations.

- **modifiability**

  Again, the theoretial foundations of algebraic abstract data types provide the neccesary criteria to ease modifications of existing specifications. (We will comment on this in our subsequent example.)

- **adequacy**

  As a matter of fact, adequacy cannot be proved, but only made plausible. Algebraic specifications are particularly well-suited for deriving (even mechanically) additional properties of specifications that help in getting confidence in such a specification (cf. [Guttag, Horning 80], [Partsch, Laut 81]). A somewhat different technique is outlined in [Partsch, Pepper 83].

In order to convince himself, the interested reader is invited to check the validity of these statements on the basis of the subsequent example.

2.3. Future aspects

Although in principle we have to agree with [Lehman 79] that "a commonly accepted solution to the specification problem does not yet exist" and we also have not yet the "automated tool for analysing the completeness, consistency, allocation, and traceability of a requirements set" [Royce 75] is dreaming of, we are convinced that algebraic specifications are an important step into the right direction.

Additionally we have good confidence that algebraic specifications also provide a reasonable basis for dealing with other than logical (or functional) requirements such as (cf. [Zave 79]) performance, reliability, cost, size, or resources. This, however, still has to be further investigated and proved by future experiences.

There is yet another aspect in favour of algebraic specifications. Algebraic specifications are well-suited for a gradually emerging methodology[8)] allowing not only

7) In contrast to other (algebraic) approaches where axioms are restricted to equations or conditional equations, our approach also allows to use e.g. existential quantifiers (cf. [Wirsing et al. 80])

8) A related though somewhat different methodology can be found in [Ehrig, Fey 81].

to convert in an iterated dialogue with the intended user[9] an informal problem description into a formal one (cf. [Partsch, Laut 82]), but also to benefit from the theoretical results in getting this formal specification correct (cf. [Partsch, Pepper 83]). We will rely on this methodology when dealing with an extended example below.

3. An extended example

The example we will use for exemplifying the use of algebraic techniques in formal specifications is one out of a collection of examples presented at the 26th meeting of IFIP working group WG 2.1. This collection was intended and successfully used as a common basis[10] for discussing various specification and program development techniques. In several discussions, the particular example we have chosen - an interactive text editing system (see below) - has turned out to be a real challenge for both specification languages as well as specification methodology, probably due to the inherent difficulty to give a reasonably high-level description for a system with an obvious low-level procedural appearance.

The problem was stated as follows (cf. [WG 2.1 79]):

EXAMPLE NUMBER 4 - TEXT EDITOR

This problem asks for the implementation of a simple line oriented editor for use in an interactive environment. The specification is actually a subset of an editor which has been implemented on several machines.

The input device is a keyboard/display. Input from the keyboard is obtained one character at a time and is one of the following characters:

letters
digits
blank
{cr} (line return)
{esc} (escape)
{bs} (backspace) .

The display device is controlled by outputting single characters from the following set:

letters
digits
blank
{cr} (line return)
{bs} (backspace)
{bel} (sound alarm) .

Note that the keyboard and display are completely independent, "echoing" of input characters must be done by the program. The effect of sending a {cr} is to roll the screen up and set the cursor to the start of the next line. {bs} moves the cursor back one (no effect if at start of line). {bel} sounds an alarm, but has no effect on the cursor position.

The current text is a sequence of lines which can be modified by entering edit commands. There is no need to consider the problem of opening files, reading text etc. Assume that the current text is available as a variable (or equivalent).

9) "During the requirements specification there is (or should be) much interaction between the ultimate user and producer" [Schwartz 75]

10) A similar experiment based on a common example is reported in [Hommel 80]

The editor outputs a prompt character ? to invite entry of commands. The following commands are available. Note that most commands are not terminated by a {cr}.

b	Position to start of first line in file and print out the first line.
e	Position past last line of file, and display <end-of-file>.
mold{cr}new{cr}	Search for occurrence of the string old in the current line, and replace it by string new. Display the modified line.
i	Enter insert mode. The cursor moves to the start of the next line and text can be entered (one or several lines) which are inserted following the current line. Each new line is terminated by a {cr}. To leave insert mode, {esc} is typed after the last inserted line.
k	Delete the current line and store it in a stack (see u command). Display the line after the one deleted.
u	Retrieve the line on top of the delete stack and insert it just before the current line, then display the retrieved line (note: the sequence ku leaves the file as it was).
n+	Move n (decimal integer) lines forward in the file and type new current line.
n-	Move n (decimal integer) lines backward in the file and type new current line.
skey{cr}	Search forward from the current position for a line containing the string key, and display the line.
arep{cr}	Alter the key just found by the search (s) command to the given replacement rep. Display the modified line.
f	Forget (undo) the effect of the m or a command just entered.
w	Display window consisting of the nine lines either side of the current line.

The {bel} character is transmitted to the display if any command syntax error is detected or for an unsuccessful search etc. The backspace key may be pressed during entry of any text string, the effect is to erase the previous character and backup the cursor. If the backspace key is used to erase the m or s character which starts a command, then a completely new type of command can be entered.

At a first glance it seems to be an easy task to convert this (rather comprehensive) informal requirements into a formal specification. At a closer (maybe formal) inspection, however, it will turn out that there are quite a number of nasty, little difficulties (which are, of course, not at all problem-specific) that are worth being treated in detail.

3.1. General remarks on the specification of interactive systems

Specifying an interactive system seems to be essentially different from e.g. specifying a batch system. If, however, we remember that the basic idea of algebraic specifications is not to define how something has to be done but rather to define the "visible behaviour" (cf. [Broy, Wirsing 81]) of some system, we will soon find out that from the viewpoint of behavioural specifications there is no essential difference between an interactive and a batch system, resp.[11)]

A dialogue in an interactive system can be seen (cf. [Kupka, Wilsing 73]) as an alternating sequence $i_1o_1i_2o_2...i_ko_k$ of "inputs" i_n and "outputs" o_m. An i_n usually originates from the user's unconstrained will but an o_m surely depends on the respective i_m and probably also on the i_no_n with n<m. Thus in a simplifying view an interactive system can be seen as a "function" from input (sequences) (and, maybe, "previous" outputs) to output (sequences). Consequently, its behaviour can be adequately specified by defining the system's reaction to arbitrary input sequences.

However, considering this task in general will be rather complex, since one is not only faced with the primary problem of specifying the system's behaviour. A complete specification must also deal with the more "marginal" problems, e.g. how the system recognizes arbitrary character string as valid inputs, how it reacts to erroneous inputs, or how the effect of some command is externally visible on some output device (display, printer, file, etc.).

In order to master complexity it seems appropriate (cf. again [Kupka, Wilsing 73]) to break the entire task into smaller, better manageable logical units[12)] , viz.

- mapping from (concrete) input character sequences to (abstract) commands;
- effect of a command (or a sequence of commands) within the system;
- mapping from (abstract) effects to (concrete) physical output.

In the following, we deal with our concrete editor example exactly along these lines. In contrast e.g. to [Partsch, Laut 82] or [Partsch, Pepper 83] where emphasis has been laid primarily on methodical aspects, in the following treatment we will rather concentrate on the particular aspects of the (non-trivial) editor example and especially try to highlight the benefits that result from using algebraic specifications, e.g. how the axioms can be extracted from the given verbal description or how the formalism helps in getting the specification "correct" and "complete".

3.2. The behaviour of the editor

We will develop our formal specification in a strict top-down fashion and start with the essential part of our editor, viz. its "behaviour" or - more concretely - the effects of sequences of commands on the system. Before dealing with these effects, however, a few preliminary remarks on data and data dependencies seem worthwile (cf. [Partsch, Pepper 83]).

---

11) This observation already can be found in [Kupka, Wilsing 73] which served as some kind of "basis" for our concrete considerations - although our concrete example has a simpler interactive behaviour.

12) The description of these units is deliberately kept vague; a precise characterization will emerge by abstracting from our concrete example.
Since these units are but loosely coupled the order in which they are mentioned is not necessarily the one in which the design of the specification has to proceed - see below.

3.2.1. Data dependencies and modularization

As usually, a sequence of input commands is either empty (denoted by ε) or consists of a sequence of commands sc followed by a command c (denoted by sc&c)[13] .

The objects to be manipulated by sequences of commands are basically texts with distinguished positions in them, outputs (whatever that means), and an internal stack (see commands k and u). For the top level of our specification, however, we can abstract from these details and collectively refer to the objects that are manipulated as "states". Thus the overall behaviour of the editor will be a mapping

effect: <u>sequ</u> <u>command</u> X <u>state</u> ⟶ <u>state</u>

(where <u>sequ</u> <u>command</u> and <u>state</u> denote the respective sets of the abstract objects "sequences of commands" and "states")

Similarly to "state", in this top level "command" can be considered as a primitive notion, and hence the data dependencies (as far as the top level dealt with here is concerned) might be sketched as

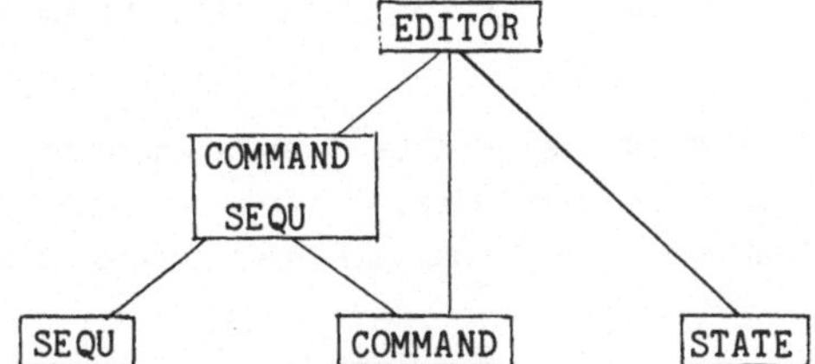

How this is to be translated into a linear notation can be found e.g. in [Partsch, Pepper 83] and is not our central issue here, since we will mainly concentrate on the semantic aspects, i.e. the functions and the axioms[14] .

For denoting sequences (for a formal definition see e.g. [Bauer et al. 81] or [Pepper et al.82]) we will use the following conventions:

ε	denotes the empty sequence
top (bottom)	denotes the first (last) element
rest (upper)	denotes the remainder after removing the first (last) element
&	denotes attaching a single element either to the left or to the right, but also concatenation of two sequences[15] .(As usual, & is supposed to be associative.)

3.2.2. The effect of command sequences on states

In order to determine the corresponding characteristic axioms for effect we have to examine the given verbal requirements.

At a closer inspection of the verbal requirements for <u>command</u>, the set

13) Although formally totally irrelevant, reading the formal specifications might be eased by the following convention:
Throughout the paper temporal dependencies will be mirrored by sequences from left to right, i.e. sc&c means that command c is applied "after" the commands in sc.

14) In order to free the reader's attention from syntactical questions we will even refuse to employ a specific syntax for types, functions, etc., but rather deliberately use well-known mathematical notation.

15) Since the exact functionality of & always can be determined from the context, overloading of the operation symbol & does no harm here.

{b,e,m,i,k,u,n+,n-,s,a,f,w} of editing commands, we will soon find out that there are commands of different quality, namely commands having effects on states, and others (such as a or f), having effects on other commands. Additionally, there are commands (such as b or e) that, although having an effect on states, have also to be considered with respect to their "environment" (obviously, e.g. having positioned to the beginning of the text by a b command, a subsequent b command has no visible effect[16]).

All these informations lead to the following formalization:

$\forall$ <u>sequ</u> <u>command</u> cs, <u>state</u> s, <u>command</u> c,c_1: $c_1 \notin \{a,f\}$:

(1) effect(ε,s) = s

(2) effect(ε&c,s) = **if** $c \in \{a,f\}$ **then** s **else** apply(c,s) **fi**

(3) effect(cs&c&c_1,s) =

if $c_1 \in \{b,e\} \wedge c \in \{b,e\}$ **then** effect(cs&c_1,s) **else** apply(c_1,effect(cs&c,s)) **fi**

(4) effect(cs&c&f,s) = **if** $c \in \{a,m\}$ **then** effect(cs,s) **else** effect(cs&c,s) **fi**

(5) effect(cs&c&a(rep),s) =

if $c \neq$ s(key) **then** effect(cs&c,s) **else** effect(cs&s(key)&m(key,rep),s) **fi**

We deliberately use notations such as e.g. $c_1 \notin \{a,f\}$ as a shorthand for $\neg\exists$ x: c_1=a(x) $\wedge$ $c_1 \neq f$, i.e. we disregard from exact functionalities.
On the other hand we assume that commands are appropriately processed such that e.g. s(key) is the result of parsing skey{cr} (cf. section 3.3)

It is not hard to see that this formal specification indeed is a formalization of (part of) the informal requirements. To the non-expert it can be made comprehensible by interpreting the characteristic axioms in plain English[17] :

(1) An empty command sequence has no effect
(2) A single command has no effect if it is an a or f command, otherwise its effect is defined by applying this very command
(3) If the last command is not an a or f command and if the last two commands are both b or e commands the last but one command has no effect, otherwise its effect is defined by applying this command to the effect of the "previous" command sequence
(4) An f command following an a or m command undoes the effect of the a or m command, otherwise it has no effect.
(5) An a command following a command different from an s command has no effect, otherwise it modifies the key found by the s command

As is extensively discussed in [Partsch, Pepper 83], one of the major benefits from using algebraic specifications is the availability of the theoretical notion of **sufficient completeness** that not only determines what has to be specified, but also helps in detecting incompletenesses[18] - even in a seemingly complete verbal specification as ours.

---

16) It is assumed that not even a second ? for inviting entry of commands will be displayed - If this assumption were wrong, e and b could be treated as all other commands. The way we deal with the b or e command here is not "forcing", however, it makes the specification somewhat more interesting.

17) Thus justifying the proposition that algebraic specifications are understandable (cf. also [Bauer 81]).

18) e.g.
- what is the effect of the empty command sequence ?
- what is the effect of an f command applied after a command that is not an a or m command ?
- what is the effect of an a command applied to a command different from an s command ?

For our set of axioms, sufficient completeness is easy to see: for the first parameter of effect all possibilities according to the definition of sequences are considered.

This, but also another benefit of algebraic specifications, will become clear by reconsidering the axioms above.

Obviously, these axioms are of different quality:

- some of them (e.g. the **then**-part in (4) or the **else**-part in (5)) are just formal counterparts of the informal requirements.
- others either are obvious (although not explicitly verbally required, such as (1) or (2)), sometimes in the sense that with regard to consistency there is no other possibility (e.g. (3)); Hence the notion of consistency also contributes to getting a formal specification complete.
- but still there are further ones (e.g. the **else**-part of (4) or the **then**-part of (5)) that are major design decisions[19], i.e. for which alternatives exist. Thus, e.g. in the **then**-part of (5) we could separate the case of c being an a command or not, leading to the axiom

(5') effect(cs&c&a(rep),s) =
  if c ≠ s(key) ∧ c ≠ a(rep1) **then** effect(cs&c,s)
  elif c ≠ s(key) **then** effect(cs&a(rep),s)
  else effect(cs&s(key)&m(key,rep),s) **fi**

which would <u>not</u> be in conflict with any of the other axioms.

Before dealing with the apply function used above, we feel a few more aspects being worth mentioned explicitly:

(1) Although allowing to do so, algebraic specifications by no means force one to always start from scratch. On the contrary, predefined types and type schemes can and should be used whenever feasible[20].

(2) The enormous advantage of hierarchically structured specifications with respect to modifiability should already have become obvious now:
Adding further (ordinary type) commands causes <u>no change</u> to our top level specification, since we specified the "overall behaviour" and not the internal effects of individual commands. Hence we also could have specified this level of the editor with <u>command</u> as a parameter. Even for adding commands of further privileged kinds the way how to incorporate them into the specification is already indicated.

3.2.3. The effect of applying single commands

Again, as in the previous section, we start our considerations by looking at the data; in particular, we have to clarify what a <u>state</u> is.

From the informal requirements we know that a "text is a sequence of lines", i.e.

<u>text</u> ≡ <u>sequ</u> <u>line</u> .

In addition, phrasings like "first line in the file", "next line", "current line", etc., lead us to consider the "current text" consisting of some piece of text (that might be empty), an actual line, followed by another piece of (possibly empty) text, i.e.

19) and as such candidates for being clarified between customer and specifier (cf. [Partsch, Laut 82])

20) One even could think of defining appropriate types by tailoring given ones, e.g. using the techniques described in [Laut, Partsch 82].

file ≡ <text,line,text>| ϵ_f

(i.e. either a triple (consisting of a text, a line, and a text) or ϵ_f - where ϵ_f denotes the empty file, i.e. the situation that there is no current text).

As already outlined, a state then consists of the current text, the delete stack (see commands k and u), and an output sequence. Thus

state ≡ <file,stack,output>

where output simply is defined by

output ≡ sequ action .

It remains to clarify what line and action mean.

For simplicity we assume

line ≡ <sequ char,{cr}>| ϵ_l

(i.e. a line consists of a (possibly empty) sequence of characters followed by a carriage return character, or is empty)

and

action ≡ {d(.),p(.),t(.)}

(i.e. a collection of output actions, where d(.), p(.), t(.) mean "display something", "print something", and "type something", resp.).

Based on these preliminaries, we are now in a position to define the function apply used in the previous section.

Obviously (inherited by the above level of our specification) the functionality is

apply: command' X state ⟶ state

(where command' ≡ {command x: x ∉ {a,f}}).

For defining the individual commands we have to give appropriate axioms - at least one for each of them. From the aspect of presentation, it seems reasonable to point out similarities whenever there are any.

Thus, obviously all commands (except for the i and the u command) have absolutely no effect, if the current text is empty, i.e.

∀ command' c, stack d, output o: c ∉ {i,u}:

apply(c,<ϵ_f,d,o>) = <ϵ_f,d,o&?> .

For the remaining axioms we assume the following general quantification:

∀ text t_1,t_2,t_3,t_4, line l,l_1,l_2, stack d, output o:

$t_3 \neq \epsilon_t \wedge t_4 \neq \epsilon_t \wedge l \neq \epsilon_l \wedge l_1 \neq \epsilon_l \wedge l_2 \neq \epsilon_l$:

which might be supplemented by additional quantifications when dealing with the individual commands.

"Regular" behaviour

From the informal requirements we get rather straightforwardly:

(a) The b command

apply(b,<<t_1,l,t_2>,d,o>) = <<ϵ_t,top(t_1&l&t_2),rest(t_1&l&t_2)>,d,o&p(l)&?>

(Note that top and rest on the righthand side are always defined due to the initial assumption $l \neq \epsilon_l$)

(b) The e command

$apply(e,<<t_1,l,t_2>,d,o>) = <<t_1\&l\&t_2, \epsilon_l, \epsilon_t>,d,o\&d(\{eof\})\&?>$

(c) The m command

$apply(m(x,y),<<t_1,l,t_2>,d,o>) = <<t_1,repl(l,x,y),t_2>,d,o\&re(l,x,y)\&?>$

Here repl means the replacement of x by y in l and re means repl in case of a successful search and {bel} otherwise. Due to our strict top-down design philosophy repl and re can be defined later in connection with lines; Furthermore it is supposed here that the (abstract) form of the m command is the result of mapping conrete to abstract input (to be discussed below).

(d) The i command

$apply(i(l_1),<\epsilon_f,d,o>) = <<\epsilon_t,l_1,\epsilon_t>,d,o\&d(l_1)>$

$apply(i(l_1),<<t_1,l_2,t_2>,d,o>) = <<t_1\&l_2,l_1,t_2>,d,o\&d(l_1)>$

$apply(i'(l_1),<\epsilon_f,d,o>) = <<\epsilon_t,l_1,\epsilon_t>,d,o\&d(l_1)\&?>$

$apply(i'(l_1),<<t_1,l_2,t_2>,d,o>) = <<t_1\&l_2,l_1,t_2>,d,o\&d(l_1)\&?>$

For dealing with the i command we have deliberately assumed that the mapping from concrete to abstract input partitions a complex i command (i.e. input of several lines) into a succession of linewise insertions where i' means the last insert(line) command in such a succession.

(e) The k command

$apply(k,<<t_1,l,t_4>,d,o>) = <<t_1,top(t_4),rest(t_4)>,d\&l,o\&d(top(t_4))\&?>$

(f) The u command

$apply(u,<\epsilon_f,d\&l,o>) = <<\epsilon_t,l,\epsilon_t>,d,o\&d(l)\&?>$

$apply(u,<<t_1,l_1,t_2>,d\&l_2,o>) = <<t_1,l_2,l_1\&t_2>,d,o\&d(l_2)\&?>$

(g) The move commands (n+ and n-)

$apply(+(0),<<t_1,l,t_2>,d,o>) = <<t_1,l,t_2>,d,o\&t(l)\&?>$

$apply(+(i+1),<<t_1,l,t_3>,d,o>) = apply(+(i),<<t_1\&l,top(t_3),rest(t_3)>,d,o>)$

and analogously

$apply(-(0),<<t_1,l,t_2>,d,o>) = <<t_1,l,t_2>,d,o\&t(l)\&?>$

$apply(-(i+1),<<t_3,l,t_2>,d,o>) = apply(-(i),<<upper(t_3),bottom(t_3),l\&t_2>,d,o>)$

(h) The s command

key **isin** l $\Rightarrow$ $apply(s(key),<<t_1,l,t_2>,d,o>) = <<t_1,l,t_2>,d,o\&d(l)\&?>$

$\neg$(key **isin** l) $\Rightarrow$

$apply(s(key),<<t_1,l,t_3>,d,o>) = apply(s(key),<<t_1\&l,top(t_3),rest(t_3)>,d,o>)$

Here **isin** denotes a boolean function checking whether the string key occurs in the line l.

(i) The w command

$apply(w,<<t_1,l,t_2>,d,o>) = <<t_1,l,t_2>,d,o\&d(wind(t_1,l,t_2))\&?>$

where again wind is an appropriate subordinate function producing the "window" of the required size.

Borderline cases

So far we have specified exactly what has been required in the verbal specification. A simple formal examination, however, will immediately yield that the specification of apply is not complete, since borderline cases - that do not appear in the verbal specification - still have to be dealt with.

Of course, there are several possibilities to get rid of these marginal cases. One way is to use partial functions. However, in contrast to other applications, using partial functions does not make sense in our particular example, since it is hard to imagine what "undefined" should mean. Another (simpler) way in our particular example would be to transmit the {bel} character. We, however, tried to specify a more "friendly" behaviour, i.e. whenever in such a borderline case there is a chance still to do something reasonable, we will do it.

Hence, we define:

ad (e)

$$apply(k,\langle\langle \varepsilon_t,l,\varepsilon_t\rangle,d,o\rangle) = \langle \varepsilon_f,d\&l,o\&?\rangle$$

$$apply(k,\langle\langle t_3,l,\varepsilon_t\rangle,d,o\rangle) = \langle\langle t_3,\varepsilon_l,\varepsilon_t\rangle,d\&l,o\&?\rangle$$

In the verbal specification it is required to display the line after the one deleted. However, if there is none , it cannot be displayed.

ad (f)

$$apply(u,\langle\langle t_1,l,t_2\rangle,\varepsilon_d,o\rangle) = \langle\langle t_1,l,t_2\rangle,\varepsilon_d,o\&?\rangle$$

Here we have assumed that the u command has no effect, if the delete stack is empty (cf. first axiom) - again a case that is not considered in the verbal requirements.

ad (g)

$$apply(+(i+1),\langle\langle t_1,l,\varepsilon_t\rangle,d,o\rangle) = \langle\langle t_1,l,\varepsilon_t\rangle,d,o\&?\rangle$$

(and, of course, dually for -(i+1)).

There are other possibilities for corresponding righthand sides, e.g. $\langle\langle t_1\&l,\varepsilon_l,\varepsilon_t\rangle,d,o\&t(l)\&?\rangle$ which could be used consistently with the other axioms.

In connection with the move commands, another remark seems necessary:
From the informal requirements one might gain the impression that + and - have something like "inverse" effects, e.g.

$$-(m)+(n) = \begin{cases} -(m-n) & \text{if } m>n \\ +(n-m) & \text{if } n>m \\ +(0) & \text{if } n=m \end{cases}$$

(or similar for +(m)-(n)).

However, this idea not only neglects the fact that each move has an effect on the output (although the file might be left invariant), but also would prevent any reasonable solution to the above mentioned borderline cases.

ad (h)

$$\neg(key\ \mathbf{isin}\ l) \Rightarrow apply(s(key),\langle\langle t_1,l,\varepsilon_t\rangle,d,o\rangle) = \langle\langle t_1,l,\varepsilon_t\rangle,d,o\&d(\{bel\})\&?\rangle$$

Still two more questions have to be tackled.
Firstly we do not yet have specified what happens, if the current line of the file is empty[21] :
We have

$$\forall \ \underline{\text{command}}' \ c \notin \{i,u\}:$$
$$\text{apply}(c,\langle\langle t_1, \varepsilon_l, t_2\rangle,d,o\rangle) = \langle\langle t_1, \varepsilon_l, t_2\rangle,d,o\rangle$$

and

$$\text{apply}(i(l),\langle\langle t_1, \varepsilon_l, t_2\rangle,d,o\rangle) = \langle\langle t_1,l,t_2\rangle,d,o\&d(l)\rangle$$
$$\text{apply}(i'(l),\langle\langle t_1, \varepsilon_l, t_2\rangle,d,o\rangle) = \langle\langle t_1,l,t_2\rangle,d,o\&d(l)\&?\rangle$$

and

$$\text{apply}(u,\langle\langle t_1, \varepsilon_l, t_2\rangle,d\&l,o\rangle) = \langle\langle t_1,l,t_2\rangle,d,o\&d(l)\&?\rangle \ .$$

Secondly, it is convenient to assume that any syntactically incorrect input is mapped to an (abstract) error command ec which is specified by

$$\forall \ \underline{\text{file}} \ f:$$
$$\text{apply}(ec,\langle f,d,o\rangle) = \langle f,d,o\&d(\{bel\})\&?\rangle \ .$$

A note on "formal vs. informal specifications"

To round off this section we would like to briefly comment on the remark "note: the sequence ku leaves the file as it was".
If our formal specification is "correct", i.e. adequately mirrors the informal requirements, we should be able to deduce from our axioms the theorem[22) :

$$\forall \ \underline{\text{file}} \ f, \ \underline{\text{stack}} \ d, \ \underline{\text{output}} \ o:$$
$$(*) \quad f' = f \ \textbf{where} \ \langle f',d',o'\rangle = \text{apply}(u,\text{apply}(k,\langle f,d,o\rangle)) \ .$$

We have (by considering the various possibilities):

(i) $f=\varepsilon_f \ \wedge \ d=\varepsilon_d$:
$\text{apply}(u,\text{apply}(k,\langle \varepsilon_f, \varepsilon_d,o\rangle)) = \text{apply}(u,\langle \varepsilon_f, \varepsilon_d,o\&?\rangle) =$
$\langle \varepsilon_f, \varepsilon_d,o\&?\&?\rangle$ and thus $f'=f$

(ii) $f=\langle \varepsilon_t,l, \varepsilon_t\rangle$:
$\text{apply}(u,\text{apply}(k,\langle\langle \varepsilon_t,l, \varepsilon_t\rangle,d,o\rangle)) = \text{apply}(u,\langle \varepsilon_f,d\&l,o\&?\rangle) =$
$\langle\langle \varepsilon_t,l, \varepsilon_t\rangle,d,o\&?\&d(l)\&?\rangle$ and thus $f'=f$

(iii) $f=\langle t_1,l,t_3\rangle$:
$\text{apply}(u,\text{apply}(k,\langle\langle t_1,l,t_3\rangle,d,o\rangle)) =$
$\text{apply}(u,\langle\langle t_1,\text{top}(t_3),\text{rest}(t_3)\rangle,d\&l,o\&d(\text{top}(t_3))\&?\rangle) =$
$\langle\langle t_1,l,t_3\rangle,d,o\&d(\text{top}(t_3))\&?\&d(l)\&?\rangle$ and again $f'=f$.

However, we also will find out that (*) cannot be proved for $f=\varepsilon_f \ \wedge \ d \neq \varepsilon_d$.
Provability of (*) for $f=\varepsilon_f \ \wedge \ d \neq \varepsilon_d$ would require a modification in one of the axioms concerning u, viz.

$$\text{apply}(u,\langle \varepsilon_f,d,o\rangle) = \langle \varepsilon_f,d,o\rangle \ .$$

---

21) Note that $\langle t_1, \varepsilon_l, t_2\rangle$ always implies $t_2=\varepsilon_t$, since $\langle t_1, \varepsilon_l, t_2\rangle$ can only result from applying an e or k command .

22) Note that ku means first applying k and then applying u; However, similar remarks hold for uk.

But this modification in turn would imply the improvability of (*) for $f=\langle\varepsilon_t,l,\varepsilon_t\rangle$.

Summing up this means, that in our particular formal framework (in particular our notion of state) the verbal requirements cannot be fulfilled.

Several conclusions can be drawn from this observation:

(1) The verbal requirements are inconsistent.

(2) We should use another definition of state.

Actually we have tried other definitions without finding one not leading to "inconsistencies". It is likely to be the case that there is no other definition. In particular, we feel ours to be a "straightforward" formalization of the informal requirements.

(3) (*) only is supposed to hold for the "normal" cases (and that the borderline cases simply have been forgotten about).

No matter which conclusion is drawn, a situation like this in any case should involve a thorough discussion between the respective partners in the specification.

As a final remark, we would like to add that these considerations might be considered as a kind of post-justification for the decision not to deal with the combination ku in the previous section. (However, we did not know about the troubles in advance.)

3.3. Mapping concrete to abstract input

Here we have to deal with the question of how abstract commands result from arbitrary input character strings[23])

For this purpose we define a function

parse: sequ char ⟶ sequ command

(where command is supposed to comprise in addition to the commands mentioned in the verbal requirements also the error command introduced earlier.)

Using the same techniques and kind of reasoning as above for "correct" input sequences we have

∀ sequ char s, command c, sequ(alpha¦{bs}) t_1,t_2, sequ(digits¦{bs}) t_3,
sequ(alpha¦{bs}¦{esc}) t_4, digit d:

(where alpha ≡ letters¦digits¦blank)

parse(ε) = ε

c ε {b,e,k,u,f,w} ⇒ parse(c&sc) = c&parse(sc)

parse({bs}&sc) = parse(sc)

$pa(t_1) \neq \varepsilon \wedge pa(t_2) \neq \varepsilon \wedge top(t_1) \neq \{bs\} \Rightarrow$
$parse(m\&t_1\&\{cr\}\&t_2\&\{cr\}\&sc) = m(pa(t_1),pa(t_2))\&parse(sc)$

$parse(i\&t_1\&\{cr\}\&sc) = i(pa(t_1)\&\{cr\})\&parse(i\&sc)$

$parse(i\&t_1\&\{esc\}\&sc) = i'(pa(t_1))\&parse(sc)$

$pa(t_1) \neq \varepsilon \wedge top(t_1) \neq \{bs\} \Rightarrow parse(s\&t_1\&\{cr\}\&sc) = s(pa(t_1))\&parse(sc)$

$pa(t_1) \neq \varepsilon \wedge top(t_1) \neq \{bs\} \Rightarrow parse(a\&t_1\&\{cr\}\&sc) = a(pa(t_1))\&parse(sc)$

c ε ({m,s,a} ∪ digits) ⇒ parse(c&{bs}&sc) = parse(sc)

$pa(t_3) \neq \varepsilon \wedge sig \in \{+,-\} \Rightarrow parse(t_3\&sig\&sc) = sig(conv(pa(t_3)))\&parse(sc)$

---

23) A related though slightly different approach can be found in [Gnatz 82]. There, in particul r the problem of developing a program from such a specification is faced.

In order to complete this specification, of course, we have to specify the (hidden) auxiliary function pa which serves to model the effects of pushing the backspace key:

pa: sequ (alpha¦{bs}) ⟶ sequ alpha

pa(ε) = ε

c ∉ {{cr},{bs},{esc}} ⇒ pa(sc&c&{bs}) = pa(sc) **co** erase previous char. **co**

c ∈ {{cr},{esc}} ⇒ pa(sc&c&{bs}) = pa(sc)&c **co** {bs} has no effect on {cr} **co**

pa(sc&{bs}&{bs}) = pa(pa(s&{bs})&{bs}) **co** one {bs} erases one previous char. **co**

For the other hidden function we used, viz. conv, we have

conv: sequ digits ⟶ int

<<conversion of a digit string into an integral number>>

where giving a formal counterpart for the informal characterization in <<..>> is a well-known student's exercise and hence left to the reader.

As in the previous section it remains to deal with erroneous situations[24], which can be divided into syntactically incorrect input and incomplete input.
Obviously, incomplete input has no effect whatsoever:

parse(m&t_1&{cr}&t_4) = ε[25]

c ∈ {m,a,s} ⇒ parse(c&t_4) = ε

parse(i&t_1) = ε

pa(t_4) ≠ ε ∧ top(t_4) ∈ digits ⇒ parse(t_4) = ε

In contrast to that, syntax errors essentially result in error commands ec:

c ∉ ({b,e,m,i,k,u,s,a,f,w} ∪ digits) ⇒ parse(c&sc) = ec&parse(sc)

pa(t_1)= ε ∨ pa(t_2)= ε ⇒ parse(m&t_1&{cr}&t_2&{cr}&sc) = ec&parse(sc)

co for a correct m command neither old nor new must be empty **co**

pa(t_4) ≠ ε ∧ top(t_4) ∈ digits ⇒ parse(t_4&{cr}&sc) = ec&parse(sc)

It is a straightforward (though not at all trivial) task now to prove that the set of all axioms for parse is sufficiently complete.

3.4. Final remarks on the particular example

Of course, in order to have a complete formal specification, it would be necessary also to specify the mapping unparse from abstract output to concrete output. However, this essentially can be done rather analogously to parse and, furthermore, shows no new aspects with respect to the specification technique and the methodology. Since, additionally, the verbal requirements lack specific information on output which in turn means that any formalization is pure design decision, we deliberately omit it here. A similar remark holds for that part which is characterized by the catchword "initialization" and comprises e.g. the initializations of the delete stack or the output sequence.

The axioms given for the particular example are actually in a form suited for term-rewriting systems (i.e. they could be used "from-left-to-right"). In this way,

---

24) which, again, are not explicitly dealt with in the informal requirements.

25) Note that "incomplete commands" can only occur as the "last" command.

certain algebraic specifications (such as ours) are well suited for "rapid prototyping" by just using an appropriate term-rewriting machine.

4. Concluding remarks

The purpose of our paper was a twofold:

First, we tried to exhibit that algebraic methods are a reasonable basis for requirements engineering by analyzing various requirements and statements on this important subject in software engineering.

Apart from this more philosophically based speech for the defense of algebraic methods we, secondly, also tried to convince by employing our algebraic tools in the specification of a non-trivial example, viz. a substantial part of a real-life interactive editor.

The application of our methods was not only successful in detecting (and consistently solving) open problems in the seemingly complete verbal specification, but also helped us in finding in these informal requirements some kind of inconsistency.

It should have become obvious from our presentation that (as a matter of fact) writing (correct) formal specifications is a complex task that requires a specialist (as in other subdisciplines of computer science). Hence, future efforts in requirements engineering should be directed towards developing suitable methodologies (see e.g. [Partsch, Pepper 83] or [Partsch, Laut 82]) to support the communication between this specialist and the customer, rather than working on ("pseudo"-) formalisms intended for the use by non-specialists.

5. References

[Balzer, Goldman 79]
Balzer, R., Goldman, N.: Principles of good software specification and their implications for specification languages. Proc. Specifications of Reliable Software, Cambridge, Ma., 1979

[Balzer et al. 78]
Balzer, R., Goldman, N., Wile, D.: Informality in program specifications. IEEE Transactions on Software Engineering SE-4:2, 94-103 (1978)

[Bauer 75]
Bauer, F.L.: Programming as an evolutionary process. Proc 2nd International Conference on Software Engineering, San Francisco 1976, p.223-234

[Bauer 81]
Bauer, F.L.: Programming as fulfilment of a contract. In: Henderson, P. (ed.): System Design. Infotech State of the Art Report, Series 9 Number 6, Maidenhead: Pergamon Infotech

Ltd. 1981, p.165-174
[Bauer, Wössner 82]
Bauer, F.L., Wössner, H.: Algorithmic language and program development. Berlin-Heidelberg-New York: Springer 1982
[Bauer et al. 81]
Bauer, F.L., Broy, M., Dosch, W., Geiselbrechtinger, F., Hesse, W., Gnatz, R., Krieg-Brückner,B., Laut, A., Matzner T., Möller, B., Partsch, H., Pepper, P., Samelson, K., Wirsing, M., Wössner, H.: Report on a wide spectrum language for program specification and development. Institut für Informatik der TU München, TUM-I8104, 1981
[Boehm 75]
Boehm, B.W.: The high cost of software. In: [Horowitz 75]
[Broy, Pepper 80]
Broy, M., Pepper, P.: Programming as a formal activity. IEEE Transactions on Software Engineering SE-**7**, 10-22 (1981)
[Broy, Wirsing 81]
Broy, M., Wirsing, M.: On the algebaic extensions of abstract data types. In: Diaz, J., Ramos, I.(eds.): Formalization of Programming Concepts. Lecture Notes in Computer Science **107**, Berlin-Heidelberg-New York: Springer 1981, pp.244-251
[Buxton, Randell 69]
Buxton, J.N., Randell, B.(eds.): Software engineering techniques. Report on a Conference Sponsored by the NATO Science Committee, Rome, Italy, October 27-31, 1969
[Ehrig, Fey 81]
Ehrig, H., Fey, W.: Methodology for the specification of software systems: from formal requirements to algebraic design specifications. In: Brauer, W.(ed.): GI - 11. Jahrestagung. Informatik-Fachberichte **50**, Berlin-Heidelberg-New York: Springer 1981, pp.255-269
[Ehrig et al. 82]
Ehrig, H., Fey, W., Hasler, K.P.: Algebraische Spezifikationen: Konzepte und Sprachen für die Software-Entwicklung. To appear in: "10 Jahre Informatik an der Universität Dortmund" 1982
[Gnatz 82]
Gnatz, R.: Funktionelle Spezifikation interaktiver Systeme und ihre Zerlegung in Teilsysteme. In: Wössner, H.(ed.): Programmiersprachen und Programmentwicklung. Informatik-Fachberichte **53**. Berlin-Heidelberg-New York: Springer 1982
[Guttag 75]
Guttag, J.V.: The specification and application to programming of abstract data types. University of Toronto, Department of Computer Science, Ph. D. Thesis, Report CSRG-59, 1975
[Guttag, Horning 80]
Guttag, J.V., Horning, J.J.: Formal specifications as a design tool. Proc. 7th Annual ACM Symp. on Principles of Programming Languages, Las Vegas, Nevada, 1980, p.251-261
[Henderson 81]
Henderson, P.: System design: analysis. Infotech State of the Art Report, Series 9, Number 6: System design. Pergamon Infotech Ltd, Maidenhead, 5-163 (1981)
[Hommel 80]
Hommel, G.(ed.): Vergleich verschiedener Spezifikationsverfahren am Beispiel einer Paketverteilanlage. Kernforschungszentrum Karlsruhe Bericht KfK-PDV 186, 1980
[Horowitz 75]
Horowitz, E.(ed.): Practical strategies for developing large software systems. Reading, Ma.: Addison-Wesley 1975
[IEEE 77]
Special collection on requirement analysis. IEEE Trans. on Software Eng. SE-**3**, 2-84 (1977)
[Jones 80]
Jones, C.B.: The role of formal specifications in software development. In: Wallis, P.J.(ed.): Life-cycle management. Infotech State of the Art Report. Pergamon Infotech Ltd., Maidenhead (1980)
[Kimm et al. 79]
Kimm, R., Koch, W., Simonsmeier, W. Tontsch, F.: Einführung in Software Engineering. Berlin-New York: de Gruyter 1979
[Kupka, Wilsing 73]
Kupka, I., Wilsing, N.: Functions describing interactive programming. In: Günther et al.(eds.): International Computing Symposium 1973, Amsterdam: North-Holland 1974
[Laut, Partsch 81]
Laut, A., Partsch, H.: Tuning algebraic specifications by type merging. In: Dezani-Ciancaglini, N., Montanari, U.(eds.): International Symposium on Programming, Turin,

Italy, 1982. Lecture Notes in Computer Science **137**, Berlin-Heidelberg-New York: Springer 1981, pp.283-304
[Lehman 80]
Lehman, M.M.: Programs, life cycles, and laws of software evolution. Proc. IEEE Vol. **68**, No. 9, 1980
[Lehman 79]
Lehman, J.H.: How software projects are really managed. Datamation, January 1979
[London, Feather 82]
London, P., Feather, M.: Implementing specification freedoms. Science of Computer Programming 1982
[Partsch, Laut 82]
Partsch, H., Laut, A.: From requirements to their formalization - a case study on the stepwise development of algebraic specifications. In: Wössner, H.(ed.): Programmiersprachen und Programmentwicklung. Informatik-Fachberichte **53**. Berlin-Heidelberg-New York: Springer 1982, p.117-132
[Partsch, Pepper 83]
Abstract data types as a tool for requirement engineering. This volume 1983
[Pepper et al. 82]
Pepper, P.,Broy, M., Bauer, F.L.,Partsch, H., Dosch, W., Wirsing, M.: Abstrakte Datentypen: Die algebraische Spezifikation von Rechenstrukturen. Informatik-Spektrum **5**, 107-119 (1982)
[Royce 75]
Royce, W.W.: Software requirements analysis: sizing and costing. In: [Horowitz 75]
[Schwartz 75]
Schwartz, J.I.: Construction of software: problems and practicalities. In: [Horowitz 75]
[Staunstrup 81]
Staunstrup, J.(ed.): Program specification. Lecture Notes in Computer Science **134**, Berlin-Heidelberg-New York: Springer 1981
[Swartout 82]
Swartout, W.: GIST English translator. Proc AAAI 82, August 1982
[Turski 78]
Turski, W.M.: Computer programming methodology. London: Heyden and son Ltd 1978
[Wasserman 80]
Wasserman, A.I.: Information system design methodology. Journal of the American Society for Information Science **3**:1 (1980)
[WG 2.1 79]
Working material of the IFIP WG 2.1 meeting, Brussels, Belgium, December 17-21, 1979
[Wirsing et al. 80]
Wirsing, M., Pepper, P., Partsch, H., Dosch, W., Broy, M.: On hierarchies of abstract data types. Institut für Informatik der TU München, TUM-I8007, 1980. Also to appear in Acta Informatica 1983
[Yeh, Zave 80]
Yeh, R.T., Zave, P.: Specifying software requirements. Proc. IEEE Vol. **68** No. 9, 1980
[Zave 79]
Zave, P.: A comprehensive approach to requirements problems. Proc. COMPSAC 79, Chicago, Ill., November 6-8, 1979

Systematische Aufgabenklärung am Beispiel Software

Bernd Kühnel, Günter Teuschler
Siemens AG, Erlangen

Zusammenfassung

Als ein Beitrag zur Spezifikation von Automatisierungssystemen wird eine Methode zur systematischen Aufgabenklärung vorgestellt. Diese Methode ist Teil einer durchgängigen, rechnergestützten Software-Verfahrenstechnik, mit deren Entwicklung im Unternehmensbereich Energie- und Automatisierungstechnik der Siemens AG für die Software- und Firmwareerstellung begonnen wurde.

Bei der Methode zur systematischen Aufgabenklärung wird die eigentliche Aufgabe in ihrem Umfeld gesehen und von diesem abgegrenzt. Aus dieser Abgrenzung wird die Struktur der Anforderungen für die Aufgabe entwickelt. Die Aufgabenklärung endet mit der Erarbeitung der groben DV-technischen Struktur (Realisierungsstruktur).

1. Verfahrenstechnik für Softwareerstellung

Im Laufe der letzten 15 Jahre hat sich das Problembewußtsein zur Softwareerstellung stetig gewandelt und von der strukturierten Programmierung bei der Implementierung über Entwurfsmethoden bis hin zu Spezifikationsverfahren und deren intensive Rechnerunterstützung verlagert. Darüberhinaus werden heutzutage Softwarevorhaben wie andere technische Vorhaben auch geplant und abgewickelt, d.h. sie unterliegen einem Projektmanagement.

Das wachsende Problembewußtsein, punktuelle Lösungsansätze, der Wunsch nach Rechnerunterstützung, die wachsende Komplexität und der damit steigende Aufwand für ein einzelnes Softwareprodukt, sowie die Tatsache, daß eine noch ständig zunehmende Anzahl von Mitarbeitern mit der Erstellung, Lieferung, Einsatzunterstützung und Pflege von Firmware und Software beschäftigt sind, führten zu der Forderung nach einer einheitlichen Software-Verfahrenstechnik.

Die Verfahrenstechnik soll einen geordneten Ablauf der Firmware- und Softwareerstellung sichern. Darüberhinaus soll sie technologiespezifische Ausprägungen für unterschiedliche

Einsatzbereiche ermöglichen und sich in übergeordnete Verfahrenstechniken z.B. zur Entwicklung von Automatisierungssystemen einordnen lassen. Voraussetzung für einen geordneten Erstellungsprozeß ist es, daß der Prozeß strukturiert wird. Dies geschieht durch Festlegen der Tätigkeiten, Zerlegen der Aufgaben und deren Bearbeitung geführt durch ein Phasenmodell. Dabei werden die Tätigkeiten durch Methoden und Werkzeuge für Projektsteuerung, Dokumentationssystematik und Softwareentwicklung unterstützt. Bei der Entwicklung der Verfahrenstechnik wurde der Schwerpunkt zunächst auf die Anfangsphasen der Softwareerstellung, nämlich die Planungsphasen und die Entwurfsphase gelegt, sowie auf eine Methodenfolge mit konsistenten Übergängen.

Die Verfahrenstechnik sieht als Entwicklungsmethoden vor

° in den Planungsphasen die Methode zur Aufgabenklärung AKL, deren Entwicklung auch von Vorhaben beeinflußt wurde, die in Japan durchgeführt wurden /Mat80/.

° für die Weiterführung des Systementwurfes eine Methode nach Structured Analysis and Design Technique SADT /Ros77/, einer bereits weit verbreiteten Technik.

° für den Programmentwurf die Methode Jackson Structured Programming JSP /Jac79/, eine ebenfalls weitverbreitete, datenstrukturorientierte Entwurfsmethode, mit der wir schon seit mehreren Jahren viele und gute Erfahrungen gesammelt haben /Her81/.

Allerdings garantiert erst ein abgestimmter Werkzeugverbund den sinnvollen Einsatz der Software-Verfahrenstechnik. Dazu werden Softwareerstellungsplätze (Entwicklungsrechner) benötigt, die miteinander und mit Hintergrundrechnern einen Verbund bilden. Solche "work- benches" sind der Kern einer jeden Softwareerstellungsumgebung /Hün81/.

Teile der Verfahrenstechnik werden zur Zeit intern erprobt. Nachfolgend wird davon die oben genannte Methode AKL beschrieben.

2. Systematische Aufgabenklärung mit AKL

Von der Güte einer Aufgabenklärung bei Software hängen der Erfolg und die Effizienz eines Projektes ab, denn bekanntlich sind Fehler, die in diesem Stadium unterlaufen, hartnäckig und teuer, zumal bei einem Anlagenprojekt die Entwicklung der Automatisierungssoftware nur ein Teil des Anlagenengineering ist, aber das Funktionieren des Systems ganz wesentlich bestimmt.

Über eine Aufgabenstellung sollte also zwischen den Beteiligten, nämlich Auftraggeber und Auftragnehmer, frühzeitig ein nachvollziehbares gemeinsames Verständnis vorliegen, das in vertraglichen Vereinbarungen, wie z.B. einem Lastenheft und Pflichtenheft festgeschrieben wird. Hierfür liefert AKL eine methodische Basis in den frühen Phasen der Entwicklung.

AKL soll dazu beitragen, eine Softwareaufgabe und ihre Nahtstellen zur Umgebung zu präzisieren und zu strukturieren, so daß ihre Realisierung und eine problemlose Abwicklung des Projekts ermöglicht werden.

Von der technologisch orientierten und formulierten Aufgabenstellung zur DV-technischen Realisierung ist es u.U. ein großer Schritt, der nicht auf einmal beherrschbar ist. Der Weg von einer Aufgabe zu einer Realisierung wird dann als eine Folge von Transformationen der Struktur der Aufgabe mitsamt ihren Daten und Nahtstellen angesehen, wobei zu jeder Transformation eine Menge wohlunterschiedener Randbedingungen gehört.

Mit AKL wird in diesem Sinne nicht nur ein einziges Modell der Aufgabe erarbeitet, sondern falls nötig eine zusammenhängende Folge von Modellen. Dies ist u.E. eine spezifische Eigenschaft von AKL gegenüber vielen anderen Spezifikationsverfahren.

Selbstverständlich ist AKL kein selbsttätiger "Mechanismus"; die Anwendung einer Methode zur Aufgabenklärung erfordert immer systematisches und analytisches Vorgehen, sowie erhebliche Erfahrung, sowohl mit den Technologien der Aufgabe als auch mit der Technologie der Datenverarbeitung.

2.1 Beschreibung der Methode

Die Methode AKL sieht vor, für eine gestellte Aufgabe stufenweise einen Lösungsansatz zu erarbeiten. Dieses stufenweise Vorgehen wird in den folgenden Abschnitten erläutert und an einem Beispiel (Paketverteilanlage) verdeutlicht.

AKL kennt vier Bearbeitungsschritte; einen Überblick vermittelt Bild 2.1/1, das im weiteren auch zu den Erläuterungen herangezogen wird. Die Darstellungsmittel bei AKL sind wie bei anderen Methoden heutzutage gemischt aus Text- und Graphikelementen. Im einzelnen werden Diagramme für Baumstrukturen und Kommunikation, Texte und Listen für Aufgabenbeschreibungen und Datenbeschreibungen verwendet. Bei jedem mit AKL entwickelten Modell bildet die Baumstruktur mit den zugehörigen Unterlagen eine Beschreibungseinheit (Bild 2.1/2).

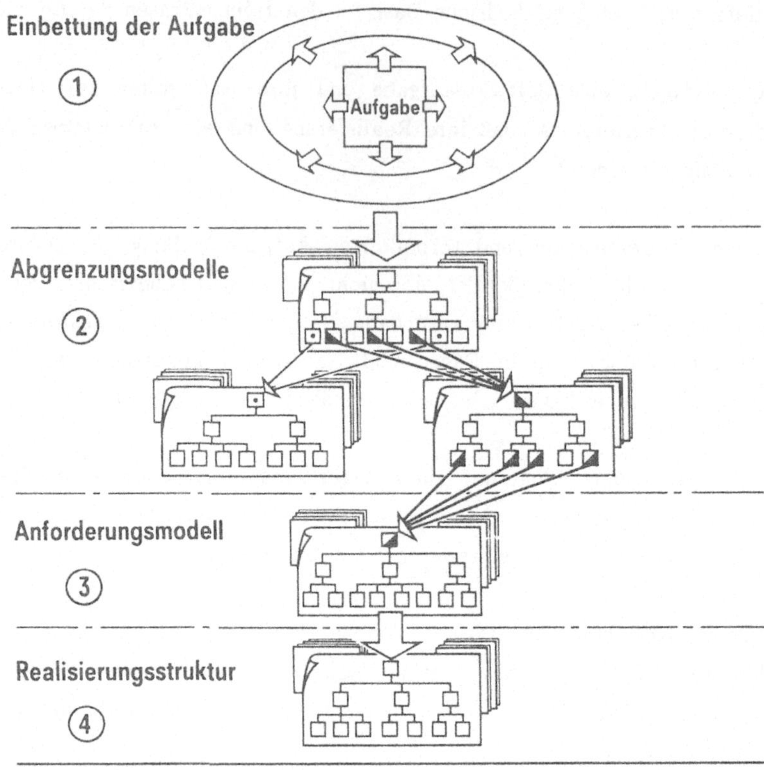

Die vier Schritte der Methode AKL Bild 2.1/1

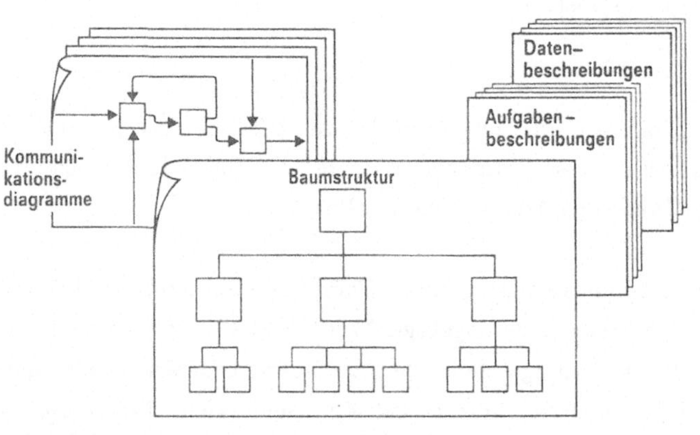

Methode AKL:
Standardunterlagen der Modelle Bild 2.1/2

2.1.1 Schritt 1: Einbetten der Aufgabe

Die Betrachtung setzt zunächst gar nicht mit der Analyse der eigentlichen Aufgabe ein. Die erste Tätigkeit ist es vielmehr, die Einbettung dieser Aufgabe in ihr Umfeld aufzuzeigen. Dazu wird die eigentliche Aufgabe benannt, dann wird das Umfeld in die Aufgabe miteinbezogen und eine übergeordnete Aufgabenstellung formuliert. Dabei werden aus diesem Umfeld Aufgaben, Daten und Schnittstellen mit berücksichtigt. Dieser Vorgang wird sooft wiederholt, bis die wesentlichen Beziehungen der Aufgabe zu ihrer Umwelt erfaßt sind und die Gesamtaufgabenstellung formuliert ist (Bild 2.1/1 Teil 1). Das kann z.B. die Funktion des Automatisierungssystems eingebettet in die technologische Struktur der Anlage sein.

Diese stufenweise Einbettung ermöglicht bei den Abgrenzungen im nächsten Methodenschritt eine hierarchische Betrachtung der Aufgaben und Schnittstellen.

Beispiel:

Gegenstand der Aufgabenklärung sei die Aufgabe aus /Hom80/, die Software für die Steuerung einer automatischen Paketverteilung in einem Postamt zu erstellen. Diese Anlage führt eine Verteilung bis in Zielstationen durch. Sie hat eine Eingangsstation mit Freigabemechanismus und Zieldekodierung für die Pakete. Die einzelnen Verteilstationen (Weichen) können die Pakete nicht identifizieren, aber den Durchlauf von Paketen feststellen (Bild 2.1/3). In den Zielstationen werden die Pakete gesammelt; Fehlläufer werden gemeldet.

Die Softwareaufgabe "Paketverteilung steuern" hat Schnittstellen zur Rechner-Hard-

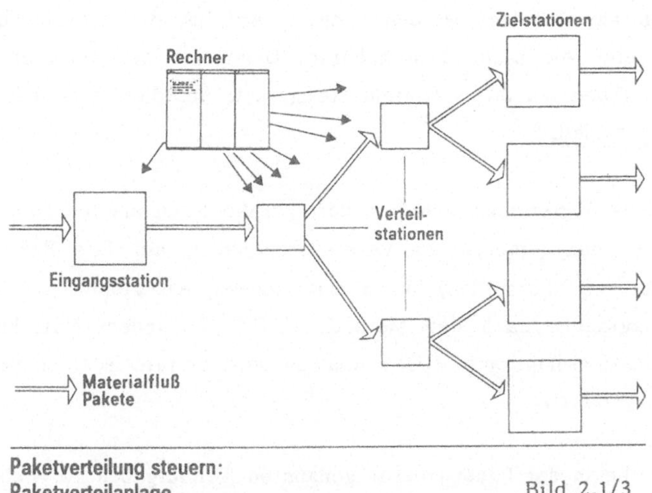

Paketverteilung steuern:
Paketverteilanlage

Bild 2.1/3

ware und muß deshalb in die übergeordnete Aufgabe "Paketverteilanlage steuern" (mittels Prozeßrechner) eingebettet werden. Diese Aufgabe ist ihrerseits in die Gesamtaufgabe "Pakete verteilen" (mittels einer Verteilanlage im Postamt) einzubetten. Die eigentliche Aufgabe wird also in diesem Beispiel zweifach eingebettet (Bild 2.1/4).

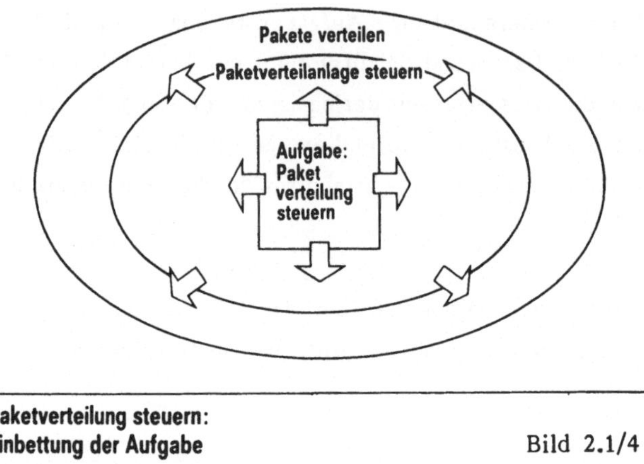

Paketverteilung steuern:
Einbettung der Aufgabe Bild 2.1/4

2.1.2 Schritt 2: Erstellen der Abgrenzungsmodelle

Mit der Fragestellung "Was gehört zur Aufgabe und was nicht?" wird die in Schritt 1 festgelegte Gesamtaufgabenstellung analysiert. Die Gesamtaufgabe wird in eine Hierarchie von Teilaufgaben zerlegt. Kriterium für diese Zerlegung ist die Zugehörigkeit oder Nicht-Zugehörigkeit einer Teilaufgabe zur eingebeteten Aufgabenstellung. Die Teilaufgaben werden in einer Baumstruktur angeordnet (vgl. Bild 2.1/1 Teil 2). Die Zerlegung endet, wenn keine Teilaufgabe mehr zerlegt werden kann in Anteile, die zur eingebetteten Aufgabe gehören, und Anteile, die nicht dazu gehören. Damit ist die eingebettete Aufgabe als Menge von Teilaufgaben von ihrem Umfeld abgegrenzt. Aus diesem Grunde spricht man von einem Abgrenzungsmodell.

Zur Erstellung eines Abgrenzungsmodells gehört es, die Komponenten einer jeden Ebene der Baumstruktur, die einen gemeinsamen Vaterknoten haben, auf ihre Beziehungen untereinander (Kommunikation, Nahtstellen) hin zu untersuchen. Als graphisches Darstellungsmittel dienen hierzu Diagramme nach der Methode SADT. Zu jedem Vaterknoten gehört ein solches Kommunikationsdiagramm. Diese Analyse wird hierarchisch, ebenenweise von oben nach unten, durchgeführt.

Daneben werden alle in der Baumstruktur genannten Teilaufgaben textlich beschrieben und die relevanten Daten der Nahtstellen in einem Datenlexikon beschrieben. Als Ergebnis eines Analysevorgangs liegen somit immer vier Arten von Unterlagen vor: Baumstrukturen, Kommunikationsdiagramme, Aufgabenbeschreibungen und Datenbeschreibungen (vgl. Bild 2.1/2).

Zur Kennzeichnung dessen, was innerhalb der Gesamtaufgabe für die Lösung der eigentlichen Aufgabe relevant ist und was nicht, werden in der Baumstruktur eines Abrenzungsmodells alle diejenigen Komponenten markiert, die für die nächste eingebettete Aufgabe eine Rolle spielen. Diese markierten Komponenten werden dann zusammengefaßt und stellen die eingebettete Aufgabe dar (Bild 2.1/1 Teil 2).

Die nicht markierten Komponenten müssen für die weitere Klärung der Aufgabe nicht bearbeitet werden. Möglicherweise können sie aber zu einer Aufgabe oder mehreren Aufgaben vereinigt werden, die dann Gegenstand einer eigenen Aufgabenklärung sind. Auf diese Weise können Aufgaben als Teilprojekte im Rahmen einer größeren Aufgabe, nämlich eines Gesamtprojektes bearbeitet werden, z.B. auch die Aufteilung einer Automatisierungsaufgabe in Hardware- und Software-Anteile.

Entsprechend der Zahl der Einbettungen aus Schritt 1 sind weitere Abgrenzungsmodelle zu erstellen, bis die eigentliche Aufgabe abgegrenzt ist.

Beispiel:

Wie die Einbettung vorschreibt, wird die Gesamtaufgabenstellung "Pakete verteilen" in Teilaufgaben zerlegt unter dem Gesichtspunkt, welche Aufgaben mit "Paketverteilanlage steuern" zu tun haben und welche nicht. Die zugehörige Baumstruktur des ersten Abgrenzungsmodells zeigt Bild 2.1/5. Des weiteren müssen zu allen Teilauf-

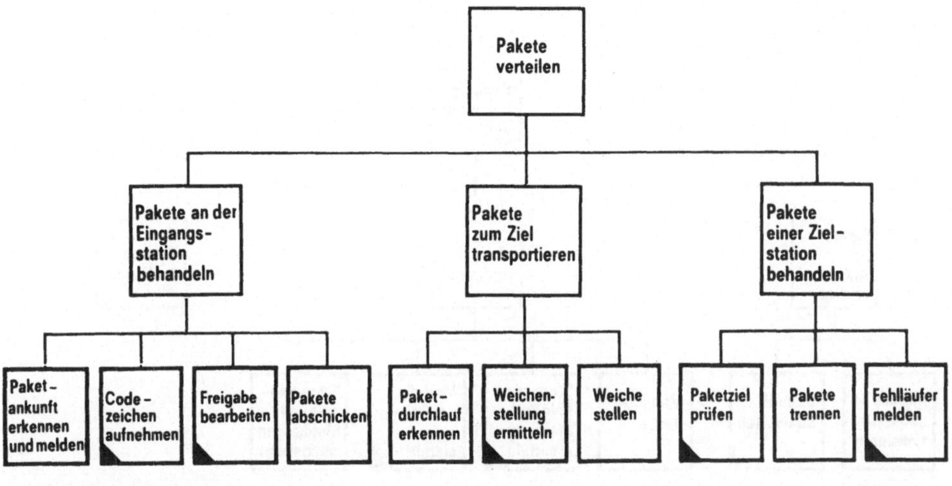

Paketverteilung steuern:
Baumstruktur des 1. Abgrenzungsmodells Bild 2.1/5

gaben die Kommunikationsdiagramme, die Aufgaben- und die Datenbeschreibungen erarbeitet werden.

Die in diesem Abgrenzungsmodell markierten Komponenten der Gesamtaufgabe "Pakete verteilen" werden zur Aufgabe "Paketverteilanlage steuern" zusammengefaßt (Bild 2.1/6).

Nun wird analog das zweite Abgrenzungsmodell entwickelt. Die eben abgegrenzte Aufgabe wird analysiert mit dem Ziel, die eigentliche Aufgabe "Paketverteilung steuern" abzugrenzen. Es wird eine neue Baumstruktur erarbeitet, und die relevanten Komponenten werden markiert (Bild 2.1/7). Auch bei diesem Modell müssen alle

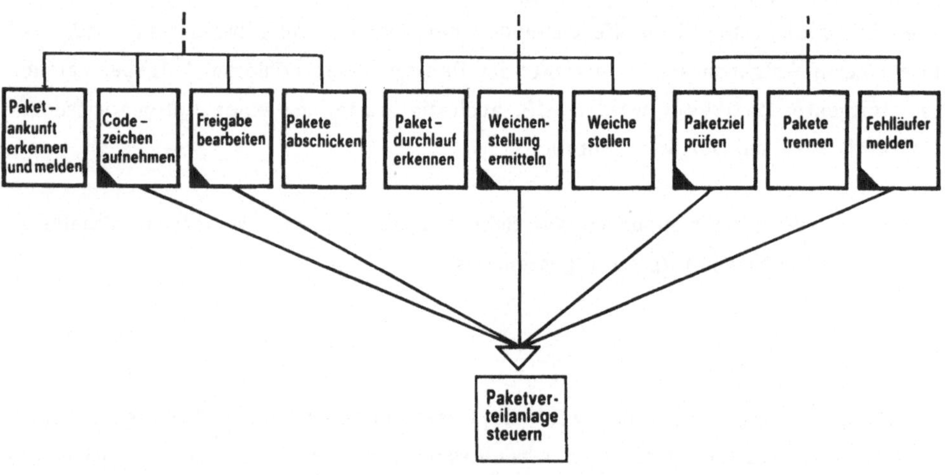

Paketverteilung steuern:
Zusammenfassen zur eingebetteten Aufgabe (Aus 1. Abgrenzungsmodell) Bild 2.1/6

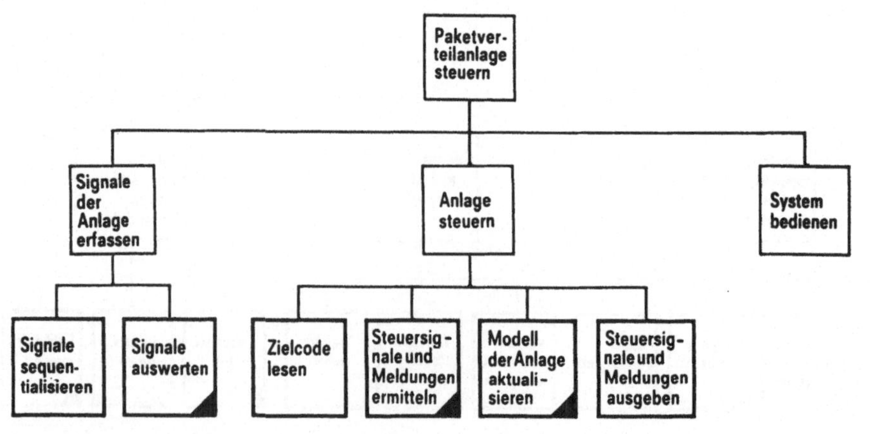

Paketverteilung steuern:
Baumstruktur des 2. Abgrenzungsmodells Bild 2.1/7

genannten Unterlagenarten erzeugt werden.

Damit sind entsprechend der zweifachen Einbettung die Abgrenzungsmodelle für das Beispiel erarbeitet.

2.1.3 Schritt 3: Erstellen des Anforderungsmodells

In einem weiteren Schritt werden unter der Fragestellung "Was soll das zu erstellende Produkt leisten?" die die eigentliche Aufgabe betreffenden Teilaufgaben zusammengefaßt wie in Schritt 2 und neu strukturiert als Anforderungsmodell (Bild 2.1/1 Teil 3). Dabei werden alle Anforderungen bezüglich Teilaufgaben, Nahtstellen und Randbedingungen, die durch die Abgrenzungen erarbeitet wurden, in dieses Modell eingebracht.

Zweck des Anforderungsmodells ist es, für das zukünftige Produkt genau definierte Anforde- rungen zu beschreiben; dabei geht es noch nicht darum, wie das Produkt realisiert wird. Für die Beschreibung dieses Modells wird die eigentliche Aufgabe hierarchisch in Teilaufgaben zerlegt. Die Zerlegung endet, wenn die Anforderungen an das Produkt eindeutig dargestellt sind. Die Darstellungsmittel sind hier ebenfalls Baumstruktur, Aufgaben- und Datenbeschreibungen und Kommunikationsdiagramme.

Beispiel:

Die Auswertung der Abgrenzungsmodelle ergibt die Anforderungen, die an das Produkt "Paketverteilung steuern" gestellt sind. Diese lassen sich im wesentlichen drei Teilaufgaben zuordnen:

- Eingangsstation steuern
- Verteilstation steuern
- Fehlläufer melden

Daraus läßt sich ein Anforderungsmodell erarbeiten, dessen Baumstruktur in Bild 2.1/8 dargestellt ist.

2.1.4 Schritt 4: Erstellen der Realisierungsstruktur

Der letzte Schritt innerhalb der Methode AKL besteht darin, ausgehend vom Anforderungs-

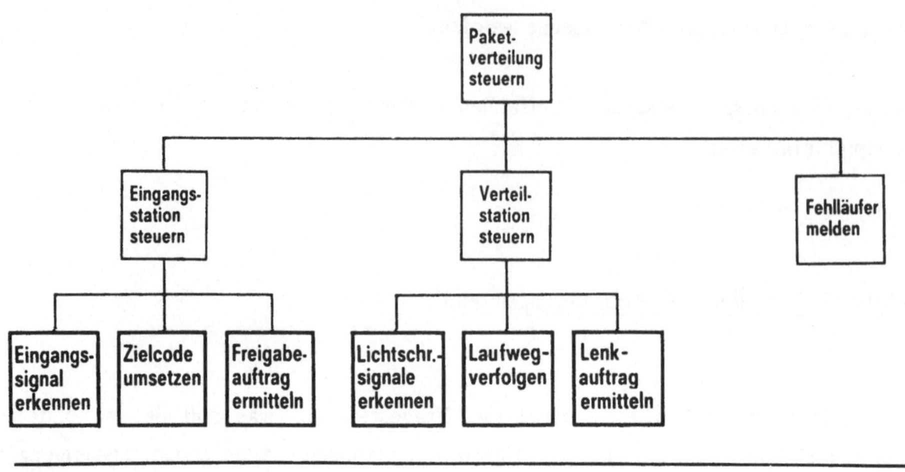

Paketverteilung steuern:
Baumstruktur des Anforderungsmodells Bild 2.1/8

modell die grobe Struktur des zukünftigen Systems zu entwerfen. Die neue Fragestellung lautet: "Wie soll das System realisiert werden?" Die zu entwickelnde Struktur heißt deswegen Realisierungsstruktur (Bild 2.1/1 Teil 4). Beim Erstellen dieser Struktur geht es darum, wie das Programmsystem funktional aufgebaut wird, damit es die im Anforderungsmodell formulierten Aufgaben erfüllt.

Die Struktur des Anforderungsmodells und die Realisierungsstruktur weisen dabei nicht immer einen analogen Aufbau auf, da das Anforderungsmodell oft technologisch orientiert ist. Dagegen können für die Realisierungsstruktur beispielsweise DV-technische Kriterien wie Modularisierung, Platz- und Zeitrestriktionen oder Verteilung auf mehrere Rechner prägend sein, oder die Tatsache, daß für Teilaufgaben bereits fertige Software vorliegt, die in das Programmsystem eingebunden werden kann.

Das methodische Vorgehen mit AKL endet, wenn die Realisierungsstruktur mit den zugehörigen Daten- und Aufgabenbeschreibungen und Kommunikationsdiagrammen soweit entwickelt ist, daß die Realisierbarkeit der Aufgabe den Beteiligten aufzeigbar ist. Die entstandene Baumstruktur mit den zugeordneten Beschreibungen stellt das DV-technische Grobkonzept, den groben Systementwurf, dar.

Beispiel:

Im Paketverteilungsbeispiel wurde für die Realisierung eine Aufteilung des Programmsystems in die drei folgenden Hauptkomponenten erarbeitet.

- Interrupt bearbeiten
- Eingangsstation behandeln
- Verteilstation behandeln

Die Baumstruktur davon zeigt Bild 2.1/9.

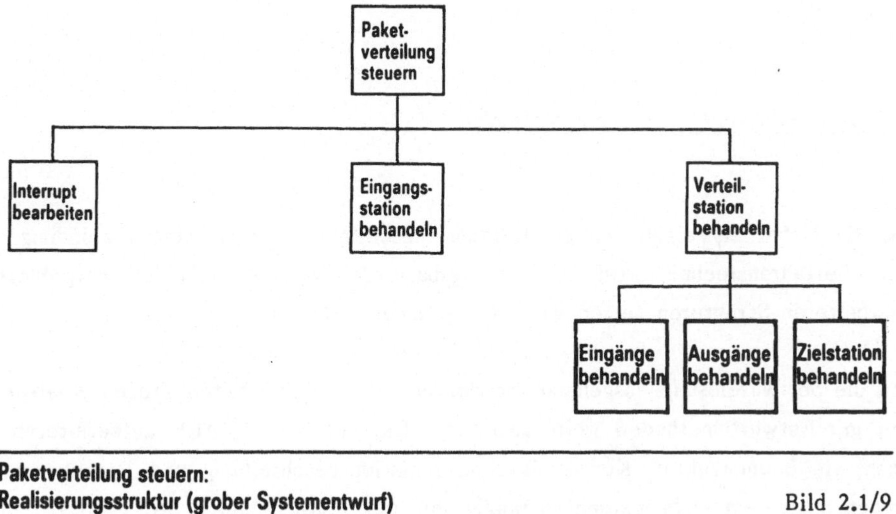

Paketverteilung steuern:
Realisierungsstruktur (grober Systementwurf) Bild 2.1/9

2.1.5 Sichern der Konsistenz der Modellübergänge

In den vorangehenden Abschnitten wurde beschrieben, wie die einzelnen Modelle aufeinander aufbauend entwickelt werden bis hin zur Realisierungsstruktur. Die Frage lautet "Wie wird dabei die Konsistenz dieser Transformationen erreicht?"

Die Methode AKL liefert hierzu bereits Voraussetzungen:

- o Das Einbetten sichert, daß die Abgrenzungsmodelle "konzentrisch" zur eigentlichen Aufgabe von innen nach außen gewählt werden, und damit, daß der Weg von außen nach innen eindeutig festgelegt ist.

- o Das Zerlegen in Teilaufgaben, die zur nächsten eingebetteten Aufgabenstellung gehören, und solche, die nicht dazugehören, sichert, daß gezielt auf die eigentliche Aufgabe hingearbeitet wird.

- o Die Zusammenfassung von markierten Komponenten zu einer eingebetteten Aufgabe überträgt alle externen Nahtstellen der markierten Komponenten auf die eingebettete Aufgabe. Hierfür läßt sich nach /Mat82/ ein weiteres Kommunikationsdiagramm zeichnen, daß diesen Syntheseschritt veranschaulicht. Dabei dürfen keine Nahtstellen zur Umwelt verloren gehen oder zusätzlich gefunden werden. Alle internen Nahtstellen, auch aus unterschiedlichen Zerlegungsebenen, müssen zueinander passen.

Darüberhinaus muß überprüft werden, ob die ausgewählten Teilaufgaben im Folgemodell enthalten sind, wobei zu beachten ist, daß die Aufgaben neu strukturiert sein können.

2.2 AKL im Verbund mit weiteren Methoden

AKL wurde bisher als eigenständige Methode beschrieben. Durch eine Einbindung in die Software-Verfahrenstechnik wird die Wirkungsbasis der Methode erheblich vergrößert. Auf den erarbeiteten Strukturen setzen weitere Methoden auf.

So wird die Softwarelösung ausgehend von der mit AKL entwickelten groben Realisierungsstruktur mit Entwurfsmethoden weitergetrieben. Die bereits mit AKL aufbereiteten Informationen wie Baumstruktur, Kommunikation, Funktionsbeschreibung und Datenbeschreibung des groben Systementwurfs werden vorrangig mit der Methode nach SADT konsistent weiterentwickelt, bis der funktionale Systementwurf erarbeitet ist. Dabei können weitere Darstellungsmittel und Teile von Methoden wie Modularisierungskriterien, Datenabstraktionen oder Netzdarstellungen für Kommunikations- und Kausalpläne eingesetzt werden. Die so erarbeiteten Systemteile (Programme, Moduln) werden dann mit der Methode JSP entworfen. Die benötigten Daten, die beim Entwerfen mit JSP problemorientiert strukturiert werden müssen, sind bereits im Datenlexikon beschrieben.

Als zentrale Einrichtung für eine systematische Dokumentation dient eine Projektbibliothek. In ihr werden entsprechend einem hierarchischen Projektstrukturplan, der auch durch die mit AKL erarbeiteten Strukturen geprägt ist, alle Unterlagen abgelegt und mit den zugehörigen Aktivitäten verwaltet, die während des Projektes anfallen. So werden in der Projektbibliothek die mit AKL erarbeiteten Abgrenzungs- und Anforderungsmodelle als "Aufgabenstruktur" - und damit als technischer Anteil des Lastenhefts - und der Lösungsansatz als "Realisierungsstruktur" - und damit als technischer Anteil des Pflichtenhefts - geführt und bis zu Implementierung und Test weiterentwickelt. Die Projektbibliothek ist das zentrale Kommunikationsinstrument für alle Projektbeteiligten; sie verwaltet die Unterlagen mit deren Zugriffsrechten und Bearbeitungszuständen und schafft somit die Voraussetzung für geordnete frühzeitige Aufwandsschätzungen, Kalkulationen und Qualitätsprüfungen. Diesen Aufgaben kann eine Projektbibliothek nur dann umfassend gerecht werden, wenn sie rechnergestützt ist, wenn jeder Bearbeiter über einen Softwareerstellungsplatz schnellen und gesicherten Zugriff zu seinen Unterlagen hat.

Die mit AKL entwickelten Modelle und die zugeordneten Unterlagen werden nicht nur für die "Vorwärts-Entwicklung" benötigt, sondern auch zur Bearbeitung von Änderungsanforderungen. Der Einflußbereich solcher Änderungen und deren Auswirkungen müssen systematisch ermittelt werden. Dazu muß u.U. angefangen bei Einbettung und Abgrenzungsmodellen der gesamte AKL-Weg nachvollzogen werden. Dies ist möglich, da alle Unterlagen geordnet in der Projektbibliothek verfügbar sind.

Im Zusammenhang mit dem Lösungsweg für Softwareaufgaben stellt sich die Frage, wo bei diesem Vorgehen die Realzeitbelange berücksichtigt werden. In der Aufgabenstellung und bei der Aufgabenklärung sind Aussagen über das Realzeitverhalten der Lösung Einflußgrößen und Randbedingungen wie andere auch (z.B. Programmgröße, Bedienoberfläche, Komfort). Bei AKL sind dafür keine speziellen Darstellungsmittel erforderlich, da die Realzeitbelange zunächst in die Beschreibung der Aufgaben und Daten aufgenommen werden. Ihre Auswirkungen auf die Aufgaben- und Realisierungsstruktur wird erst anschließend bearbeitet.

2.3 Erfahrungen mit der Methode AKL

Die Methode AKL wurde aufsetzend auf /Mat80/ im Laufe des Jahres 1982 entwickelt und befindet sich zur Zeit in der Erprobung. Auf eine industrielle Praxis bezüglich abgeschlossener Projekte kann folglich noch nicht zurückgegriffen werden, jedoch wird AKL bei mehreren verschiedenartigen technologischen Aufgabenstellungen angewendet.

Hierzu war es notwendig, die Mitarbeiter in AKL zu schulen. Dies erfolgte in 3-tägigen firmeninternen Kursen. Dabei zeigte sich die halbformale Darstellung als sehr anwenderfreundlich. Formale Methoden haben zur Zeit in der Praxis noch geringe Bedeutung.

Gegenüber anderen Spezifikationsverfahren, die von der Aufgabenstellung bis zur Realisierung nur mit einer einzigen Struktur arbeiten, erweisen sich die Einbettung in ein Umfeld und die Modelltransformationen mit ihren wechselnden Gesichtspunkten, unter denen die Aufgabe gesehen wird, als sehr praxisgerecht. Dies zeigt sich besonders im Dialog zwischen Auftraggeber und Auftragnehmer.

Anfängliche Schwierigkeiten mit dem Einbettungsverfahren umgeht man am besten, indem man zunächst mit der groben Strukturierung des Anforderungsmodells beginnt. Dabei erkennt man über die Nahtstellen zum Umfeld die Einbettungsmöglichkeiten.

Die Erfahrung zeigt, daß man bei der Erstellung der einzelnen Beschreibungskomponenten. z.B. der Baumstruktur, nicht streng hierarchisch vorgeht, sondern parallel an der Ausarbeitung aller Unterlagen der jeweiligen Detaillierungsstufe arbeitet, da sich die Beschreibungen wechselseitig ergänzen.

Die Effektivität und die Akzeptanz der Methode ist abhängig vom Einsatz geeigneter Werkzeuge. Für das Erstellen von Baumdiagrammen und SADT-Diagrammen werden zur Zeit

Pseudographiken auf Alpha-Bildschirmen eingesetzt. Für die Erfassung der umfangreichen Datenbeschreibungen wird an einem Datenlexikon-Programm gearbeitet. Darüber hinaus wird Vollgraphik mit Anschluß an die Werkzeuge der Verfahrenstechnik benötigt.

3. Ausblick

Die Methode der Aufgabenklärung AKL wurde geschaffen, um die technische Basis von Software-Projekten erarbeiten zu können.

Das beschriebene Verfahren zeichnet sich durch Modellbildung und Modelltransformation aus. Diese Vorgehensweise und die zugehörigen Beschreibungsmittel sind weitgehend anwendungsneutral. Folglich läßt sich AKL auch für Aufgaben außerhalb des Bereiches der Software-Technologie anwenden, so z.B. innerhalb großer Automatisierungsprojekte, wo die Hardwareanteile ebenfalls einer entsprechenden Aufgabenklärung bedürfen.

Literaturverzeichnis

/Bau81/ Baumann, R. (Hrsg.): Fachtagung Prozeßrechner 1981, Informatik Fachberichte 39. Berlin, Heidelberg, New York: Springer 1981

/Her81/ Herzog, M.; Kühnel, B.: Einsatz einer datenorientierten Entwurfsmethode in der Prozeßrechnerpraxis. In /Bau81/, S. 141-150

/Hom80/ Hommel, G. (Hrsg.): Vergleich verschiedener Spezifikationsverfahren am Beispiel einer Paketverteilanlage. Kernforschungszentrum Karlsruhe GmbH, PDV-Bericht KfK-PDV 186, August 1980

/Hün81/ Hünke, H. (Hrsg.): Software Engineering Environments, Symposium on (Lahnstein, Germany, 1980). Amsterdam, New York, Oxford: North-Holland 1981

/Jac79/ Jackson, M. A.: Grundsätze des Programmentwurfs. Darmstadt: S. Toeche-Mittler 1979

/Mat80/ Matsumoto, Y.; Kawakita, S.: A method to bridge discontinuity between requirements specification and design. Proceedings COMPSAC '80 IEEE, pp. 259-266

/Mat82/ Matsumoto, Y.: A Software Design Methodology: Bridge from Requirements Specification to Software Design. In Kitagawa, T. (Hrsg.): Computer Science & Technologies 1982. Ohm-North-Holland, pp. 175-192

/Ros77/ Ross, D. T.: Structured Analysis: A Language for Communicating Ideas. IEEE Transactions on Software Engineering, Jan. 1977, pp. 6-34

Prolog als Spezifikations- und Modellierungswerkzeug

Peter Schnupp
InterFace GmbH
München

1. Die Sprache Prolog

Prolog wurde etwa vor 10 Jahren von Kowalski entwickelt und von Colmerauer erstmals implementiert. Das Entwicklungsziel war eine Sprache für das "Programmieren in Logik". Sie sollte als Sprachkonstrukte im wesentlichen die Prädikatenlogik erster Ordnung in einer speziellen Ausprägung ("Horn-Klauseln", vgl. /KOWA79/) anbieten. Da die Prädikatenlogik keinen Algorithmus-Begriff kennt, ist Prolog in dem Sinne eine "nichtalgorithmische" Sprache, daß sie (fast) keine Sprachmittel zur Ablaufsteuerung, wie "while" oder "if-then-else" (und natürlich erst recht kein "goto") bereitstellt.

Das algorithmische Element (denn wie jede Programmiersprache muß auch Prolog das Formulieren von Algorithmen erlauben) wird durch die im Prolog-Interpreter festgeschriebene Auswertungsstrategie in die Sprache eingebracht, vergleichbar den ebenfalls durch einen Interpreter oder Generator festgelegten Abarbeitungsregeln eines Entscheidungstabellen-Systems. Dieser in Prolog festvereinbarte Algorithmus ist ein "Theorembeweiser": er faßt das Programm als logische Aussagen ("Fakten" und "Regeln") auf, mit denen eine Benutzereingabe "bewiesen" werden soll.

Aus der Sicht des Prolog-Anwenders am Terminal, der mit dem Prolog-System einen Frage-Antwort-Dialog führt, versteht das System seine Anfrage als logische Aussage. Ist sie, nach den im Programm und von ihm "konsultierten" Dateien abgelegten Aussagen, "wahr" (d.h. beweisbar), so antwortet das System mit "yes", andernfalls mit "no" (was nicht die Falschheit sondern nur die Unbeweisbarkeit der Aussage bedeutet). Enthält die Benutzerfrage Variablen, so versucht das System, diese so an Konstanten und logische Funktionen über ihnen zu binden (zu "unifizieren"), daß aus der Benutzeranfrage eine wahre Aussage entsteht. Damit kann Prolog auch als ein "intelligentes Datenbanksystem" aufgefaßt werden.

Unmittelbar einleuchtend ist dieses Sprachmodell für Expertensysteme und ähnliche Anwendungen im Bereich der künstlichen Intelligenz, auf das sich deshalb der Einsatz von Prolog bisher fast ausschließlich beschränkte. Erst das in den letzten Jahren aufgekommene Interesse an der formalen Spezifikation und am "Programmbeweis" bzw. der "Programmkonstruktion" auf ihrer Basis lenkte auch das Interesse der Softwaretechnologie auf diese Sprache. Beispiele für Prolog-Programme sind in /SCHN83, SCHN83a/ zu finden und sollen hier nicht wiederholt werden.

Ein Prolog-Programm ist eine formale Spezifikation auf der Basis der Prädikatenlogik erster Ordnung. Diese Grundlage bringt einige Eigenschaften mit sich, die für Spezifikationssprachen bisher zwar gefordert aber nur selten erreicht wurden. Dazu zählen vor allem die folgenden:

- Abstraktion vom Kontrollfluß: der Prolog-Spezifizierer kann den Kontrollfluß nur insofern festlegen, wie er semantisch wirklich relevant ist. Im wesentlichen sind dies der (rekursive) Prozeduraufruf ("Resolution logischer Terme" im Sprachmodell von Prolog) und das Ende einer Prozedur (das Sprachmittel des "cut").

- Abstraktion vom Datenfluß: ein logisches Prädikat unterscheidet nicht zwischen "Eingabe"- und "Ausgabe"-Parametern, und ebenso wenig tut dies Prolog. Das bedeutet, daß etwa ein in Prolog definiertes Prädikat "p(X,Y)" je nach der Bindung ("Unifizierung") seiner variablen Parameter X und Y bei seinem Aufruf ("Resolution") als logische Abfrage auf das Gelten der Relation p zwischen konstanten Parametern, als Regel für das Errechnen der Variablen X oder Y aus der jeweils anderen oder auch als Herstellung einer durch p gegebenen Beziehung zwischen den Variablen verstanden wird.

Die Semantik einer in Prolog geschriebenen Spezifikation ist durch den ebenfalls auf einfache Weise zu formalisierenden Interpreter /KOMO82/ exakt festgelegt.

Dies ermöglicht einen "Test" der Spezifikation. Fehler in ihr - vom einfachen Schreibfehler über syntaktische Irrtümer bis zum logischen Widerspruch - können so bereits beim Entstehen gefunden werden. Allein dies lohnt den Einsatz von Prolog: machen doch derzeit die während der Analyse und Spezifikation entstandenen logischen Fehler eines Softwareprodukts etwa zwei Drittel der gesamten Fehler aus.

In vielen Fällen kann jedoch eine in Prolog geschriebene Spezifikation eines Softwareprodukts auch bereits als sein Prototyp angesehen und genutzt werden. Dies erlaubt zu einem gewissen Grade, dem Benutzer das Verhalten des späteren Produkts bereits während der Spezifikation vorzuführen, oder u.U. sogar seine Nutzung und damit die Benutzerschnittstelle zu erproben.

2. Praktische Einsatzerfahrungen mit Prolog

Prolog wird in InterFace seit etwa einem Jahr als Sprache für die Spezifikation und für die Modellierung von Softwareprodukten genutzt. Die Erfahrungen, über die im folgenden berichtet werden wird, stammen im wesentlichen aus zwei Projekten, die hier kurz charakterisiert werden sollen.

Das eine, Leporello, zielt auf die Realisierung einer "persönlichen Datenbasis" zum Einsatz in Arbeitsplatzrechnern. Das spätere Produkt soll es dem Benutzer erlauben, auf dem Arbeitsplatzrechner eine Datenbasis zu halten, die weitgehend seinem bisherigen Terminkalender und Notizbuch entspricht, um in geeignet strukturierter und miteinander verknüpfter Form Daten über Termine, Personen, Adressen, Fakten usw. zu verwalten. Hierfür wurden in den letzten Jahren schon mehrere informelle Analysen und Spezifikationen angefertigt, die sämtlich nicht befriedigten. Die besonderen Schwierigkeiten der Anforderungsanalyse liegen hier einmal im Entwurf eines konsistenten und benutzerfreundlichen Dialogs mit dem Anwender, und zum anderen in der Konzeption eines befriedigenden Datenmodells, das möglichst alle Querverbindungen zwischen den verschiedenen, persönlichen Daten, etwa eines Managers, widerspiegeln und zudem leicht erweiterbar sein soll.

Das zweite Projekt ist die Implementierung eines interaktiven Systems zur Erstellung von Datenmodellen, welches später u.a. als Hilfsmittel zur Konstruktion der Datenbasis eines komplexen, graphischen Software-Engineering-Systems genutzt werden soll. Dieses System wurde BEKON als Abkürzung für "Begriffs-Konstruktor" genannt, da seine theoretische Grundlage die Begriffskonstruktion nach Ortner und Wedekind /ORTN83/ ist. Ähnlich wie bei Leporello ist auch hier die Analyse und Spezifikation schwierig. Weder ist genau bekannt, welche "konzeptionellen Schemata" für seine Datenbasen der spätere Benutzer dieses Systems erstellen will, noch existieren genaue Vorstellungen über die von ihm gewünschten Auswertungen, Darstellungsweisen und Änderungswünsche für diese Datenstrukturen. Auch wäre es sicher wünschenswert, das mit dem Werkzeug erstellte Datenmodell gleich als Steuertafeln für eine ihm entsprechende Datenbasis verwenden zu können. Ob und wieweit das möglich ist, läßt sich jedoch vermutlich nur durch Experimentieren mit einem Modell zuverlässig feststellen.

Beide Projekte haben gemeinsam, daß sie "innovativ" in Bezug auf die Benutzerschnittstelle sind. Es bestehen zwar ungefähre Vorstellungen, was das spätere Softwareprodukt für den Benutzer leisten und wie der interaktive Dialog des Anwenders mit den Systemen aussehen soll, eine Festschreibung der Benutzerschnittstelle, wie sie für einen klassischen Top Down-Entwurf nötig wäre, erscheint zum gegenwärtigen Zeitpunkt jedoch riskant. Zum einen ist es bei konzeptionell neuen

Systemen nahezu aussichtslos, die Wünsche der späteren Benutzer durch Befragung zu erfahren, da sie sich in der Regel das neue System noch wesentlich schlechter vorstellen können als der es konzipierende Softwaredesigner. So bleibt diesem - ohne ein interaktives Spezifikations- und Modellierungswerkzeug - nur der Weg, sich selbst ein "Benutzermodell" zurechtzulegen: die Erfolgswahrscheinlichkeit hierfür dürfte jedoch bei einem komplexeren Softwaresystem etwa der eines Tototips entsprechen. Zum zweiten birgt, wiederum vor allem bei komplexeren und innovativen Systemen, die Festschreibung einer Benutzerschnittstelle ohne jede Probe-Implementierung zumindest von Systemteilen die Gefahr, daß eine unglückliche Entwurfsentscheidung in der Benutzerschnittstelle komplexe und manchmal sogar unimplementierbare Realisierungen erzwingt.

Prolog wurde deshalb in BEKON vom ersten Tag an zur "formalen Skizzierung" der Datenstrukturen, der syntaktischen Prüfungen, der Verknüpfungen in der Datenbasis und zu ähnlichen Zwecken eingesetzt. Da hier die Erstellung des Datenmodells als das wesentliche Analyse- und Spezifikationsproblem erschien, wurde sowohl für die Erstellung von Testprogrammen als auch für die Auswertung der mit dem Modell erstellten konzeptionellen Schemata Prolog selbst als Programmier-, Anfrage- und Auswertungs-Sprache beibehalten.

Für Leporello war dagegen die Modellierung möglicher Alternativen für die Benutzerschnittstellen das schwierigere Spezifikationsproblem. Deshalb wurde hier vor allem die Spezifikation einer Dialogschnittstelle für eine zu entwickelnde Kommmandosprache erprobt, wobei Prolog selbst nur in einigen Details der "äußeren Syntax" der Kommandosprache durchscheint. Die beiden Projekte unterschieden sich somit dadurch, daß in BEKON Prolog für eine "Bottom Up"-, in Leporello hingegen für eine "Top Down"-Spezifikation eingesetzt wurde. Obwohl beide Projekte etwa gleichen Schwierigkeitsgrad haben dürften, machte die Spezifikation von Leporello wesentlich mehr Mühe, führte in mehr Irrwege und zeigte bei der Ausführung der Prologprogramme weit mehr und schwerer zu findende Fehler. Dies mag teilweise daran liegen, daß Leporello früher begonnen wurde und dadurch die Erfahrung mit Prolog noch geringer war. Tatsächlich sind vor allem die frühen Teile der Leporello-Spezifikation komplexer, unübersichtlicher und uneleganter als die von BEKON. Zu einem wesentlichen Teil dürfte dies jedoch an der Top Down-Vorgehensweise liegen. Ihre bekannten Probleme, daß sich während der Detailspezifikation und der Realisierung das Programmprodukt in eine ständig zunehmende Zahl unzusammenhängender Prozeduren für eine Unzahl nötiger Funktionen aufspaltet, von denen manche extrem schwer und aufwendig zu realisieren sind, trat hier bereits bei der Erstellung der lauffähigen Prolog-Spezifikationen auf und erzwang laufend Änderungen bis hinauf zur Benutzerschnittstelle. Dies spricht nicht gegen sondern für Prolog: genau diese Probleme entstehen in der traditionellen Entwicklungsmethodik erst beim Detaildesign und der Realisierung. Sie stellen dann den Entwickler vor den oft unlösbaren Konflikt, entweder wieder in die Spezifikationsphase einzutreten und damit einen großen Teil der bisher geleisteten Arbeit für nutzlos zu erklären, oder die aufgetretenen Schwierigkeiten mit ständig aufwendigerer und komplexerer Software zuzudecken. Die in dieser Situation zwangsläufig geschlossenen Kompromisse führen dann oft zu einem Softwareprodukt, das weder eine befriedigende Benutzerschnittstelle hat noch in ausreichender Qualität realisiert ist.

Im Gegensatz zu Leporello lief die Bottom Up-Spezifikation von BEKON geradezu verblüffend problemlos ab. Dies lag zum Teil auch daran, daß sich Prolog außerordentlich gut für den sukzessiven Aufbau von Testrahmen für jede spezifizierte Komponente eignet. Man kann in der Regel auf einer Seite ein Testprogramm formulieren, das alle für den Test relevanten Datenstrukturen generiert und die zu testenden Prozeduren der Reihe nach mit ihnen aufruft. Der Ablauf der Prozeduren kann dann mit den Prolog-Debug-Funktionen überwacht werden. Sie erlauben es, den Ablauf der Prozeduraufrufe und der übergebenen und zurückgelieferten Daten generell oder gezielt zu überwachen und damit sowohl Schreibfehler als auch logische Irrtümer und Unvollständigkeiten schnell zu finden.

Da die Testrahmen selbst in Prolog geschrieben sind, können sie bei der späteren Realisierung des Programms in einer konventionellen Programmiersprache auch gleich als Spezifikation für die vorzusehenden Testprozeduren dienen. Eine derartige Realisierung wurde jedoch bei beiden Projekten noch nicht begonnen. Für Leporello sind noch immer nicht alle Probleme mit der Benutzerschnittstelle befriedigend gelöst, und für BEKON reicht die derzeitige Realisierung als Prolog-Prototyp für die Konstruktion von Datenmodellen aus. Probleme mit der Effizienz und seiner Verwendung von Prolog als Benutzerschnittstelle dürften erst dann auftreten, wenn auf der Basis der mit ihm spezifizierten konzeptionellen Schemata die konkrete Datenhaltung aufgesetzt werden soll. Erst dann, wenn überhaupt, erscheint ein Ersetzen des Prototyps durch Realisierung der Prolog-Spezifikation in einer konventionellen Programmiersprache sinnvoll.

Diese allgemeinen Erfahrungen sollen nun noch durch einige speziellere ergänzt werden.

3. Hinweise zum Einsatz von Prolog

Gerade für den im "algorithmischen Denken" geschulten Programmentwickler ist das

Prolog zugrundeliegende Sprachmodell ungewohnt und erfordert ein "Umlernen". Dieser Prozeß dauerte beim Verfasser einige Monate - was nicht heißen soll, daß er nicht schneller Prolog einsetzen konnte: sein "prototyping" war solange nur noch nicht "rapid", und die von ihm erzeugten Programme noch kein "gutes Prolog", das leicht und schnell getestet und mit gutem Gewissen als Spezifikation einer Programmlogik bezeichnet werden konnte.

Im Folgenden sollen deshalb einige Erfahrungen aus dieser Lehrzeit niedergelegt werden, welche für andere Prolog-Anfänger die Lernzeit vielleicht verkürzen können.

Zuerst einmal sollte man nicht versuchen, Prolog an Hand eines Manuals zu erlernen. Der Grund ist, daß man als Programmierer die dort beschriebenen Sprachkonstrukte "algorithmisch uminterpretiert" und Fehler macht, deren Ursache man erst sehr langsam begreift. Das vielleicht beste Beispiel ist das Prolog-Konstrukt für die Implikation.

" p→q ; r. "

wobei p,q,r Prädikate oder auch Konjunktionen von Prädikaten (z.B. "q1,q2,q3" für q) sein können. Für einen Programmierer ist es nahezu selbstverständlich, dies als "if p then q else r" zu deuten. "Im Prinzip" ist das auch zutreffend. Nur bedeutet

" p→(q1,q2);(r1,r2),s,t. "

nicht etwa

```
" if p
    begin q1,q2 end
  else
    begin r1,r2 end
  s,t "
```

sondern

```
" if p
    begin q1,q2 end
  else
    begin r1,r2,s,t end ".
```

Der Grund ist einfach der, daß "," als das logische "und" stärker bindet als ";" als das logische "oder". Ist "algorithmisch" die erste Lesart gemeint, so muß man sie in Prolog als

" (p→q1,q2; r1,r2),s,t "

notieren; d.h. man muß das "if-then-else" selbst klammern, und nicht seine Zweige!

Deshalb sollte man zum Erlernen von Prolog unbedingt ein gutes Lehrbuch (mehrmals!) durchlesen, und zum Glück ist mit dem Werk von Clocksin und Mellish /CLOC81/ für Prolog eines der wohl besten Sprachlehrbücher überhaupt verfügbar. Hieraus sollte man eine Reihe der Beispiele ausprobieren; möglichst die "verblüffenden" - sie sind in der Regel kein schlechtes oder "getrickstes" Prolog, wie es etwa in APL-Lehrbüchern zuweilen zu finden ist. Sie verblüffen durchwegs nur solange, bis man den festgeschriebenen Prolog-Interpretationsalgorithmus in gleicher Weise internalisiert hat wie etwa die Kontrollkonstrukte gewohnter Programmiersprachen. Zu seinem Verständnis hilft wiederum das ebenfalls in dem genannten Buch ausführlich beschriebene "Boxen-Modell" des Kontrollflusses durch Prolog-Prozeduren und seine Verfolgung mittels des in das Prolog-System eingebauten Ablaufverfolgers.

Bei der Auswahl einer Prologimplementierung sollte man deshalb darauf achten, daß die in es eingebauten Testhilfen sich möglichst genau an diesem Boxen-Modell orientieren und möglichst viele darauf abgestimmte Steuerungs- und Überwachungsmittel für den Test bereitstellen.

Dies ist vor allem dann zu empfehlen, wenn Prolog als "ausführbare Spezifikationssprache" eingesetzt werden soll. Zum einen nutzt die Ausführbarkeit einer Spezifikation nur dann etwas, wenn ihre "Bedeutung" tatsächlich auf dem Rechner überprüft und analysiert werden kann. Und zum anderen führt das Boxen-Modell in Prolog den - in der Logik nicht vorhandenen - Prozedurbegriff ein, und schafft so den wichtigen Übergang von der "logischen" Spezifikation zur "algorithmischen" Implementierungsvorgabe, die ja in der Regel in einer prozeduralen Form gewünscht wird.

Das wachsende Verständnis des Spezifizierers für dieses Prolog-Prozedurmodell zeigt sich in einer ständigen Verkürzung und Verknappung der zur Formulierung der Prozeduren niedergeschriebenen Prolog-Regeln und vor allem in einer starken Reduzierung der Verwendung des ";" als logische Alternative ("oder"). Der Prolog-Anfänger schreibt - aus seinem algorithmischen Sprachmodell heraus - tief geschachtelte Prozeduren, die in ihrer Klammerungsstruktur zuweilen an LISP erinnern. Hat man Prolog "begriffen", so verschwinden diese langen Prozedurspezifikationen und fast alle "oder". Sie werden ersetzt durch mehrere alternative Regeln für die gleiche Prozedur, von denen nur wenige aus mehr als fünf Zeilen bestehen.

Besonders wichtig ist ein "internalisiertes" Verständnis des Prologinterpretationsalgorithmus in zwei Punkten.

Dies ist einmal die Formulierung von "Wiederholungsschleifen". Denn selbstverständlich braucht man auch in Prolog-Spezifikationen derartige Mechanismen, etwa zur Abarbeitung einer sequentiellen Datei oder für einen Kommando-Interpreter. Hier ist die vom Prolog-Sprachmodell unmittelbar suggerierte Rekursion sicher unzweckmäßig, weil sie den Arbeitsspeicher im späteren Programm (und bei der Ausführung der Spezifikation bereits im Prolog-System) zu sehr belastet. Prolog bietet aber einen sehr natürlichen Schleifen-Mechanismus durch sein "backtracking": schreibt man an den Beginn einer Prozedur ein Prädikat, das immer Erfolg hat ("repeat"), und an ihr Ende eines, das immer versagt ("fail"), so kreist der Prolog-Interpreter automatisch zwischen diesen beiden Prädikaten.

Das zweite wichtige Verständnisproblem ist die Unterbrechung dieses automatischen "backtracking". Wenn der Prologinterpreter mit den von ihm gewählten "Unifizierungen" und "Resolutionen" (d.h. den Variablenbindungen und den Prozeduraktivierungen in gewohnter, "prozeduraler" Sprechweise) keinen Erfolg hat, versucht er automatisch andere, bis wirklich sämtliche Möglichkeiten erschöpft sind. Dies führt beim "Test" von Prolog-Spezifikationen oft zu extrem verwirrenden Kontrollfluß-Abläufen, die zuweilen selbst mit dem eingebauten Ablaufverfolger nicht mehr nachzuvollziehen sind. Der Grund ist dann oft nur ein Schreibfehler in einem Prozedur-, Konstanten- oder Variablennamen, der den Prolog-Auswertungsmechanismus eine völlig andere Alternative wählen ließ, als der Spezifizierer erwartete.

Die Vermeidung dieser Effekte ist der eigentliche Sinn des sogenannten "cut", eines durch ein Ausrufezeichen notierten "Festschreibens" der aktuellen Unifizierungen und Resolutionen in einer Prozedur bei Erreichen des durch ihn gekennzeichneten Punkts in einer Prozedurdefinition. Tatsächlich kann man mit diesem Sprachmittel ähnlich "unsauber" in den Ablauf einer Prologprozedur eingreifen wie mit einem "goto" in gewohnten Sprachen. Man sollte sich deshalb daran gewöhnen, es in genau einer einzigen Bedeutung zu verwenden, nämlich als "Abschluß einer Prozedur". Als solcher steht ein cut im allgemeinen am Ende ihrer Notation als Prolog-Regel - und dort sollte er auch stehen, wenn man nicht einen Grund für sein Fehlen hat. Er hat zwei wichtige Funktionen, eine logische und eine implementierungstechnische. Logisch lokalisiert er jedes Fehllaufen des Prolog-Kontrollflusses auf die noch nicht abgeschlossenen Prozeduren und hilft damit, Fehler mit Hilfe des Ablaufverfolgers im allgemeinen mühelos aufzuspüren. Zum anderen hilft er aber auch dem Prolog-System bei der effizienten Verwaltung seiner Betriebsmittel - ein wichtiger Punkt, wenn man die Prolog-Spezifikation als Prototyp oder sogar als endgültiges Produkt nutzen will. Ohne cuts muß das System viel Information über die "Ablaufgeschichte" des Programms im Speicher halten: sie wird zwar nie mehr gebraucht, aber der Interpreter kann nur über ein cut erfahren, daß er sie nicht mehr für ein "backtrack" verfügbar haben muß. Wird also ein "Echtbetrieb" des Programms beabsichtigt, oder will man an Hand von Prolog-Modellen auf die Laufzeit- oder Speichereffizienz verschiedener Lösungen schließen, so empfiehlt sich der konsequente Einsatz von cuts am Ende von Prozeduren (und möglichst nirgendwo sonst).

4. (Persönliche) Wertung von Prolog

Für den Verfasser ist Prolog das beste formale Spezifikationswerkzeug, das er bisher kennengelernt hat. Er glaubt, aus der Erfahrung mit diesem System auch neue Einsichten gewonnen zu haben: zum Beispiel, daß eine formale Spezifikation zumindest für ihn eine völlig nutzlose Übung ist, wenn er sie nicht auch auf einem Rechner ablaufen lassen und testen kann. Denn es ist ihm noch weniger möglich, fehlerfrei zu spezifizieren als zu programmieren - vermutlich, weil der Abstraktionsgrad höher ist.

Deshalb würde der Verfasser sich auch weigern, in Zukunft noch einmal in den frühen Phasen einer Programmentwicklung ein Software-Entwicklungssystem zu benutzen, in dem er nicht Prolog oder eine andere, ausführbare Spezifikationssprache vorfindet. Eine formale Spezifikation ist nur dann sinnvoll, wenn sie ein teilweises oder abstraktes Modell des späteren Produkts ist. Und da es der einzige Zweck eines Softwareprodukts ist, fehlerfrei und mit den vom Anwender erwarteten Ergebnissen und Leistungsdaten auf einem Prozessor abzulaufen, ist genau dies diejenige Eigenschaft, die es zu modellieren lohnt. Leistet mir ein formales Spezifikationsmittel diese Modellierungsaufgabe nicht, so ziehe ich eine herkömmliche Spezifikation mit natürlicher Sprache und Graphiken vor. Zwar kann ich auch sie nicht auf Fehler überprüfen. Aber dafür kann ich sie wenigstens verstehen ... und vielleicht sogar mein Auftraggeber auch, genauso wie eine auf dem Rechner ablaufende Prolog-Spezifikation.

Literatur

CLOC81 W.F. Clocksin, C.S. Mellish, "Programming in Prolog", Springer, Berlin Heidelberg New York (1981)

KOMO82 H.J. Komorowski, "An Abstract PROLOG Machine", European Conf. on Integrated Interactive Computing Systems, ECICS 82, Stresa (Sept. 1-3, 1982), S. 149

KOWA79 R. Kowalski, "Algorithm = logic + control", CACM 22 (July 1979), S. 424

ORTN83 E. Ortner, "Aspekte einer Konstruktionssprache für den Datenbankentwurf", Toeche-Mittler, Darmstadt (1983)

SCHN83 P. Schnupp, "PROLOG - eine nichtprozedurale Sprache zur Programmierung von Expertensystemen und zum 'rapid prototyping'", in: "Intelligenztechnologie" (M. Schulze-Vorberg, ed.), Teubner, Stuttgart (1983)

SCHN83a P. Schnupp, K.H. Sylla, "Objektorientierte Organisation von Wissensbasen für die Software-Produktion", Berichte des German Chapter der ACM 15, "Objektorientierte Software- und Hardwarearchitekturen" (H. Stoyan, H. Wedekind eds.), Teubner, Stuttgart (1983), S. 109

Entwicklung von Prozeßinformationssystemen - Ein Lernprozeß für Entwickler und Anwender

H. Trauboth

Kernforschungszentrum Karlsruhe GmbH
Institut für Datenverarbeitung in der Technik (IDT)
Postfach 3640, D-7500 Karlsruhe
Bundesrepublik Deutschland

1. Einleitung

Die Entwicklung von Prozeßinformationssystemen im IDT ist durch einige besondere Merkmale gekennzeichnet, die die Vorgehensweise und den Einsatz von Werkzeugen beeinflussen. Die bisherige Automatisierung von nuklearen verfahrenstechnischen Anlagen wie die der Wiederaufarbeitungsanlage Karlsruhe (WAK), der einzigen Anlage dieser Art in Deutschland, beschränkt sich auf konventionelle Vor-Ort-Regelung und einfache, wenn auch umfangreiche Instrumentierung im Kontrollraum. Unterstützt wird diese Instrumentierung durch vielfältige chemische Analysen des Betriebslabors. Die bisherige Zurückhaltung beim Einsatz rechnergestützter Automatisierungssysteme ist u.a. durch die Forderung von hoher Zuverlässigkeit und Sicherheit dieser Anlagen, von leichter, sicherer Bedienung durch unterschiedliches Personal und von der Einbeziehung des Menschen als Entscheidungsträger im Regelkreis (d.h. keine direkte vollautomatische Regelung) zu erklären. Die in-line Instrumentierung ist relativ spärlich im Umfang, in der Genauigkeit und in der Artvielfalt, da nur robuste Instrumente der korrodierenden Umgebung standhalten können und diese nur an relativ wenigen Stellen in der technischen Anlage installiert werden können. Außerdem könnten Rechnersysteme inkl.ihrer Software - ähnlich wie das Schutzsystem von Kernreaktoren - in das Genehmigungsverfahren für den Bau von großen Wiederaufarbeitungsanlagen einbezogen werden, so daß der Entwickler den Nachweis der Funktionstüchtigkeit des DV-Systems inkl. Software erbringen muß. Betreiber wie Bedienungspersonal müssen allerdings zuerst überzeugt werden, daß die DV eine wesentliche Verbesserung der jetzigen Betriebsführung dieser Anlagen erbringt. Daher soll in der WAK, die sowohl der betriebsmäßigen Wiederaufarbeitung abgebrannter Brennstäbe wie auch als Testbett für neuentwickelte Komponenten und Subsysteme dient, zuerst eine Erprobung des DV-Systems im tatsächlichen Betrieb erfolgen, bevor dieses System im Entwurf für eine große Wiederaufarbeitungsanlage übernommen wird.

Diese besondere Umgebung des DV-Systems wirkt sich auf die Vorgehensweise, auf den Entwurf und den Einsatz von Hilfsmitteln nicht unwesentlich aus. Unsere Erfahrungen sind vor diesem Hintergrund zu sehen.

2. Anforderungsanalyse bei der Entwicklung von Prozeßinformationssystmen

Bei Prozeßinformationssystemen wird die Information über den Prozeß und den Betrieb der technischen Anlage sowohl über direkte Meßinstrumentierung wie auch oder sogar vorwiegend über Dialogstationen in das DV-System eingegeben und Eingriffe in den Prozeß in erster Linie manuell über die Dialogstationen vorgenommen (Bild 1). So werden z.B. die Meßwerte von Laboranalysenständen abgelesen und zusammen mit Einstellungswerten in den Rechner über Tastatur eingegeben /1/. Die umfangreiche Menge von Daten wird in einer Datenbank mit eigenem Zugriffs- und Verwaltungssystem abgelegt. Auf diese Daten wird von den verschiedenen Funktionen wie Meßdatenauswertung, Betriebsführung und Berichtswesen zugegriffen und Ergebnisse werden dort abgelegt und/oder an den Bediener ausgegeben. Die chemischen Prozesse sind relativ langsam, so daß Zeitbedingungen nur außerhalb des Normalbetriebs kritisch sind. Im Vordergrund der Aufgaben des DV-Systems stehen die Verarbeitung der Meßdaten zu Informationen über die Zustände der Prozesse und die interaktive Betriebsführung. Außerdem ist eine intensive Kommunikation zwischen Betriebspersonal und dem DV-System zu gewährleisten. Die Dialoge und Ein-/Ausgabeformate müssen daher so gestaltet sein, daß die unterschiedlichen Benutzer des Systems sicher, schnell und übersichtlich die jeweils für sie relevante Information abfragen und interpretieren können. Soweit möglich, sollen auch Entscheidungshilfen geboten werden.

Um das DV-System entsprechend den Bedürfnissen des Anwenders auslegen zu können, ist es notwendig, das Profil der Anwender zu kennen, denen allen gemeinsam ist, daß sie keine oder nur geringe Kenntnisse der Datenverarbeitung besitzen. Das leitende Betriebspersonal besteht aus Verfahrenstechnikern bzw. Chemikern, die signifikante Prozeßvariable und abgeleitete Betriebsdaten verfolgen und daraus den Betrieb optimieren wollen. Sie wollen Zusammenhänge im Betriebsverhalten erkennen. Einige mehr wissenschaftlich orientierte Chemiker wollen das chemische Verfahren methodisch verbessern; sie analysieren daher bestimmte Teilbereiche der Anlage im Detail. Der Leiter des Kontrollraums ist daran interessiert, die Anlage möglichst störungsfrei entsprechend den Vorgaben des Betriebsleitungspersonals zu fahren. Er wird unterstützt durch die Operateure, die bestimmte Instrumentenfelder im Kontrollraum beobachten und meistens Routineeingriffe vornehmen. Sie sind größtenteils aus dem Handwerk umgeschulte Kräfte, die an feste Regeln gebunden sind. Das Betriebslabor bearbeitet die vom Betriebsleitungspersonal in Auftrag gegebenen Analysen neben den gleichbleibenden Routineanalysen. Der Leiter dieses Labors will einen Überblick über die Laboraufträge erhalten und unterstützt den Betrieb der Anlage durch Interpretation der Laboranalysen. Die

Laboranten sind angelernte Kräfte, die bestimmte Analysengeräte bedienen und die Meßwerte in die Dialogstationen eingeben. Aufgrund ihrer unterschiedlichen Aufgaben und Qualifikationen benutzen die Anwender unterschiedliche Informationen in Form und Inhalt, ziehen unterschiedliche Schlüsse und leiten unterschiedliche Aktionen ein. Der Anwender ist also keine geschlossene Gruppe mit einer klaren Zielvorstellung und mit Systemverständnis. Die Denkweise dieser Personen ist geprägt vom Problemlösen betrieblicher Vorgänge und chemischer Reaktionen. Aus der Vielfalt von Einzelvorstellungen und vagen Erwartungen müssen nun vom DV-Systemanalytiker eindeutige Anforderungen an das zu entwickelnde DV-System herausdestilliert werden.

Die DV-Spezialisten, vor allem diejenigen, die frisch von der Universität kommen, verstehen meistens nicht die Vorgänge und Betriebsabläufe einer technischen Anlage. Sie müssen sich zuerst einarbeiten, was oft schwierig und zeitraubend ist, da ihnen selbst die Terminologie und Denkweise fremd sind. Der Informatiker formuliert seine Aufgaben und Lösungen mit Hilfe abstrakter Modelle und Sprachelemente, die die Wirklichkeit nur begrenzt einfangen.

Die Anforderungen an das zu entwickelnde DV-System stellen sich aus der vielschichtigen Sicht der Anwender oft anders dar als die der DV-Systementwickler. Es ist aber wichtig, daß die Anforderungen des Anwenders erfüllt werden, der für das DV-System bezahlen und im Betrieb mit dem System leben muß.

Die Anforderungen lassen sich in nichtquantifizierbare, funktionale und quantifizierbare Anforderungen einteilen. Nur einige von ihnen seien beispielhaft angeführt. Die Ziele, wie z.B. Erhöhung der Wirtschaftlichkeit, der Zuverlässigkeit und des Bedienungskomforts, oder übersichtliche Informations-Ein-Ausgabegestaltung lassen sich nicht eindeutig beschreiben und quantifizieren. Die funktionalen Anforderungen geben an, welche Funktionen und in welcher Abhängigkeit diese Funktionen auszuführen sind. Solche Funktionen können zur Präzisierung zerlegt werden wie z.B. "Datenauswertung" in "Meßdatenerfassung", "Filterung" und "Datenanalyse". Quantifizierbare Anforderungen sind Leistungsangaben wie z.B. Antwortzeiten, Datenmengen oder Eingabehäufigkeiten und einschränkende Randbedingungen wie Kosten und Termine.

Während der Anwender stärker den Nutzen des DV-Systems für den Betrieb der Gesamtanlage bei der Aufstellung seiner Anforderungen sieht, hat der DV-Systementwickler bereits Lösungskonzepte im Hinterkopf, wenn er seine Anforderungen formuliert. So wird er bereits den Ort der Datenquellen und -senken wissen wollen, um daraus dann die Anforderungen an die Datenkommunikation ableiten zu können. Ihn interessiert die Zeitabhängigkeit der Funktionen, d.h. was muß in Realzeit, was im Vorder- bzw. Hintergrund ablaufen. Die geforderte Genauigkeit und Geschwindigkeit der arithmetischen Berechnungen von Algorithmen sind wichtig zu wissen, um entscheiden zu können, ob die Lösung einen Spezialprozessor erfordert. Spätere Wünsche zur Erweiterung des Systems, d.h. zu erwartende zusätzliche Anforderungen, müssen geklärt werden, um ausreichende Reserven im Entwurf bereitzustellen. Die Bedeutung der Zuverlässigkeit muß festgestellt werden, um entsprechende Fehlertoleranz im System vorzusehen. Der DV-Systemanalytiker soll die Initiative ergreifen, um vom Anwender alle notwendigen Anforderungen und deren Wichtigkeit zu erfahren.

Die Anforderungen des Anwenders und Entwicklers können sich ergänzen, überlappen oder gar widersprechen. Sie müssen daher gegenseitig angepaßt werden, bevor sie als endgültige Basis für den Entwurf erklärt werden. Die Erfahrung in der Praxis zeigt, daß dies nicht leicht ist; auch deshalb, weil wichtige Anforderungen nicht eindeutig beschreibbar und quantifizierbar sind. Sie werden erst durch ihre Realisierung beschrieben. Anforderungen und Systementwurf sind eng gekoppelt, vor allem was die Anforderungen des DV-Systementwicklers betrifft. Die Anforderungen ändern sich aufgrund der Betriebserfahrungen. So sehr man sich bemühen soll, die Anforderungen zu Beginn einer längeren Entwicklung frühzeitig zu fixieren, so realistisch muß man sein und entsprechende Maßnahmen treffen, daß Änderungen ein wesentlicher Bestandteil der Entwicklung sind.

3. Ausbaustufen

Gerade in einer Umgebung, die noch wenig Erfahrung mit Datenverarbeitung hat, ist es vorteilhaft, den Anwender möglichst frühzeitig an ein reales System heranzuführen, das einen Teil seiner Anforderungen erfüllt und sich zu einem vollständigen System ausbauen läßt. Dadurch kann der Anwender frühzeitig Erfahrung sammeln und auf den weiteren Ausbau Einfluß nehmen /2/.

Man beginnt mit dem Bau eines Kerns, der nur die wichtigsten Funktionen enthält und den kritischen Prozeßbereich der technischen Anlage betrifft. Dieser wird bis zur Lauffähigkeit implementiert und demonstriert. Nach positiver Beurteilung durch den Anwender wird dieses Kernsystem schrittweise gezielt erweitert. Man kann sich diese Erweiterung in vier Dimensionen vorstellen:

1. räumlich: weitere Komponenten der technischen Anlagen werden in die Automatisierung einbezogen;
2. funktional: weitere DV-Funktionen (wie z.B. statistische Datenauswertung) werden eingebaut;
3. kapazitätsmäßig: nur die Anzahl oder Menge eines bestimmten Elements wird erhöht (wie z.B. die Kapazität einer Datei);
4. Detaillierung: eine oder mehrere Funktionen werden verfeinert, (z.B. bei der Filterung der Eingabedaten wird eine genauere höher-orderige Interpolation verwendet).

So kann man sich auch andere Dimensionen vorstellen wie Grad der Interaktivität der Mensch-Maschine Schnittstelle. Die Erweiterungen legen sich wie Schalen um den Kern.

Diese Ausbaustufen sollen bereits soweit wie möglich in der Anforderungsanalyse festgelegt werden. Die geeignete Reihenfolge und die wachsenden Fähigkeiten hängen natürlich auch von den Erfahrungen ab, die der Anwender mit den vorhergehenden, bereits eingesetzten Ausbaustufen gemacht hat. Dies ist ein Teil des Lernprozesses, den Anwender wie Entwickler durchmachen. Das Wachsen des Systems kann entsprechend den Zielen und Umständen nach bestimmten Kriterien gesteuert werden, von denen einige in Tab. 1 angedeutet sind. Hierbei ist eine enge Abstimmung zwischen Anwender und Entwickler notwendig.

4. Iterative Vorgehensweise

Nach unseren Erfahrungen ist die strikt sequentielle Vorgehensweise (Linear life cycle) eine Idealvorstellung, die man wohl anstreben soll, die aber in der Praxis, vor allem in unserer speziellen Umgebung nicht realisierbar ist. Wir wollen nun hier eine Vorgehensweise vorschlagen, die wir bereits z.T. praktizieren, die sicher noch erprobt werden muß, die aber flexibler ist und die von einem laufenden Lernprozeß von Anwender und Entwickler ausgeht. Aus dieser Vorgehensweise heraus sollen dann Anforderungen an Werkzeuge gestellt werden.

Es wäre wohl vermessen, bereits eine einheitliche Methodologie anzugeben. Vielmehr sollen besondere Merkmale der Vorgehensweise, die wir anstreben, skizziert und zur Diskussion gestellt werden. Wir beschränken uns dabei auf die funktionalen und quantifizierbaren Anforderungen. Wir gehen davon aus, daß verschiedenartige Modelle vom Anwender und Entwickler für unterschiedliche Aspekte und Blickwinkel aufgestellt werden. Der Begriff "Modell" ist hier weiter gefaßt und soll auf das Wesentliche beschränkte Vereinfachung bzw. Abstraktion eines realen Objekts oder Vorgangs bedeuten. Die Grenze zum Systementwurf läßt sich nicht klar angeben, da funktionale Anforderungen bereits eine gewisse Systemstruktur voraussetzen.

Zuerst wird für den zu automatisierenden Anlagenbereich ein Modell des Material-, Energie- und Steuerflusses gezeichnet, aus dem das Modell des gegenwärtigen Informationsflusses abgeleitet wird. Die Auswahl des Anlagenbereichs für den Kern wird entsprechend den in Tab. 1 angegebenen Kriterien getroffen. Der Anwender modelliert nun seine Ansicht über die Funktionen, Leistung, Betriebsablauf, Ein- und Ausgabe von Daten, wobei er sozusagen das System von außen betrachtet. Der DV-Systemanalytiker stellt die Anforderungen aus seiner mehr auf das Innere gerichteten Sicht dar, wobei er sein Wissen über die Möglichkeiten, die die DV-Technologie bietet, einbringt und die Beschränkungen durch Zeit und Geld sowie durch die späte Implementierung berücksichtigt. Datenfluß und Steuerfluß werden durch Block- bzw. Flußdiagramme beschrieben. Daten und Prozeßschnittstellen werden in Tabellen und Bildschirmformate für Ein- und Ausgabe inhaltlich angegeben. Wie man sieht, erarbeiten Anwender und Entwickler zuerst getrennt jeweils Gruppen von Modellen für die verschiedenen Aspekte (Bild 2).

Dann müssen die Modellgruppen des Anwenders und die des Entwicklers gegenseitig abgeglichen werden. Es gibt hierbei Bereiche, in denen der Anwender dominiert, z. B.

bestimmt er, welche und wie kritische Information dargestellt und protokolliert werden soll. In anderen Bereichen interpretiert der DV-Systemanalytiker die Anforderungen des Anwenders und setzt sie so um, daß sie realisiert werden können, wie z.B bei der Angabe der interaktiven Mensch-Maschine Kommunikation. Der Abgleich der Modelle erfordert intensive Diskussionen und Kompromisse zwischen Anwender und Entwickler, wobei die verschiedenen Modelle eine konkrete Grundlage bilden und alle Beteiligten zur Formulierung klarer, schriftlich festgehaltener Anforderungen zwingen.

Nachdem die Anforderungen für den Kern spezifiziert sind, sollten die späteren Erweiterungen ("Schalen") so weit wie möglich in getrennten Modellen umrissen werden. Wenn sie natürlich noch nicht im Detail angegeben werden können, sollte wenigstens ihr Rahmen festgelegt werden. So kann z.B. die Datenauswertung auf wachsende Kenntnisse über den technischen Prozeß beruhen. Zuerst wird nur der stationäre Materialfluß über die Prozeßvariablen "Fluß" und "Stoffkonzentration" betrachtet, dann der dynamische Materialfluß über die zusätzlichen Variablen "Druck", "Turbulenz" und "Zeit", und zuletzt wird die chemische Reaktionskinetik miteinbezogen. Jeder zusätzliche Schritt erhöht die Komplexität der Aufgabenstellung und verwertet die Ergebnisse der vorhergehenden Versionen.

Ein getrennter Satz von Anforderungen für die nächste Erweiterung kann im Detail angegeben werden, sobald die vorhergehende "Schale" bzw. der "Kern" implementiert und demonstriert worden ist. Die Anforderungsanalyse ist also auch dem Wachsen des Systems unterworfen.

Wenn auch in der Anforderungsanalyse vor allem bestimmt werden soll "was" das zu planende DV-System leisten soll, so muß doch ein Systementwurf bereits aufzeigen, wie diese Anforderungen im Konzept zu realisieren sind, d.h. wie realistisch diese sind. Die funktionalen Anforderungen setzen auch eine gewisse Systemstruktur voraus und der Systementwurf kann wiederum Änderungen in den Anforderungen zur Folge haben.

5. Wesentliche Elemente des Systementwurfs

Der Systementwurf soll hier nur kurz angeschnitten werden. Er sollte die funktionellen Zusammenhänge innerhalb des DV-Systems und nach außen zur Umgebung beschreiben. Er soll auch eine Abschätzung des Leistungsverhaltens und damit einen Vergleich im frühen Entwicklungsstadium mit den Anforderungen erlauben. Die Beschreibung des Entwurfs kann man auch als Modellierung des zukünftigen Systems auffassen. Hierzu sind einige wesentliche abstrakte Elemente erforderlich, die wir unterteilen können in Objekte, Struktur, Zuordnung zu Geräten und Attribute.

Die aktiven Objekte sind "Funktionen" (Aktivitäten, Prozesse), die Daten verarbeiten, umformen, transportieren oder speichern. Sie können zu einem Zeitpunkt einen von mehreren "Zuständen" annehmen (aktiviert, ruhend, wartend, etc.). Eine Zustandsänderung wird durch ein internes oder externes "Ereignis" ausgelöst. Die passiven Objekte sind "Daten", die gekennzeichnet sind durch Deskriptor, Informationsinhalt und Format.

Sie werden durch externe und interne Prozesse erzeugt. "Bedingungen" werden von Daten über Logik und Schwellen abgeleitet. Objekte unterliegen Strukturen, wie z.B. bezüglich gegenseitiger Beziehungen und ihrer Zerlegung. Die statische Beziehung gibt an, welche Daten von einer Funktion verwendet und erzeugt werden oder welche Schnittstellen zwischen Funktionen bestehen. Die dynamische Beziehung beschreibt Reihenfolge, Parallelität und Zeitablauf der statischen Beziehung. Jedes Objekt kann in Unterobjekte entsprechend semantischer Beziehungen zerlegt werden, die für Funktionen, Daten, Bedingungen und Ereignisse unterschiedlich sind. Für Daten können spezielle Relationenmodelle gebildet werden. Aufgrund ihrer gegenseitigen Beziehungen sind diese Zerlegungen nicht unabhängig voneinander.
Jedes abstrakte Objekt wird einem logischen oder physikalischen "Gerät" zugeordnet, wo es zur Ausführung gelangt. Jedes Gerät unterliegt einem "Zugriff" und wird über eine Schnittstelle versorgt. Es kann wie ein aktives Objekt mehrere Zustände einnehmen. Jedes Objekt und Gerät kann mit "Attributen" behaftet sein wie Größe, Kapazität, Häufigkeit, Geschwindigkeit oder Reaktionszeit. Bei den Anforderungen sind diese Attributwerte als Sollwerte aufzufassen.

Mit diesen Elementen können unterschiedliche Modelle gebildet werden, je nachdem, welche Aspekte untersucht werden sollen. So kann mit einem Modell der stationäre Datenfluß betrachtet werden, während mit einem anderen der dynamische Wechsel von Zuständen untersucht werden kann. Das ist eine ähnliche Betrachtungsweise wie in der Regelungstechnik, bei der zur Bestimmung bestimmter wichtiger Systemfaktoren, wie z.B. Stabilität, unterschiedliche mathematische Modelle herangezogen werden.

Es soll hier nicht diskutiert werden, wie diese unterschiedlichen Aspekte beschrieben werden; ob z.B. die Dynamik eines Systems besser durch Petri-Netze, Entscheidungstabellen oder Flußdiagramme dargestellt wird. Wichtig ist vielmehr, daß sich Anwender und Entwickler einig sind, daß der Systementwurf die oben skizzierten Systemelemente als Bausteine enthält.

6. Einsatz von Werkzeugen

Zur Unterstützung der Anforderungsanalyse und des Systementwurfs haben wir eine Reihe von Werkzeugen und Hilfsmitteln in unterschiedlichem Umfang und für unterschiedliche Anwendungen, teilweise nur versuchsweise, eingesetzt. Es sollen unsere Erfahrungen kurz angegeben werden.

Zur Beschreibung der funktionellen Anforderungen eines Laborautomatisierungssystems wurde SADT verwendet. Im wesentlichen wurden hiermit der stationäre Datenfluß und die hierarchische Zerlegung der Funktionen systematisch und übersichtlich beschrieben. Nach kurzer Erklärung konnten die Anwender die wichtigsten Aufgaben und Zusammenhänge des DV-Systems erkennen und auf Vollständigkeit prüfen. Die umfangreichen Dialoge wurden durch zusätzliche eigene Tabellen und Zustandsdiagramme beschrieben. Zum Systementwurf wurden die Diagramme durch zusätzliche Tabellen für Bedingungen erweitert. Die Datenstrukturen wurden mit Hilfe von Beziehungsgraphen (Schemata) und Tabellen angegeben. Es zeigte sich, daß ein direkter Übergang von dieser Form in den Detailentwurf und eine Zuordnung auf die verteilten physikalischen Komponenten sowie eine Bewertung nicht möglich waren.

Ein kleiner typischer Bereich aus derselben Anwendung wurde in PSL spezifiziert. Die relativ kurze verbale Beschreibung ergab eine recht umfangreiche formale Dokumentation, die nicht mehr übersichtlich war. Fast alle verfügbaren Reports und Analysen des PSA wurden ausgedruckt, da keine Auswahl interaktiv durchgeführt werden konnte. Wohl wegen des großen Umfangs der Ausdrucke, der aufwendigen Handhabung und des Fehlens einer PSL/PSA-gerechten Methodik wurden diese Ergebnisse nicht ausreichend interpretiert und flossen daher nicht in die weitere Entwicklung ein. Insgesamt zeigte sich, daß mit PSL (Version 4.2) gut formal beschrieben werden kann:
- die hierarchische Zerlegung von Daten und Prozessen;
- der statische Datenfluß;
- die logische Reihenfolge der Prozesse;
- Projektmanagement-Information.

Es fehlen dagegen Mittel zur Beschreibung von Dynamik (Zustände, Parallelität), Prozeßschnittstellen, Dialoge und netzartige Datenstrukturen. Der Analysator PSA liefert mehrere grafische Ausgaben, Tabellen über Verteilung von Datenelementen, strukturierten Text und statistische Angaben. Außerdem unterstützt er Vollständigkeits- und Konsistenzprüfungen. Die Kommandosprache für PSA ist durch die Vielzahl veränderbarer Parameter etwas umständlich zu handhaben. Es zeigte sich, daß eine interaktive Ein-/Ausgabe eine bessere Nutzung der vorhandenen Fähigkeiten, vor allem der recht mächtigen Datenbank, ergeben würde.

Beeinflußt von den Erfahrungen mit PSL/PSA wurde im IDT ein eigenes System zur Erstellung der Spezifikation von Prozeßrechner-Software ESPRESO entwickelt, das vor allem die Zuverlässigkeit der Software-Entwicklung verbessern und Besonderheiten von Prozeßrechner-Software berücksichtigen soll. Auf dieses System und die Erfahrungen mit ihm geht auf dieser Tagung Herr Eckert näher ein /3/.

Sehr hilfreich in der schnellen Erstellung und Änderung der Dokumentation der Anforderungen und des Systementwurfs hat sich das Textverarbeitungssystem PET von SOFTLAB/PHILIPS erwiesen. Mit ihm konnten interaktiv die Anforderungsspezifikationen in Form von strukturiertem Text, Tabellen und Diagrammen editiert und im Entwicklungsrechner festgehalten werden. Dem Anwender wurden unmittelbar nach den Sachgesprächen mit ihm die Ergebnisse übersichtlich in schriftlicher Form unter Angabe der Änderungen vorgelegt. Dadurch konnte die Systemanalyse im ständigen Dialog mit dem Anwender rasch zu konkreten Ergebnissen führen, u.a. auch dadurch, daß der Anwender gezwungen war, Stellung zu der ihm vorgelegten neuesten Version der Dokumentation zu beziehen. Auf diese Weise wurden die Funktionen der Software und die zu verarbeitenden Daten für ein umfangreiches Materialverfolgungs- und Lagersystem zeitlich vor der Spezifikation der Rechner-Hardware festgelegt, so daß umgehend mit dem Detailentwurf und der Implementierung der Software begonnen werden konnte.

7. Anforderungen an Werkzeuge

Werkzeuge dienen der Unterstützung von Tätigkeiten, die entsprechend einer systematischen Vorgehensweise (Methodologie) in einer bestimmten Umgebung durchgeführt werden. Die Werkzeuge und ihre Handhabung müssen sich an die Vorgehensweise umd Umgebung anpassen, und nicht umgekehrt. Daher muß zuerst die Vorgehensweise geklärt und festgelegt werden unter Berücksichtigung der Randbedingungen der Umgebung. Dazu ist es notwendig festzulegen, wie und mit welchen Elementen die Anforderungen, der Systementwurf und der Detailentwurf beschrieben werden sollen, d.h. welche Modelle den Tätigkeiten in diesen Entwicklungsphasen zugrundeliegen. Ich gehe davon aus, daß die Elemente für die Anforderungsanalyse und den Systementwurf im wesentlichen aus den in Abschnitt 5 angegebenen bestehen und die Vorgehensweise von iterativer Natur ist, wie in Abschnitt 4 skizziert wurde. Wir setzen weiter voraus, daß wir nicht ein alles umfassendes Entwicklungssystem anstreben, sondern einen Satz von Werkzeugen bauen wollen, die bestimmte Modelle und Aspekte beschreiben und analysieren helfen, die sich aber integrieren lassen zu einem "Werkzeugkasten". Der Aufbau und die Handhabung dieser Werkzeuge soll sich an ingenieurtechnischen Vorbildern orientieren, wie z.B. den bei der Entwicklung von Schaltkreisen und Regelungssystemen eingesetzten CAD-Werkzeugen. Die Werkzeuge für die ersten Phasen der Entwicklung sollen außerdem Ergebnisse liefern, die auch in den späteren Phasen zum großen Teil verwertet werden können. Sie sollen daher auch die Verifizierung der implementierten Software und Systemarchitektur unterstützen. Selbstverständlich sollen sie wesentlich die projektbegleitende Dokumentation unterstützen.

Der Grundaufbau eines Werkzeugs ist ähnlich dem der existierenden Software-Entwicklungs-, Test- und CAD-Systeme (Bild 3). Die Beschreibungsinformation wird über eine Eingabe-Schnittstelle und ein Datenmanagementsystem in eine Datenbank eingegeben und abgespeichert. Programme einer Methodenbank, die über einen Kommando-Interpreter angestoßen werden, holen sich diese Information und führen unterschiedliche Auswertungen und Analysen durch. Die Ergebnisse dieser Analysen werden über Reportgeneratoren ausgegeben.

Um eine wesentliche Verbesserung gegenüber bestehenden Systemen zu erzielen, sind folgende Merkmale der Komponenten eines Werkzeugs zu beachten. Die Beschreibung der

Modelle soll in der Form dem Benutzer des Werkzeugs gerecht sein; das bedeutet auch, daß gewisse Modelle vom Anwender des DV-Systems eingegeben werden können. Soweit wie möglich, sollen eindeutige grafische Symbole verwendet werden, die u.a. Funktionen und Beziehungen angeben, wodurch Information kondensiert wird. Grafische Bilder sollen dort verwendet werden, wo Strukturen, Abläufe und Übersichten darzustellen sind. Dadurch kann man Abhängigkeiten und Rückkoppelungen leicht erkennen. Datenstrukturen können ebenfalls durch Graphen oder durch Tabellen anschaulich dargestellt werden. Nähere Beschreibungen von Funktionen und Prozeduren sind besser in strukturiertem Text anzugeben. Soweit wie möglich sind mathematische Formeln für Algorithmen, Logik oder Mengenbegriffe zu verwenden. Kreuzverweise zwischen den Bildern, Texten und Formeln sollen ein schnelles Orientieren ermöglichen.

Die Ein-/Ausgabe Schnittstelle soll so flexibel gestaltet sein (wie bei CAD-Systemen), daß der Benutzer mit dem Werkzeug über Dialogverkehr interaktiv verkehren kann.

Die Methodenbank soll sukzessive ausgebaut werden können, um den Wissensschatz an Analysen erhalten und allen Benutzern zugänglich machen zu können. Die Analysen können über die gängigen Prüfungen auf Vollständigkeit, Widersprüche und Plausibilität hinausgehen. So kann eine Entwurfsbeschreibung auf die Einhaltung gewisser Konstruktionsregeln (z.B. Standards für Modul-Schnittstellen) geprüft werden oder Maßzahlen (wie z.B. Grad der Komplexität über Zahl der Abhängigkeitsgraphen) können ermittelt werden. Grundsätzliche Verklemmungen können rechtzeitig im Entwurf erkannt werden. So gibt es eine Reihe von Analysen und Auswertungen, die auf spezielle Modelle zugeschnitten sind.

Die Kommandosprache zum Anstoßen von Analysen und Ausgaben soll sich an der Art der Modelle und der entsprechenden Analysen orientieren und daher ebenfalls leicht erweiterbar sein. Vielleicht können Mechanismen, wie sie bei Expertensystemen vorliegen, verwendet werden. Wichtig ist, daß Analysen gezielt und schnell über interaktiven Dialog ausgeführt und die Ergebnisse ebenso schnell wie übersichtlich dem Benutzer zur Verfügung gestellt werden, damit er das Werkzeug als wichtigen Teil seiner Entwicklungstätigkeit empfindet.

Die Ausgaben sollen bei kurzen Ergebnissen schnell über den Bildschirm erfolgen. Grössere Strukturbilder und Tabellen sollten über Drucker bzw. Plotter übersichtlich gezeichnet werden.

Die hier skizzierten Anforderungen bzw. Wünsche an die Werkzeuge sind bei manchem fortschrittlichen CAD-System bereits verwirklicht. Es lohnt sich sicher, diese Technik, die zur Förderung des Maschinen- und Apparatebaus, der Elektronik, Luft- und Raumfahrttechnik und Verkehrstechnik erfolgreich eingesetzt wird, nun endlich auch zur Rationalisierung und Qualitätsverbesserung der ihr innewohnenden Technik, nämlich der Softwaretechnik, heranzuziehen.

Literatur

/1/ Friehmelt, R., et al:
"Aspekte eines Prozeßinformationssystems auf einem Rechnernetz",
Informatik-Fachberichte, Fachtagung Prozeßrechner 1981, Springer Verlag,
März 1981

/2/ Trauboth, H.:
"Growth-based strategy for the development of process-control information systems by enhanced user involvement",
Proc. IEEE-COMPSAC Conference, Chicago, November 1982

/3/ Eckert, K.:
"Erfahrungen beim Einsatz des Spezifikationssystems ESPRESO",
GI-Arbeitstagung Requirements Engineering, Oktober 1983.

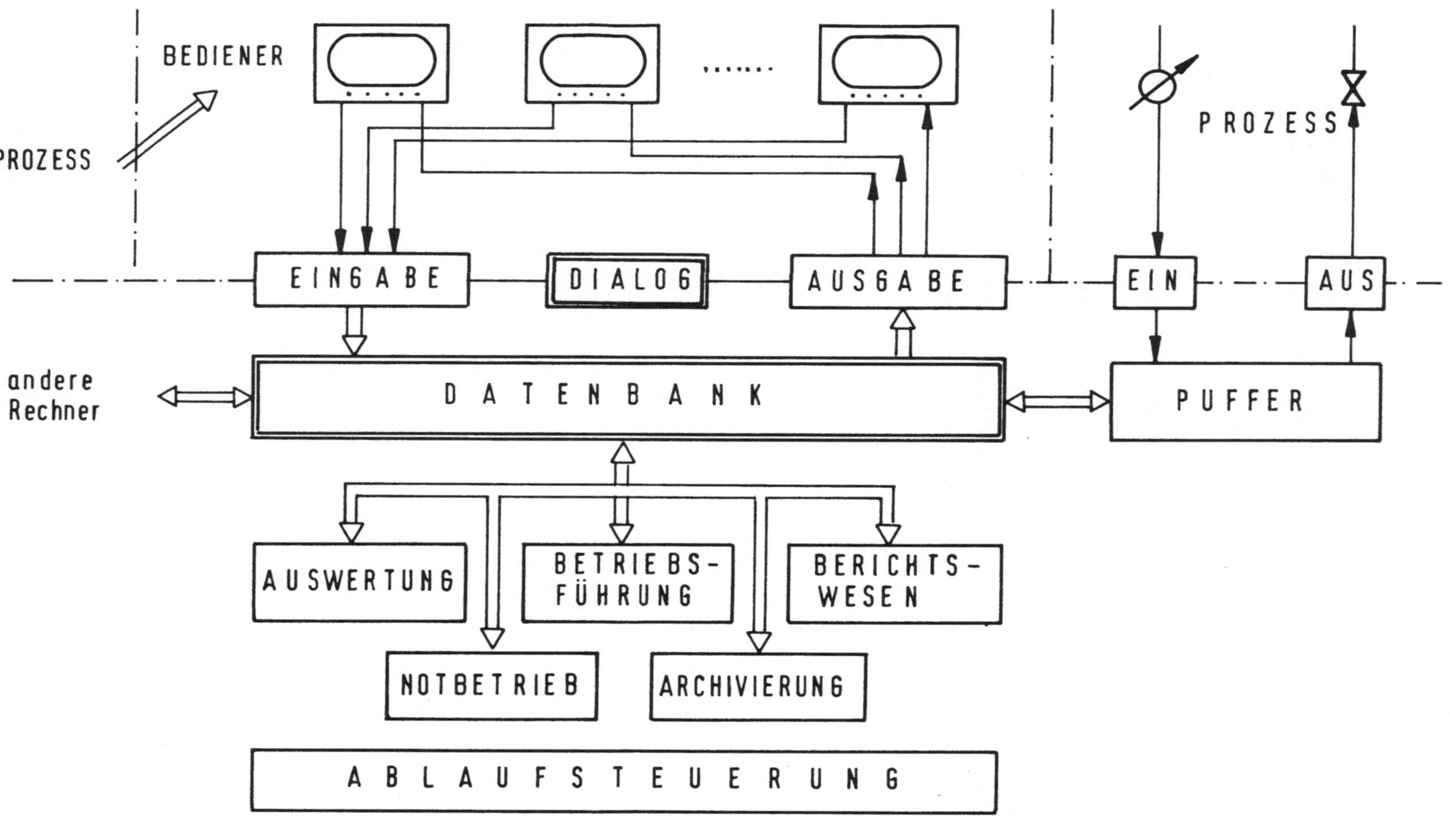

Bild 1 Funktionsschema eines Prozeßinformationssystems

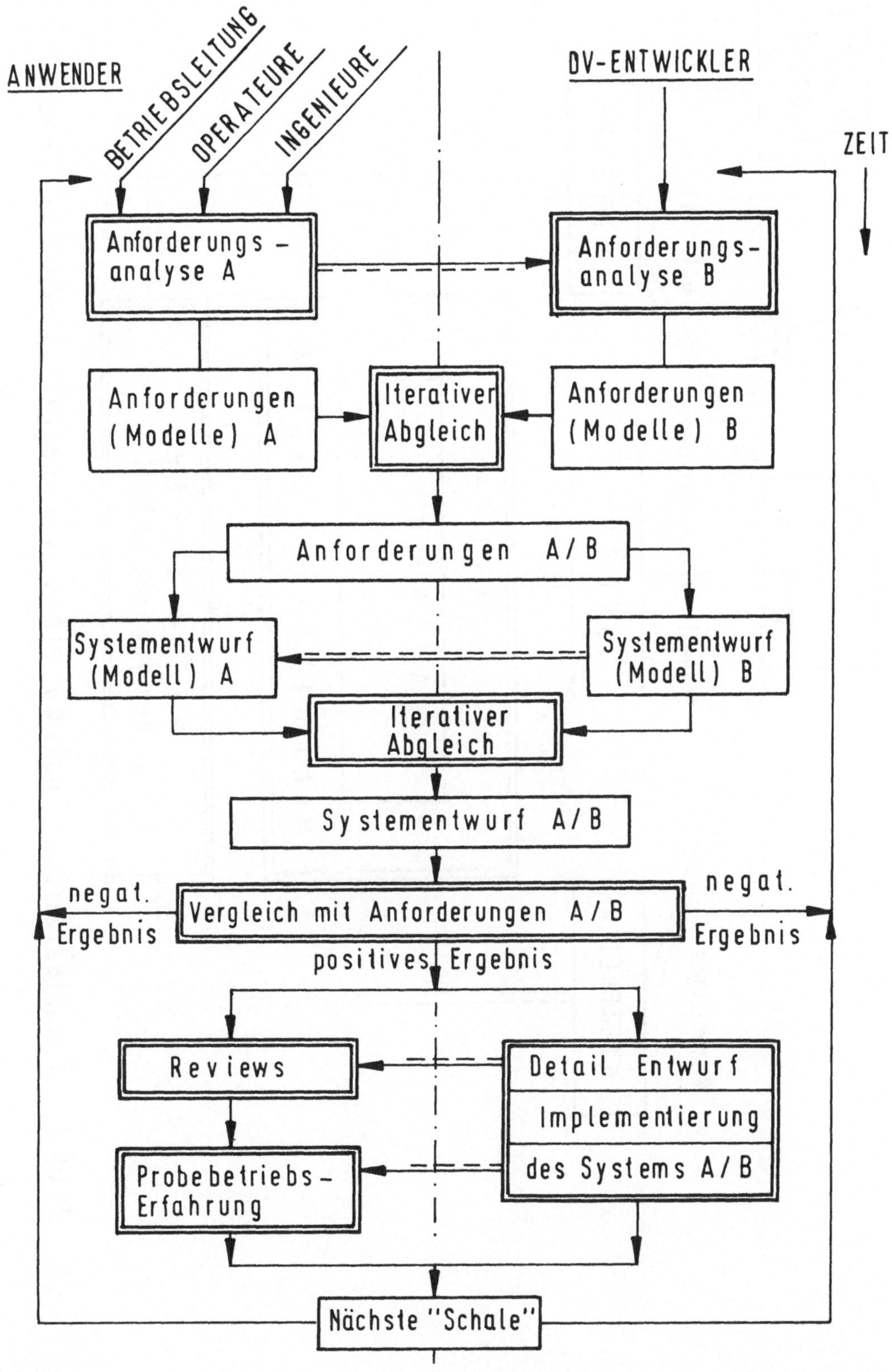

Bild 2 Iterative anwender-einbezogene Vorgehensweise

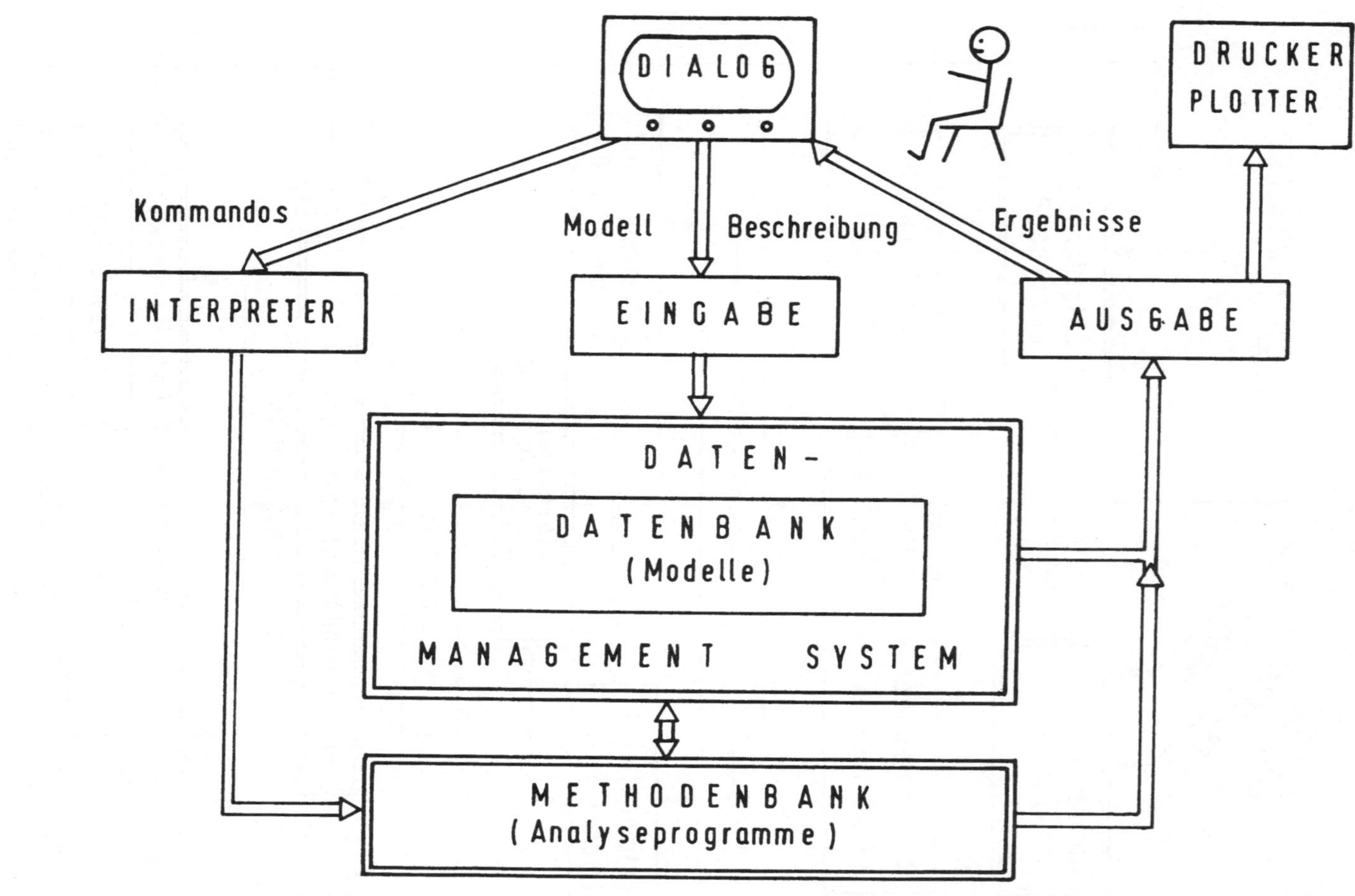

Bild 3 Grundsätzlicher Aufbau eines rechnergestützten Werkzeugs

Ziele / Kriterien	Dimension			
	Kern	Raum	Funktionen	Kapazität
● Demonstration der				
● wesentlichen Vorteile der Automation	x			
● tragenden Funktionen	x			
● Bedienung durch Operateur	x			
● ersten Integration von Anlage/Rechner	x			
● Einsatz bewährter Technik in unkritischen Anlagenbereichen		x		
● Angehen kritischer Anlagenbereiche		x		
● Erhöhung der Intelligenz der Automation (Erweiterung i.d. Tiefe)			x	
● Zusätzliche funktionale Fähigkeiten (Erweiterung i.d. Breite)			x	
● Verbesserung der Genauigkeit der Automation (Erweiterung i.d. Tiefe)				x
● Gewinn an Kenntnis über Prozesse (Erweiterung i.d. Breite)				x

Tabelle 1 Typische Kriterien, die die Erweiterung des Systems beeinflussen

ANFORDERUNGSBESCHREIBUNG UND SIMULATION MIT NET-MODELLEN

P.Winkler
PSI , Gesellschaft für Prozeßsteuerungs- und Informationssysteme
Berlin

Zusammenfassung

Die Beschreibung von Anforderungen durch gleichzeitig formale und grafische Darstellungsverfahren findet zunehmendes Interesse, da die Kommunikation zwischen Auftraggeber/Anwender und dem Hersteller von Software nach wie vor durch gegenseitiges Mißverständnis gestört ist. Mit dem NET-System versuchen wir, NET-Modelle als Kommunikationsmedium und als eindeutige Beschreibung der geplanten Software einzusetzen. Die NET-Modelle sind ein Derivat von Prädikat-Transitions-Netzen, einer höheren Form der Petrinetze.

Das NET-System enthält zur Zeit ein Darstellungsmodell (NET-Modelle), Verfahren zur Gewinnung solcher NET-Modelle und drei Werkzeuge : Einen Netzeditor mit Hardcopy-Ausgabe der Grafik, einen Textgenerator zur Wiedergabe der Modelle in einer Anforderungsbeschreibungssprache und einen Simulator, der statistische Analysen zur Untersuchung der Dynamik der NET-Modelle erlaubt.

Im Folgenden werden der Aufbau und die Verwendung der NET-Modelle sowie die Werkzeuge beschrieben.

Dieses Projekt wurde vom BMFT unter der Nummer APM-1-08 3205 STA-fi124 gefördert.

1. NET-Modelle

1.1 Die Herkunft der Modelle

NET-Modelle basieren auf **Petrinetzen** (*). Wie in Petrinetzen werden zwei Typen von Knoten unterschieden (stellenartige und transitionsartige Knoten), die auf die übliche Art durch Kanten miteinander verbunden werden. Es gelten auch ähnliche Schaltregeln : eine Transition ist nur dann aktiviert (kann schalten), wenn alle Vorgängerstellen mindestens eine Marke enthalten und die Kapazität aller Nachfolgerstellen noch nicht erschöpft ist.

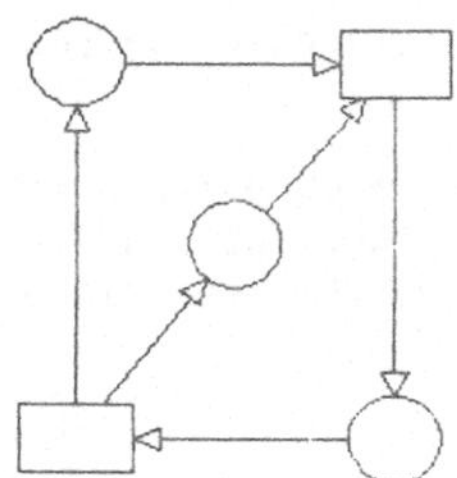

Abb.1 Ein Stellen-Transitions-Netz

Man versucht seit vielen Jahren, solche einfachen Netze bei der Software-Erstellung einzusetzen. Sie besitzen zwei wünschenswerte Eigenschaften : erstens gibt es für sie eine wohldefinierte grafische Darstellungsform, und zweitens hat man die Möglichkeit, gewisse Eigenschaften der Netze durch formale Untersuchungen herauszufinden. Leider gelangt man bei der Modellierung realer Systeme schnell zu Netzen, die sowohl vom Umfang der grafischen Darstellung als auch von ihrer Komplexität her nicht mehr zu handhaben sind.

Von Genrich und Lautenbach wurde vor einigen Jahren eine höhere Form der Petrinetze eingeführt, die eine erheblich kompaktere und auch flexiblere Modellierung gestattet : die **Prädikat-Transitions-Netze** (PrT-Netze). Die wesentliche für uns interessante Eigenschaft dieser Netze ist die Beschriftung der Stellen des Netzes mit Prädikaten. Marken sind in diesen Netzen keine unstrukturierten "schwarzen Punkte" mehr sondern Träger von Variablenwerten, die diese Prädikate zu wahren Aussagen machen. Die genauere Definition der PrT-Netze soll uns hier nicht beschäftigen (siehe dazu REI82).

In unseren NET-Modellen haben wir das eben Beschriebene von den PrT-Netzen übernommen. Um die Benutzung der PrT-Netze noch weiter zu erleichtern, wurden jedoch noch gewisse Einschränkungen und Erweiterungen vorgenommen. Alle diese Abänderungen lassen sich jedoch auf PrT-Netze zurückführen, so daß alle

---

* Begriffe aus der Petrinetz-Welt werden hier nicht erläutert. Wir verweisen dazu auf entsprechende Lehrbücher (z.B. REI82).

Analyse-Algorithmen, die auf PrT-Netzen arbeiten, im Prinzip auch auf NET-Modelle anwendbar sind.

1.2 Die Netzhierarchie

NET-Modelle sind hierarchische Netze. Gewisse transitionsartige Knoten können durch ein Subnetz detaillierter beschrieben werden.

Auf der obersten Ebene wird (in informeller Weise) ein "**Instanz-Kanal-Netz**" aufgebaut. Man versucht, die aktiven Elemente des zu beschreibenden Systems als "**Instanzen**" (eine Art von Transitionen) zu beschreiben, die über "**Kanäle**" (eine Art von Stellen) miteinander kommunizieren. Nach welchen Kriterien ein System zergliedert wird, hängt vom Anwendungsgebiet der Modellierung ab.

Größere NET-Modelle erfordern eine Hierarchie von Instanz-Kanal-Netzen, die über Kanäle miteinander gekoppelt sind.

Während die Kanäle nicht weiter zerlegt werden und schon durch die Beschriftung mit einem Prädikat vollständig festgelegt sind, muß die Funktionsweise jeder Instanz nun noch genauer durch ein **Subnetz** beschrieben werden.

1.3 Die Funktionsweise von Transitionen

Die Stellen der Subnetze sind wie alle Stellen im NET-Modell mit Prädikaten behaftet. Die Transitionen der Subnetze setzen die Stellen, also die Prädikate miteinander in Beziehung. Um dies zu beschreiben, muss angegeben werden, wie aus den Variablenwerten in den Prädikaten der Vorgängerstellen die Variablenwerte für die Prädikate der Nachfolgerstellen erzeugt werden. Das kann man im NET-Modell auf dreierlei Weise tun :

1. Man beschriftet die Transition mit funktionalen Zuordnungsregeln. D.h. man stellt jede Variable eines Nachfolgerprädikats als Funktion der Variablen der Vorgängerprädikate dar. Auf diese Weise gelangt man zu einer Gleichung für jede Variable eines Nachfolgerprädikats. Diese Transitionen sind elementar und nicht weiter in Subnetze zerlegbar. Sie heißen darum "**E-Transitionen**". Diese Transitionen können mit einer "**Aktivierungszeit**" behaftet sein, die angibt, wie lange diese Transition aktiviert sein muß, bevor sie schalten darf. Es handelt sich hier um eine Abkürzung für eine explizite Zeit-Modellierung durch ein PrT-Netz, die dem NET-Modellierer nicht zugemutet werden soll.

2. Man beschreibt die Transition wieder durch ein Subnetz. Diese Art von Transitionen, die in ein Netz zerlegbar sind, heißen "**N-Transitionen**".

3. Man beschreibt die Transition durch ein Netz, das nicht exklusiv zu dieser einen Transition gehört, sondern zur Beschreibung vieler Transitionen verwendet werden kann. Wir nennen solche wiederverwendbaren Netze "**W-Netze**". Die Transitionen, die W-Netze verwenden, heissen "**V-Transitionen**".

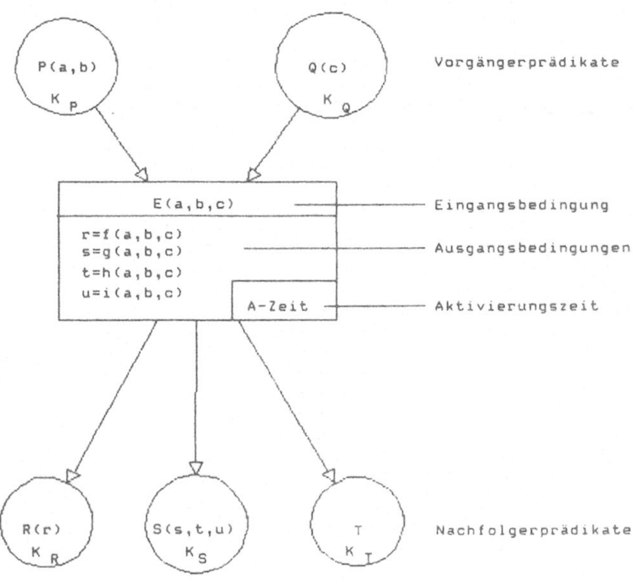

Abb.3 Stellen und Transitionen im NET-Modell
Prädikate wurden hier mit Grossbuchstaben bezeichnet. f,g,h,i sind Funktionen. Die anderen Kleinbuchstaben sind die Namen von Prädikatsvariablen. A-Zeit kann ein arithmetischer Ausdruck sein, der auch Funktionsaufrufe (z.B. GAUSS, POISSON ...) enthält. Ki sind die Kapazitäten der Stellen.

Die Verknüpfung der Instanzen und Kanäle durch Kanten ist so frei, wie man es von den einfachen Petrinetzen her kennt. Es gibt keine Einschränkungen außer dem Verbot, Stellen mit Stellen oder Transitionen mit Transitionen zu verbinden. Wesentlich strengere Einschränkungen gibt es nun in den Subnetzen, die angeben, wie eine Instanz, eine N-Transition oder eine V-Transition funktioniert.

1.4 Kausalstrukturen und Informationsfluß

Die Subnetze als Präzisierungen von Transitionen, also den aktiven Teilen des NET-Modells, beschreiben den kausalen Ablauf von Aktivitäten. Wir haben die möglichen Strukturen solcher Abläufe eingeschränkt auf den verschachtelten Aufbau durch vier grundlegende Konstrukte :

- **Sequenz** von n Transitions-Stellen-Paaren (Folge von Aktivitäten)

- **Verzweigung** in n Zweige (Alternative von Aktivitäten)
- **Wiederholung** von Aktivitäten in n Alternativen
- **Konkurrenz** von n Zweigen (Nebenläufigkeit von Aktivitäten)

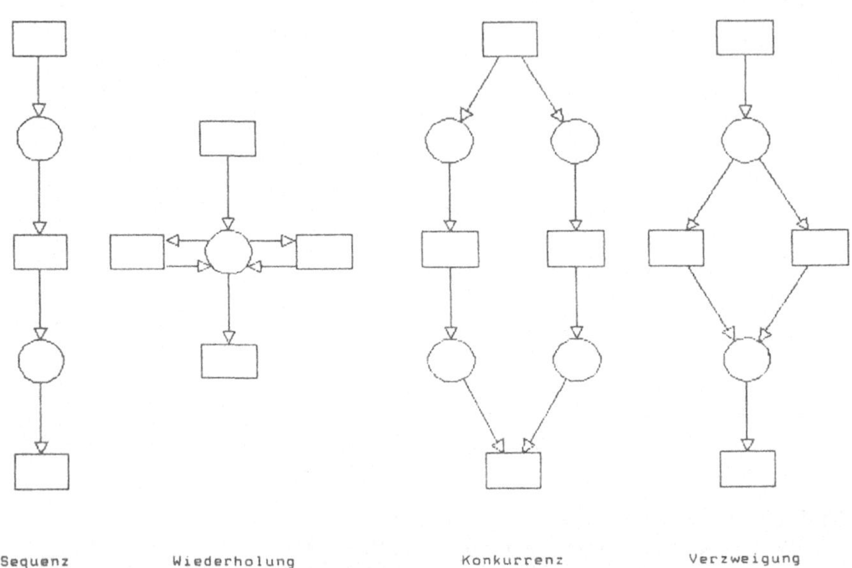

Abb.4 Die Netzkonstrukte

Wir sind der Überzeugung, daß alle Strukturen von **Kausalwirkungen** mit diesen Konstrukten beschrieben werden können.

Beim Versuch, ein reales System damit zu modellieren, wird sich aber sofort erweisen, daß sich damit nicht alles Wesentliche eines Systems beschreiben läßt. Neben Kausalwirkungen muß nämlich auch der Fluß von Informationen und Gegenständen durch das modellierte System beschrieben werden. Zu einer vollständigen Beschreibung gehört notwendig auch die Modellierung solcher Flüsse. Wir haben zu diesem Zweck die **"Informationsstellen"** eingeführt. Ihnen sind wie allen anderen Stellen Prädikate zugeordnet. Sie sind Bestandteile der Subnetze, können aber in beliebiger Weise mit Transitionen über eine besonders unterschiedene Art von Kanten ("I-Kanten") verbunden werden.

Kanäle und Informationsstellen, die zu Instanzen oder N-Transitionen führen, vererben ihre Beziehungen natürlich in die Subnetze dieser Transitionen. Da Subnetze Verfeinerungen von Transitionen sind, repräsentieren die Stellen, die mit einer verfeinerten N-Transition verbunden sind, die direkte Umwelt auch des Subnetzes.

2. Was kann man mit solchen Modellen anfangen ?

Die Antwort ist zunächst ganz einfach : Abbilder von realen oder projektierten dynamischen Systemen erstellen. Aber was hat dies mit der Beschreibung von Anforderungen an Software zu tun ?

Wir meinen, daß die Eigenschaften von geplanter Software nur im Zusammenhang mit der organisatorischen oder technischen Umgebung richtig gesehen werden können. Unser Ansatz zur Anforderungsbeschreibung ist somit:

Bilde das geplante automatisierte System als NET-Modell ab. Unterscheide dabei verschiedene ineinander verschachtelte Aufgabenbereiche :

1. die Aufgaben, die die EDV lösen soll,

2. der direkte organisatorische und technische Zusammenhang mit den Personen, die die Software benutzen und mit den Geräten, die an die Rechner angeschlossen sind.

3. der gesamte organisatorische Bereich, in dem die vorige Aufgabe sich bewegt.

Die Aufgaben befinden sich auf unterschiedlichen Abstraktionsniveaus. 1 ist eine Unteraufgabe von 2 und 2 ist eine von vielen Aufgaben, die gelöst werden müssen, damit die gesamte Organisation ihre Leistung erbringen kann. Wie detailliert die Modellierung mit NET-Modellen sein muß, hängt von der Relevanz ab, die solch ein Bereich für die Aufgabe der Software hat. Wir werden ein genaues Modell des Verhaltens der Software machen müssen (soweit es den Anwender interessiert). Wir werden auch ein grobes Modell des Verhaltens der Menschen machen müssen, die am und mit dem Rechner arbeiten. Und wir brauchen vielleicht eine Beschreibung des organisatorischen Zusammenhangs dieser Menschen und Geräte.

Am NET-Modell kann das Verhalten der zukünftigen Software in ihrem Umfeld studiert werden. Das ist genau das, was den Anwender und Auftraggeber interessieren muß. Er kann dies auf verschiedene Weise tun : Die naheliegendste Methode ist, sich die grafischen Darstellungen des Modells anzusehen und in allen Details zu prüfen, ob das Modell mit den Wunschvorstellungen übereinstimmt. Hier kann man aber immer nur lokale und statische Prüfungen durchführen. Ein globaler Eindruck vom Verhalten des Systems, von seiner Dynamik, ist so nicht zu gewinnen.

Dazu sollte das NET-Modell simuliert werden. Die Beobachtung des zeitlichen Ablaufs der wichtigen Ereignisse hilft Fehler und Unvollständigkeiten im spezifizierten Ablauf zu entdecken. Diese Ereignisse werden in einem Protokoll der Simulation niedergelegt. Statistische Untersuchungen des Protokolls können dazu benutzt werden, um die Einhaltung von Zeitrestriktionen zu kontrollieren, erforderliche Kapazitäten zu messen und festzustellen, ob alle Teile des Modells wirklich benutzt wurden.

Diejenigen Teile des NET-Modells, die die Software betreffen, beschreiben exakt das Verhalten, das man von der späteren Software erwartet. Auf diesen Punkt werden sich Software-Ersteller und Auftraggeber einigen müssen. Selbstverständlich sind in dieser Beschreibung noch viele Fragen offengelassen, die später bei der Implementierung unbedingt beantwortet werden müssen. Beispiele dafür sind die Konkurrenz, die an vielen Orten implizit in den NET-Modellen steckt und die Abbildung von Prädikaten in Daten. Wo es nicht erforderlich ist, wird man im Modell Sequentialisierung vermeiden, weil sie zusätzlichen Aufwand bedeutet.

Vieles, was im Prinzip konkurrent ablaufen könnte, wird man beim Entwurf hintereinander setzen, aus Gründen, die mit den Betriebsmitteln zu tun haben, aber nicht mit der Aufgabe. Ebensowenig ist es bei der Beschreibung der Anforderungen interessant, ob die bekannten Informationen (Prädikate) im Hauptspeicher, auf einem File oder implizit prozedural abgespeichert werden.

3. Die Werkzeuge des NET-Systems

Gegenwärtig existieren drei Werkzeuge im NET-System, mit denen NET-Modelle aufgebaut und analysiert werden können :

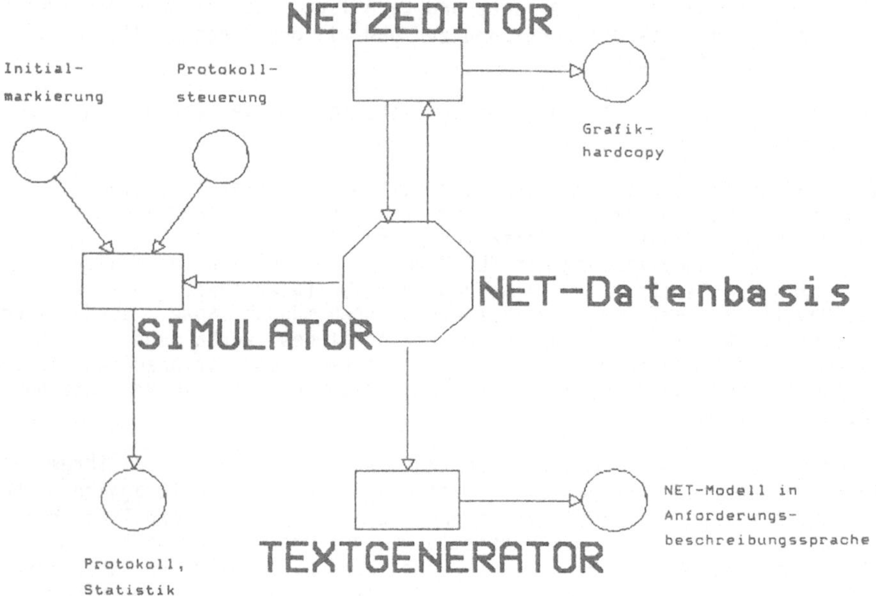

Abb.5 Das NET-System

3.1 Der Netzeditor

NET-Modelle werden mit dem Netzeditor konstruiert. Der Hauptzweck der geläufigen Petrinetz-Editoren ist die Erstellung von beliebigen Petrinetz-Grafiken. Im Unterschied dazu ist unser Werkzeug sehr speziell auf NET-Modelle ausgerichtet und kennt viele Regeln über den statischen Aufbau der NET-Modelle.

Der Aufbau geschieht **interaktiv.** Konstruktionsfehler, die der Netzeditor erkennt, werden sofort gemeldet und nicht ausgeführt. Die interaktive Kontrolle wird unterstützt durch die verschiedenen Kategorien von Transitionen und Stellen.

Der Netzeditor kann in drei Betriebsarten benutzt werden :

1. Netzmodus : Ein Ausschnitt aus dem gerade betrachteten Subnetz oder dem Instanz-Kanal-Netz wird je nach benutztem Terminal **grafisch** oder **semigrafisch** angezeigt. Der Inhalt kann editiert werden : Transitionen können expandiert werden zu Grundkonstrukten oder Kopien anderer Netz-Teile, Konstrukte können zu Transitionen geschrumpft und es können Informationsstellen erzeugt und verknüpft werden etc.

2. Lupe : Die Beschriftung eines Knotens wird im Detail bearbeitet. Bei transitionsartigen Knoten können Schaltbedingungen oder Gleichungen zur Variablenberechnung editiert werden. Bei stellenartigen Knoten sind die Prädikate anzugeben. Diese Texte werden sofort vom Netzeditor syntaktisch untersucht.

3. Baummodus : Die Stellung der gerade betrachteten Knoten des NET-Modells in der **Hierarchie** der Netze wird in einer Baumstruktur (ähnlich wie in BOIE(*)) angezeigt.

Wir glauben, mit diesem Netzeditor ein Werkzeug zu besitzen, mit dem realistische, d.h. sehr große NET-Modelle und nicht nur Spielzeug-Beispiele bearbeitet werden können. Leider ist das Darstellungsmedium Bildschirm (ganz gleich ob grafisch oder alphanumerisch) räumlich sehr begrenzt. Deshalb ist es unbedingt erforderlich, beim Arbeiten mit dem Netzeditor entweder eine Grafik des Netzes auf Papier oder eine vom Textgenerator erzeugte sprachliche Beschreibung des NET-Modells auf dem Schreibtisch zu haben. Der Netzeditor enthält ein Kommando zur Ausgabe der grafischen Darstellung auf Papier. Der Textgenerator ist jedoch zur Zeit noch ein eigenständiges Werkzeug.

3.2 Der Textgenerator

Während eine grafische Darstellung für das globale Verständnis des NET-Modells und auch für seine Konstruktion unerläßlich ist, liegt der Wert einer textlichen Beschreibung in einer präzisen Darstellung aller Einzelheiten. Diese Darstellung kann auch in der praktischen Handhabung zum Zweck der Dokumentation den schlechter aufzubewahrenden Grafiken überlegen sein.

3.3 Der Simulator

Streng vom Netzeditor getrennt ist der Simulator des NET-Systems. Er hat die Aufgabe, die **Dynamik** des NET-Modells zu veranschaulichen. Zur Zeit stellt er auch den Ersatz für ein Werkzeug zur statischen Analyse der NET-Modelle dar. Programme zur Berechnung von Invarianten, Erreichbarkeit etc. wurden zurückgestellt, bis wir genauer wissen, worin der Wert solcher Analysen für die

* BOIE ist ein baumorientiertes Software-Entwurfssystem mit interaktivem Entwurfseditor.

Praxis der Anforderungsdefinition liegt.

Der Simulator erwartet Angaben über Initialmarkierungen und eine Auswahl der zu protokollierenden Netzteile. Diese Dinge findet er auf Dateien vor, so daß leicht mehrere probeweise Simulationsläufe unter unterschiedlichen Anfangsbedingungen aber bei gleicher Netzstruktur durchgeführt werden können.

Im Protokoll findet man alle Ereignisse wieder, die in den zu beobachtenden Netzteilen stattgefunden haben. Zusätzlich gibt es Eintragungen über Konflikte, die nicht durch das NET-Modell entschieden wurden, sondern bei denen der Simulator eine Entscheidung zu treffen hatte. Diese Konflikte sind ein Hinweis auf unvollständige Spezifikation der Anforderungen.

Mit Hilfe von statistischen Auswertungen des Protokolls lassen sich u.a. die Belastung der einzelnen Netzteile, die Einhaltung von Zeitrestriktionen, die Lebendigkeit aller Netzteile messen.

Bei etwas großzügiger Interpretation des Begriffs kann man die Simulation des NET-Modells als einen frühen Prototyp der geplanten Software betrachten.

4. Vom NET-Modell zur Implementierung der Software

Wenn ein NET-Modell erstellt worden ist und der Auftraggeber anhand grafischer Darstellungen und der Simulation des NET-Modells die Anforderungen verifiziert hat, sind "nur" noch die Programme zu schreiben. Der Schritt vom NET-Modell der Anforderungen zur implementierten Software ist aber wesentlich größer und schwieriger, als man in Anbetracht eines simulierten Modells denken könnte.

Der Entwurf der Software, der dem Aufbau des NET-Modells folgt, hat Restriktionen zu berücksichtigen, die bislang überhaupt keine Rolle spielen mußten: z.B. Restriktionen bezüglich Größe und Geschwindigkeit der Programme, Ausdrucksmöglichkeiten der Zielsprache der Implementierung. Die vielen oben erwähnten Nebenläufigkeiten im NET-Modell müssen aufgelöst werden, und es muß entschieden werden, durch welche Datenstrukturen oder Dateien die Prädikate wiedergegeben werden sollen. Trotz dieser Schwierigkeit sind wir zuversichtlich, in Zukunft auch hier Werkzeug- und Methodikunterstützung anbieten zu können.

Wir gehen davon aus, daß der Entwurf der Software i.a. keine "Verfeinerung" des NET-Modells sein kann. Stattdessen muß eine völlig neue Struktur aufgebaut werden, die aber der des NET-Modells ähnelt. Das bedeutet, daß es Entsprechungen zwischen NET-Modell und Entwurfsstruktur gibt, die wir durch die Relation "wird implementiert durch" beschreiben. Alle Teile des NET-Modells, die die Rolle der Software betreffen, müssen eine ein Pendant, eine Implementierung im Software-Entwurf besitzen. Die Software erfüllt ihre Anforderungen genau dann, wenn es dem Verhalten des NET-Modells an dieser Stelle entspricht.

Uns fehlen zur Zeit die Erfahrungen mit der Implementierung von NET-Modellen. Wir beabsichtigen, diesen Vorgang zu studieren, um später die Anforderungen des NET-Modells und die Entwurfsstruktur eines BOIE-Entwurfs in einer gemeinsamen Datenbasis zu verwalten und die Implementierung eines NET-Modells zu unterstützen.

Zur Zeit wird das NET-System bei PSI in zwei Software-Projekten in der Phase der Anforderungsanalyse eingesetzt. Es handelt sich dabei um ein Betriebsdatenerfassungsprojekt und ein Projekt zur Prozeßsteuerung in einem Chemiebetrieb. Ziel der Anwendung ist eine Erprobung der Konzepte und der Werkzeuge, die in einer Verbesserung von beidem resultieren soll. Von besonderem Interesse ist dabei auch der Aufwand für die Erstellung eines NET-Modells. Mit einer Auswertung unserer Erfahrungen ist im Herbst 1983 zu rechnen.

Literatur :

REI82 W.Reisig,
Petrinetze - eine Einfuehrung
Berlin 1982

ANFORDERUNGSMODELLIERUNG FÜR REALZEITSYSTEME
Ansätze zur Bewältigung von Komplexität und von Unschärfe

Roland Mittermeir
Institut für Angewandte Informatik und Systemanalyse
Technische Universität Wien
und
Department of Computer Science
University of Maryland at College Park

ABSTRACT

Die Phase der Anforderungsanalyse soll sowohl dem Systementwickler ein Bild der von ihm zu lösenden Aufgabe geben, als auch demjenigen, der die Anforderungen stellt, helfen, seine eigenen Vorstellungen klar zu fassen.

Während sich bisherige Ansätze vorwiegend dem ersten dieser beiden Teilprobleme widmeten, wird hier ein Weg gezeigt, der neben der schrittweisen Bewältigung von Komplexität auch eine schrittweise Bewältigung von Ungenauigkeit gestattet. Dies wird im Rahmen der strukturellen Modellierung am Beispiel der Komponentenschnittstellen gezeigt. Im Rahmen der behavioristischen Modellierung, der ja für Prozeßdatenverarbeitungssysteme besondere Bedeutung zukommt, zeigen wir die Bewältigung von Unschärfe am Ereignisbegriff.

1. MOTIVATION

Während der Anforderungsanalyse soll die Basis für die Erstellung eines zukünftigen Systems geschaffen werden. Ob dies durch Erstellung eines konzeptuellen Modells, den Bau einer Reihe von Prototypen, oder durch Präsentation von Szenarien erfolgen soll, hängt von der Art des zu entwickelnden bzw. zu modifizierenden Systems und vom Inkrement des mit der Neugestaltung verbundenen Wandels ab (vgl. /MITT 82c/).

Wir wollen uns hier nicht der Diskussion über Zweckmäßigkeit und relativem Vorzug jeder der drei Methodiken widmen. Es kann jedoch festgestellt werden, daß eine formale Anforderungsanalyse im klassischen Sinn eher den Gedankengängen eines EDV-Spezialisten als denen eines Endbenutzers entspricht. Weiters soll eine geprüfte Spezifikation möglichst nicht mehr verändert werden. Prototyp- und Szenario-Methodiken brachten demgegenüber stärker die Sicht der Ungewißheit derjenigen in den Vordergrund, die zum Aussprechen von Anforderungen berechtigt sind - seien dies nun "Benutzer", deren Vorgesetzte, oder sonstige von der Neuentwicklung Betroffene bzw. sonstige Entscheidungsbefugte.

Diese Arbeit konzentriert sich zwar auf die formale Anforderungsanalyse zur Erstellung eines konzeptuellen Modells, berücksichtigt jedoch, daß die Partner des Analysierenden erst im Zuge des Analyseprozesses zu klaren Vorstellungen über ihre eigentlichen Bedürfnisse und Wünsche kommen. Daher werden Wege vorgestellt, die es erlauben, parallel zur Bewältigung der Komplexität durch Abstraktion und Partition auch eine Bewältigung der Ungenauigkeit, die den mentalen Modellen der Analysepartner eigen ist, zu gestatten. Es soll also aus initial ungenauen Grobbeschreibungen letztlich eine genaue und detaillierte Spezifikation erarbeitet werden.

Im folgenden Abschnitt wird gezeigt, warum die meisten der bekannten Ansätze zur Anforderungsanalyse dieser Forderung nicht gerecht werden und welche Nachteile aus einer Anforderungsanalyse mittels struktureller Dekomposition entstehen. Kapitel 3 der Arbeit präsentiert einen ganzheitlichen Ansatz und zeigt seine Vorteile im Vergleich zu den klassischen Methoden. Im 4. Abschnitt wird ein Zustands-Ereignis-Modell dargestellt, in dem die entsprechenden Definitionen für Zustand und Ereignis der spezifischen Problemstellung bei einer Anforderungsanalyse von (verteilten) Realzeitsystemen angepaßt sind. Schließlich wird gezeigt, wie aus den "weichen" Ereignissen auf hohen Abstraktionsebenen ein Modell entwickelt werden kann, welches mit gängigen Entwurfsmethodiken weiter behandelbar ist.

2. KLASSISCHE ANSÄTZE

Innerhalb der klassischen Ansätze zur Anforderungsmodellierung kann man grob zwischen streng formalen Sprachen und Methoden und solchen, die stärker graphisch-narrativen Charakter haben, unterscheiden. In beiden Gruppen befinden sich sowohl Vertreter des Datenflußansatzes als auch Vertreter eines hierarchisch strukturellen Ansatzes. Dabei überrascht es bei den formalen Methodiken nicht, daß sie bereits vom höchsten Abstraktionsniveau an strenge Schnittstellenkonsistenz fordern. Doch auch die "benutzerorientierten" narrativen Methoden fordern, wenngleich dies kaum formal prüfbar ist, daß die Schnittstellen zwischen Komponenten bereits am höchsten Abstraktionsniveau exakt spezifiziert werden (vgl. etwa SADT /ROSS 77/).

Daraus ergeben sich jedoch entscheidende Probleme in einer Phase, in der erst mühsam das Verständnis über die zu lösende Aufgabe erarbeitet werden muß. Weiters scheint es wenig zweckmäßig zu sein, von den Details einer Komponente noch völlig zu abstrahieren, ihre Schnittstelle zum Rest des Systems jedoch bereits bis ins letzte Detail spezifizieren zu müssen. Das Argument, die Schnittstelle müsse ein ruhender Pol in der Systementwicklung sein, mag zweifellos für die konstruktiven Phasen des Life-Cycles gelten; während der Analyse scheint dies jedoch eine nicht haltbare Forderung zu sein. Bei der Entwicklung komplexer Systeme ist die Schnittstellen-Konstanz ab der Entwurfsphase insbesondere aus der Sicht der Arbeitsteiligkeit wesentlich. Während der Analyse scheint jedoch aus eben diesem Aspekt eine Schnittstellenverfeinerung in späteren Schritten mindestens ebenso dringend geboten, da anderenfalls die Gefahr von Fehlinterpretationen und somit einer unvollständigen und inkonsistenten Spezifikation zu groß ist.

Ein weiteres Argument gegen das zu frühzeitige Einfrieren detaillierter Schnittstellen liegt in der Schwierigkeit, während des Entwurfes Strukturänderungen vorzunehmen. Zwar wird von Jackson betont, daß ein System umso durchschaubarer und damit auch umso änderungsfreundlicher sei, je stärker seine interne Struktur zur Problemstruktur äquivalent ist /JACK 78/; man darf aber nicht übersehen, daß die Problemstruktur nicht notwendigerweise mit der Lösungsstruktur eines bestehenden Systems identisch ist. Insbesondere in Mensch-Maschine Systemen resultieren aus einer unreflektierten Äquivalenz der aus dem obsoleten manuellen System abgeleiteten Anforderungsstruktur mit einer EDV-mäßigen Lösungsstruktur gravierende Fehlentwicklungen. Man macht dabei aus altem Schlendrian (der vielleicht sogar gerechtfertigt war) unmittelbar modernen elektronischen Superschlendrian. Um sowohl dem Problem der starren Schnittstellen bei hierarchischer Anforderungsmodellierung entgegenzutreten, als auch um dem Entwerfer möglichst klar seine Freiräume bei der Gestaltung der Lösungsstruktur aufzuzeigen, wollen wir im folgenden einen ganzheitlichen Ansatz zur Anforderungsmodellierung vorstellen.

3. GANZHEITLICHER ANSATZ

In /YEH 80b/ und /MITT 82a/ stellten wir die Vorzüge einer Outside-in Vorgangsweise zur Erhebung von Systemanforderungen dar. Diese ist insbesondere für die Anforderungsanalyse von Prozeßdatenverarbeitungssystemen empfehlenswert, da dort die Systemgrenzen bereits eher vor Beginn der Analyse festlegbar sind, als etwa im Bereich der betrieblichen Datenverarbeitung.

Ausgangspunkt der Outside-in Methode ist eine klar gegebene Systemgrenze, an der die Analyse ansetzen kann. Von dieser Systemgrenze aus werden die Interaktionen des zu analysierenden Systems mit seiner Umgebung studiert. Bei der Dekomposition des verbleibenden Systems wird aufgrund der festgestellten Interaktionen in peripherienahe Komponenten und in etwaige verbleibende zentrale Komponenten gegliedert. Die Umgebung des zu erstellenden Systems wird dabei explizit in die Interaktionsanalyse einbezogen. Eine Notationsform, die, obzwar nicht an eine bestimmte Methodik gebunden, so doch die Outside-in Vorgangsweise stark unterstützt, sind CML-Graphen /MITT 82b/.

CML-Graphen dienen zur Modellierung der Ein-/Ausgabe Umgebung eines Prozesses. Sie stellen den Prozeß selbst als geeignet beschriftetes Rechteck dar. Die von ihm verarbeiteten Daten werden als Ellypsen (Typdarstellung) bzw. Sechsecke (Exemplardarstellung) an seiner linken (Eingabe-) bzw. rechten (Ausgabe-) Seite dargestellt. Analog zur Datenumgebung, die in dieser Form für Prozesse definiert wird, wird für Daten eine Prozeßumgebung definiert. Sie ist durch jene Prozesse gegeben, welche das entsprechende Datenobjekt erzeugen, lesen, ändern oder zerstören. Daneben gibt es jedoch noch einen ausgezeichneten Prozeß, den Eigner des Datenobjektes. Er ist für die Verwaltung des Datenobjektes (einschließlich seiner physischen Darstellung) verantwortlich. (Das Konzept des "owners" findet sich etwa im Prinzip der Datenkapsel oder im Monitor-Konzept wieder.)

Selbstverständlich kann der Owner-Prozeß ebenso wie jeder andere Prozeß einer Verfeinerung unterzogen werden. Damit bietet sich allerdings der gesuchte Ausweg aus dem Dilemma der eingefrorenen Schnittstellen auf hohen Abstraktionsebenen der Modellierung. Während es im CML-Graph auf hoher Ebene durchaus ausreichend ist, die Schnittstelle in einer hoch aggregierten bzw. generalisierten Form darzustellen, kann in Verfeinerungen dieses Prozesses auf die jeweiligen Komponenten dieses Datenobjektes bzw. auf Spezialisierungen dieses Datenobjektes Bezug genommen werden. (CML-Graphen sind eine Weiterentwicklung von CSDL für Zwecke der Anforderungsmodellierung /ROUS 79/. Sie unterstützen daher sowohl Aggregationsabstraktionen als auch Generalisationsabstraktionen.) Zur Wahrung der Schnittstellenkonsistenz ist lediglich erforderlich, daß den Verfeinerungen bzw. Spezialisierungen im verwendeten (generierenden) Prozeß eine entsprechende Verfeinerung bzw. Spezialisierung des Datenobjektes und gegebenenfalls dessen Owner Prozesses entspricht.

Man sieht aus dieser Diskussion, daß eine Prozeßdarstellung neben ihrer Ein-/Ausgabe Umgebung auch eine strukturell/konzeptuelle Umgebung hat. Diese ergibt sich aus den Prozeßdarstellungen des übergeordneten bzw. untergeordneten Abstaktionsniveaus. Wie wichtig es ist, dabei zwischen Aggregationsabstraktion und Generalisationsabstraktion zu unterscheiden, ist unter anderem aus den in /ROSS 83/ angegebenen Algorithmen zur Bestimmung der Auswirkungen von Anforderungsänderungen auf das konzeptuelle Modell ersichtlich.

Neben der Ein-/Ausgabe Umgebung und der strukturell/konzeptuellen Umgebung kann man auch noch die temporäre, geographische und die "logische" Umgebung eines Prozesses analysieren (vgl. /MITT 83/). Dabei wird die temporäre Umgebung durch ein Ereignis-Zustands-Modell beschrieben, die geographische Umgebung dient zur Angabe aller aus der Verteilung eines Systems resultierenden Anforderungen und die "logische" Umgebung erlaubt die Angabe der jeweiligen Vor- und Nachbedingungen zur Exekution eines Prozesses, bzw. etwaiger Invarianzen. Wegen der speziellen Bedeutung für Prozeßdatenverarbeitungssysteme wollen wir uns im folgenden auf die temporäre Umgebung konzentrieren.

4. ZUSTANDS-EREIGNIS-MODELL

Als Alternative zur strukturellen Modellierung von Anforderungen kann die behavioristische Modellierung angesehen werden /YEH 80a/. Dabei wird das gewünschte Verhalten eines Prozesses (Zustand) durch seine Reaktion auf externe Stimuli (Ereignisse) dargestellt. (vgl. etwa auch RSL /ALFO 77/).

Behavioristische Anforderungsmodellierung hat gegenüber strukturellen Formen den Vorteil, daß sie weniger Entwurfsentscheidungen vorwegnimmt. Allerdings setzen Verfeinerungen im Zustands-Ereignis-Modell meist entsprechende Verfeinerungen in einem strukturellen Modell voraus.

Ein weiterer Aspekt des Ereignis-Modells ist, daß es zur Modellierung zeitlicher Abhängigkeiten herangezogen werden kann. Zeit ist einer der wesentlichsten Aspekte in Prozeßdatenverarbeitungssystemen. Sie muß daher bereits während der Anforderungsanalyse adäquat modellierbar sein.

In unserer Methodik wird zwischen zwei Zeitbegriffen unterschieden: der absoluten Zeit, die etwa bei Abarbeitung eines Meßwertes nicht überschritten werden darf, und der relativen Zeit, die durch die Reihenfolge signifikanter Ereignisse gegeben ist.

Während absolute Zeitangaben in CML stets als Attribute einer Prozeßdarstellung durch entsprechende Zeitspannen oder als fix definierte Aktivierungsparameter (z.B.: täglich um 7´00 Uhr) angegeben werden können, ist der relative Zeitbegriff zur Koordinierung unterschiedlicher, asynchron laufender Prozesse erforderlich. Als Ausgangspunkt unserer Überlegungen wählen wir dabei das in /CHEN 82b/ vorgeschlagene Modell. Es ist dadurch ausgezeichnet, daß es keinerlei zentrale Komponente zur Aufrechterhaltung der Kommunikation oder Steuerung verteilter Prozesse vorsieht. Somit ist dieses Modell mit der Philosophie der streng lokalen Modellierung, wie sie in CML vertreten wird, voll kompatibel.

Zur Beschreibung partieller Ordnungen innerhalb paralleler Abläufe verwendet Chen die Beziehung "A precedes B". Zur Darstellung von Steuerinformation verwendet er die Beziehung "A enables B". Dabei sind A und B jeweils Ereignisse.

Während die Idee, Zeit durch Ereignisfolgen zu beschreiben, voll mit der oben beschriebenen Strategie der Anforderungsmodellierung verträglich ist, stoßen wir allerdings beim Ereignisbegriff selbst auf ähnliche Probleme, wie sie bereits bei Schnittstellen im Rahmen der strukturellen Analyse beschrieben wurden.

Chen definiert /CHEN 82a/: "An event is an <u>instantaneous atomic</u> state transition in the computation of a system".

Betrachtet man diese Definition für "Ereignis", die durchaus mit gängigen Auffassungen übereinstimmt, so erkennt man, daß "Ereignis" ein Konstrukt sehr niedriger Abstraktionsebene ist. Es kann insbesondere weder verfeinert noch aggregiert werden. Somit wird aber wiederum bereits frühzeitig ein Detaillierungsgrad und Präzisionsgrad erreicht, der für Spezifikationen auf höheren Niveaus nicht adäquat ist.

Dies sei an einem Beispiel erläutert: Betrachten wir etwa die Bedarfsaussage "Bei Eintreffen eines Kunden soll das Verkaufspersonal diesen sofort freundlich empfangen, es sei denn, alle Verkäufer sind bereits mit anderen Kunden beschäftigt."

Die Aussage dieses Beispiels ist soweit klar. Wenn das atomare (nicht zeitbehaftete) Ereignis "Kunde trifft ein" eingetreten ist, soll mindestens einer der Verkäufer seinen bisherigen Zustand (etwa "untätig", "tratschend", "Ware einräumend, etc.) verlassen und in den Zustand "empfangend" übergehen. Verkäufer, deren bisheriger Zustand jedoch "mit Kunden beschäftigt" ist (dies ist eine Generalisation der Zustände "empfangend", "Auskunft gebend" und "bedienend"), sollen weiterhin in diesem Zustand verharren. Sind alle Verkäufer somit "mit Kunden beschäftigt", kann der neu angekommene Kunde nicht "empfangen werden", sondern sein Zustand wird "wartend" - es sei denn, er beschließt, das Geschäft sofort wieder zu verlassen.

Fassen wir Kunde und Verkäufer als parallele Prozesse auf, so erkennen wir, daß in jeder dieser beiden Prozeßklassen je nach ihrem Zustand unterschiedliche Subprozesse ablaufen (z.B.: kommen, warten, weggehen, fragen, bestellen, ...; warten, tratschen, einräumen, sich mit Kunden beschäftigen, ...). Selbstverständlich können wir uns statt der Kunden und Verkäufer des Beispiels auch beliebige automatisierte industrielle Prozesse vorstellen, die aufgrund obiger Beschreibung weiter detailliert werden sollen.

Bei einer weiteren Verfeinerung sieht man, daß obige Situation unterspezifiziert war. Was bedeutet denn "Kunde trifft ein"? Ist damit gemeint, daß der Kunde zum Verkaufspult kommt und eine bestimmte Ware verlangt, daß er lediglich das Geschäft betritt, oder daß er sein Auto am Kundenparkplatz dieses Geschäftes abstellt? Mit Sicherheit können wir nur sagen, daß das Ereignis "Kunde trifft ein" jedenfalls noch nicht bedeutet "Kunde verläßt Geschäft mit Ware", und daß es durch "Person fährt mit dem Auto am Geschäft vorbei" ebenfalls nicht erfüllt wird. Jedenfalls sollte man aber vor einer Zuweisung der Verfeinerung des Kundenprozesses und des Verkäuferprozesses an unterschiedliche Analysegruppen über diesen Punkt Klarheit schaffen.

Trotzdem würde es im obigen Beispiel unzweckmäßig sein, bereits auf der behandelten Abstraktionsebene eine detailliertere oder präzisere Definition des Ereignisses "Kunde trifft ein" zu geben, da das intuitive Verständnis für einen Überblick über die zu lösende Aufgabe völlig ausreicht. Es gilt vielmehr, einen Rahmen zu setzen, der es gestattet, das Ereignis des Eintreffens auf niedrigerem Abstraktionsniveau zu verfeinern. Dabei sollte aus dem konzeptuellen Modell hervorgehen, ob bereits während der Analysephase festgelegt werden soll, welche der Alternativen

Ereignis: "Kunde parkt Auto am Parkplatz"
Folgezustände: "Kunde geht zum Geschäft",
"Verkäufer öffnet die Türe und grüßt"

oder

Ereignis: "Kunde fragt am Verkaufspult nach ..."
Verkäuferzustand: "antwortet und zeigt entsprechende Ware"

für "Kunde trifft ein" und die entsprechenden Nachfolgeaktivitäten gewählt werden sollen, wie Kunden empfangen werden sollen die nicht mit dem Auto kommen, etc., oder ob die entsprechende Entscheidung dem Entwerfer anheimgestellt wird.

Um Darstellungen auf hohem Abstraktionsniveau nicht mit derlei Details zu belasten, wählen wir für "Ereignis" folgende Definition:

> Als **"Ereignis"** eines gegebenen Abstaktionsniveaus wird ein elementarer Zustandsübergang eines Prozesses in der Beschreibung auf diesem Abstraktionsniveau definiert.

Dazu muß als Beschreibung eines "Zustand"s auf einem Abstraktionsniveau definiert werden:

> Als **"Zustand"** bezeichnen wir jene Phase eines Prozesses, die durch eine Invariante, die auf dem gewählten Abstraktionsniveau formulierbar ist, beschrieben werden kann.

Somit ist weder in der Definition von "Zustand" ein Zeitbegriff enthalten, noch in jener von "Ereignis" Atomizität gefordert. Beide Definitionen sind jedoch durch das jeweils gewählte Abstraktionsniveau parametrisiert. Das Wort "elementar" in der Definition von "Ereignis" bedeutet lediglich, daß am gewählten Abstraktionsniveau durch ein Ereignis stets ein unmittelbarer Zustandsübergang definiert wird, also keine Zustandskette auftreten darf. Man kann daraus ableiten, daß die Zeitdauer eines Ereignisses bei schrittweiser Verfeinerung spätestens am endgültig gewählten niedrigsten Abstraktionsniveau tatsächlich 0 beträgt. Somit ist obige Definition auf unterster Ebene wieder mit der klassischen Ereignisdefinition verträglich.

Um mit obiger Definition auch arbeiten zu können, bedarf es noch der Angabe von Regeln für die Verfeinerung von Ereignissen. Vorher wollen wir aber noch 4 spezielle Klassen von Ereignissen definieren:

E-events (elementare Ereignisse) sind echt atomare Zustandsübergänge, die keinerlei Zeit in Anspruch nehmen. Sie erfahren keine weitere Verfeinerung bis zum niedrigsten Abstraktionsniveau.

F-events (fuzzy bzw. unscharfe Ereignisse) sind Ereignisse, die der Ereignisdefinition auf einem bestimmten Abstraktionsniveau genügen, die aber auf tieferen Abstraktionsniveaus noch weiter aufgegliedert werden. (Um den Ereignisbegriff nicht über Gebühr zu strapazieren, könnte man F-Events auch schlicht als "auf diesem Abstraktionsniveau undefinierte Zwischenzustände" bezeichnen. Diese Sicht bietet den Vorteil, daß man nach Verfeinerung gegebenenfalls feststellen kann, ob es sich beim F-event lediglich um einen (mehrere) zeitlich noch nicht fixierbaren E-event handelt, oder ob in der Tat ein fließender Zustandsübergang vorliegt. Diese Entscheidung kann aber erst nach der Detailanalyse getroffen werden und die einheitliche zeitliche Klammerung von Zuständen durch Ereignisse geht verloren. Weiters spricht für die hier gewählte Ausdrucksweise, daß der umgangssprachliche Ereignisbegriff weit umfassender ist, als jener unserer Fachsprache.)

G-events (generische Ereignisse) sind Verallgemeinerungen von tatsächlich existierenden E- oder F-events bzw. von anderen G-events.

C-events (composite oder zusammengesetzte Ereignisse) sind Abstraktionen von Ereignissen, die als logische Ausdrücke über E-, F- oder G-events beschreibbar sind. C-events sind somit den in /CHEN 82a/ definierten coordination events ähnlich, sie unterscheiden sich von diesen jedoch dadurch, daß die im logischen Ausdruck genannten Ereignisse nicht durch Nachfolge-Ereignisse konzeptuell aufgehoben werden dürfen. Somit enthalten C-events implizit auch Zustandsinformation, da die im logischen Ausdruck enthaltenen Ereignisse für den entsprechenden Subprozeß jeweils das "letzte" Ereignis gewesen sein müssen. Dennoch sind C-events (mit Ausnahme der Einschränkungen bei etwa beteiligten F-events) zeitlich atomar.

Man erkennt aus obigen Definitionen, daß lediglich E-events atomare Ereignisse im Objektsystem beschreiben, während F-, G- und C-events gedankliche Hilfskonstrukte des Analyse- bzw. Entwurfsprozesses sind. Man kann sie daher als Meta-Ereignisse bezeichnen.

5. HIERARCHISCHES EREIGNISMODELL

Im vorherigen Kapitel wurden Ereignisse unterschiedlichen Feinheitsgrades spezifisch für eine Abstraktionsebene definiert. Hier soll nun gezeigt werden, wie zwischen Ereignissen unterschiedlicher Abstraktionsniveaus eine formal saubere Beziehung hergestellt werden kann. Dabei können wir uns auf die Behandlung von F-events beschränken, da zwischen E-events unterschiedlicher Abstraktionsniveaus definitionsgemäß eine eindeutige Beziehung herrschen muß, und die Auflösung von G-events und C-events in die jeweiligen konstituierenden Ereignisse innerhalb eines Abstraktionsniveaus stattfinden kann. (Sie erfolgen durch ISA-Hierarchien bzw. durch explizite Nennung im logischen Ausdruck.)

Für die Verfeinerung von F-events in E-events oder in F-events niedrigerer Stufe können wir auf die Überlegungen Romans zur formalen Darstellung eines konzeptuellen Modells zurückgreifen /ROMA 82b/. Er definiert ein konzeptuelles Modell als ein Quintupel

$$CM = (E, EO, S, SO, Ü).$$

Dabei ist E die Menge der Zustände der Systemumgebung, EO ist die Menge der initialen Umgebungszustände, S ist die Menge der Systemzustände und SO die Menge der initialen Systemzustände, Ü ist eine Abbildung der Vorgänger in die Nachfolgerzustände

$$Ü \text{ subset-of } ((E \times S) \times (E \times S)).$$

Man erkennt aus der Definition der Abbildung Ü, daß diese im wesentlichen unserer Definition von "Ereignis" entspricht. Allerdings ist das Ereignis als eindeutiger Übergang zwischen Systemzuständen definiert, also statt einer Teilmenge aus dem cartesischen Produkt eine Funktion.

Zur formalen Darstellung der Zerlegung von Prozessen bzw. Prozeßzuständen in Zustände auf niedrigerem Niveau definiert Roman eine Funktion PHI, die den Zusammenhang zwischen Detailmodell und Grobmodell herstellt /ROMA 82b/. PHI ist eine Funktion der Detailzustände (E´ x S´) auf die Grobzustände (E x S).

Im hierarchischen Ereignismodell kann man eine Abbildung PSY definieren, deren Definition für die Beziehung zwischen Zuständen analog zu PHI ist. Für die Darstellung der Beziehungen zwischen Ereignissen ist PHI(Ü) jedoch nur bei elementaren Ereignissen analog anwendbar:

PSY(E-ev.k´) = E-ev.k wenn:
E-ev.k := ((e.k1, s.k1), (e.k2, s.k2)) und
E-ev.k´ := ((e.k1´,s.k1´), (e.k2´, s.k2´)) und
PSY(e.ki´, s.ki´) = (e.ki, s.ki) für i = 1,2
und (e.k1, s.k1) ungleich (e.k2, s.k2)

Also, PSY(E-ev.k´) von elementaren Ereignissen ist genau dann definiert, wenn das Ereignis den Übergang zwischen Verfeinerungen der Zustände beschreibt, deren Übergang durch das elementare Ereignis E-ev.k beschrieben wurde. Dabei darf es sich selbstverständlich nicht um Zustandsübergänge innerhalb der Verfeinerung eines einzigen Zustands handeln, da solche Ereignisse auf höheren Abstraktionsebenen noch nicht beschreibbar sind.

Die Verfeinerung von F-events wollen wir mit der Inversen von PSY, nennen wir sie DEC (für Dekomposition), beschreiben. DEC ist nur für E-events eine Funktion. Für die Verfeinerung von Zuständen ist DEC eine Relation, ebenso für die Verfeinerung von F-events. (Für Zustandsverfeinerungen wäre auch die Inverse von PHI keine Funktion, sondern eine Relation. Dies ist auch der Grund warum PHI - und um mit /ROMA 82a/ konsistent zu bleiben auch PSY - als Kompositionsfunktion und nicht als Dekompositionsfunktion definiert wurde.)

Für F-events liefert DEC(F-ev.j) ein komplettes Zustands-Ereignis Netz. Die System-Zustände dieses Netzes entsprechen keinen der Systemzustände anderer Komponenten. Die Umgebungszustände in diesem Netz treten als Umgebungs- bzw. Systemzustände in der Verfeinerung der Zustände jener Prozesse auf, die den so verfeinerten F-event definierten.

Beschreibe also F-ev.j folgenden Übergang:

F-ev.j := ((e.j1, s.j1), (e.j2, s.j2))

wobei die s.j´s Zustände eines Prozesses X und die e.j´s Zustände aus der Umgebung von X sind (von Prozessen Y.i).

Die Verfeinerung von X liefere ein konzeptuelles Submodell CM.X mit

CM.X = (E.X, EO.X, S.X, SO.X, Ü.X)

das über die Kompositionsfunktion PSY an den Prozeß X gebunden ist. Analoge Verfeinerungen können mit den einzelnen Y.i´s durchgeführt werden.

Die Verfeinerung der F-events F.j an der zeitlichen (behavioristischen) Schnittstelle von X liefern ebenfalls je ein neues konzeptuelles Submodell

CM.Fj = (E.Fj, EO.Fj, S.Fj, SO.Fj, Ü.Fj).

Für diese Submodelle muß nun gelten:

e.jk in E.Fj --> (e.jk in E.X) oder (e.jk in E.Yi)
s.jk in S.Fj --> s.jk neuer Zustand
e.jk in EO.Fj --> PSY(e.jk) = e.j1 oder PSY(e.jk) = s.j1

Weiters muß es in der Definition von Ü.Fj Tupel geben, die Elemente aus DEC(e.j1) und DEC(s.j1) als erstes Eingabeargument enthalten und Tupel, die Elemente aus DEC(e.j2) und DEC(s.j2) als erstes Ausgabeargument enthalten. Diese Ausprägungen der Übergangsfunktion (Ereignisse) sind erforderlich, um eine Konsistenz der Übergangsfunktionen zwischen Prozeßverfeinerungen zu ermöglichen.

Sei beispielsweise die Umgebung eines Regelungssystems der beobachtete Prozeß und dieser könne die Zustände "kritisch" und "unkritisch" annehmen. Das System selbst sei entweder im Zustand "beobachtend" oder "reagierend". Dann ist der F-event "ALARM" als

ALARM := (("unkritisch", "beobachtend"), ("kritisch", "reagierend"))

beschrieben.

Sei "unkritisch" auf oberem Niveau etwa durch einen Schwellwert x beschrieben, so stellt sich bei genauerer Betrachtung heraus, daß "unkritisch" eigentlich aus einem reduzierten Schwellwert und der Änderungsrate des Meßwertes definiert ist.

Der alarmauslösende Prozeß hat damit folgende Teilaufgaben zu erfüllen, für die er natürlich Zeit benötigt und die somit Zustände darstellen, die wir dem F-event ALARM zuordnen können:

- stelle Abweichung fest,
- übermittle Abweichung an Zentrale,
- nachdem Zentrale verfügbar, analysiere Grund der Abweichung,
- gib Fehlerdiagnose und Handlungsempfehlung aus.

Eine Zuordnung an den "reagierend"en Regler scheint nicht zweckmäßig, da dieser ja ganz anderen Gesetzen gehorchen wird, anderen Entwurfsprinzipien unterliegt, vielleicht auf einem anderen Prozessor abläuft, ja möglicherweise sogar ein Mensch ist. Es könnte auch sein, daß Teile der Alarmvorbereitung noch im zu überwachenden Prozeß selbst ablaufen können.

Die Zustandsverfeinerungen des Hauptsystems sind: "Alarm erkennen", "Fehlerdiagnose lesen", "Handlungsempfehlung beurteilen" und "Fehler beheben" bzw. "Prozeß abschalten".

Somit sind die neuen Schnittstellen zwischen diesen drei Komponenten: Der C-event "Meßgröße > (x - f(dx,t)) **und** Änderungsrate = (dx,t)" zwischen dem Prozeß und ALARM, und "Fehlermeldung und Lautzeichen erscheint am Terminal" zwischen ALARM und Hauptsystem (z.B.: Mensch).

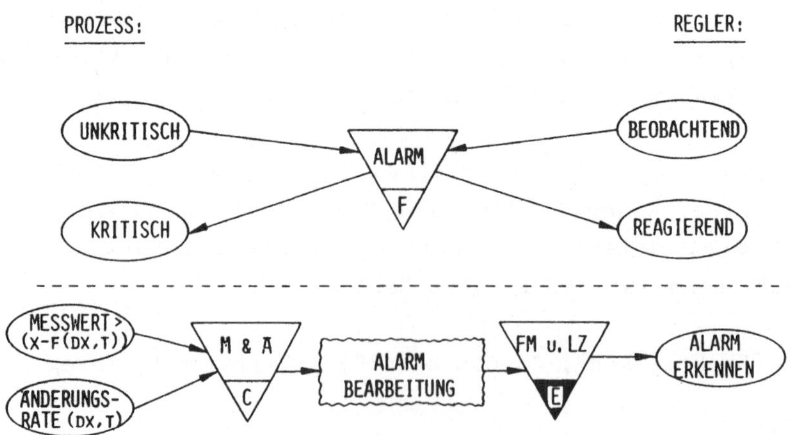

Graphische Darstellung der Verfeinerung eines F-Events

6. ZUSAMMENFASSUNG

Diese Arbeit brachte einen Ansatz, um im Rahmen der Anforderungsanalyse aus den unscharfen mentalen Modellen der Bedarfssteller zu einer formal exakten Spezifikation zu gelangen. Dabei wurde davon ausgegangen, daß strukturelle Ansätze zwar geeignet sind, Komplexität durch hierarchische Abstraktion zu reduzieren, daß sie aber keine Beiträge zur Bereinigung unscharfer Vorstellungen bringen können.

Dafür wurde ein ganzheitlicher Ansatz zur Modellierung von Prozessen bzw. von Daten vorgestellt. Dieser Ansatz ist stark mit den in der Informatik jüngst forcierten objektorientierten Ansätzen verwandt.

Weiters wurde, speziell für Prozeßdatenverarbeitungssysteme, ein behavioristischer Ansatz vorgestellt, in dem es durch eine Verallgemeinerung des Ereignisbegriffs ebenfalls möglich ist, bereits relativ unscharfe Angaben in ein formales Modell aufzunehmen.

Danksagung: Der Autor dankt Prof. Kopetz für Hinweise zur Begriffsproblematik des F-events.

LITERATURVERZEICHNIS

/ALFO 77/ M.W. ALFORD: "Requirements Engineering Methodology for Real-Time Processing Requirements, IEEE Trans. on Software Engineering, Vol. SE-3/1, Jan. 1977, pp. 60-69.

/CHEN 82a/ B.-S. CHEN: "Event-Based Specification and Verification of Distributed Systems", Ph.D. Dissertation, University of Maryland at College Park, 1982.

/CHEN 82b/ B.-S. CHEN and R. T. YEH: "Formal Specification and Verification of Distributed Systems", in: Proc. 3rd Int. Conference on Distributed Computing Systems, Miami, Fl., Oct. 1982.

/JACK 78/ M. A. JACKSON: "Information Systems: Modelling, Sequencing and Transformation", in: Proc. 3rd International Conference on Software Engineering, Atlanta, GE, May 1978, pp. 72-81.

/MITT 82a/ R. T. MITTERMEIR, I. MIYAMOTO, N. ROUSSOPOULOS and R. T. YEH: "Requirements analysis - An integrated approach", TR-1155, University of Maryland at College Park, Apr. 1982.

/MITT 82b/ R. T. MITTERMEIR: "CML-GRAPHS - A Notation for Systems Development", in: R. Trappl (ed.): "Cybernetics and Systems Research", Proc. 6th European Meeting on Cybernetics and Systems Research, Vienna, Apr. 1982, North Holland Publ., 1982, pp. 803-809.

/MITT 82c/ R. T. MITTERMEIR, P. HSIA and R. T. YEH: "Alternatives to overcome the communications problem of formal requirements analysis", in: Proc. International Symposium on Current Issues of Requirements Engineering Environments, Kyoto, Japan, Sept. 1982, North Holland Publ., 1982, pp. 163-169.

/MITT 83/ R. T. MITTERMEIR: "Requirements Specification for Distributed Systems", TR DA 83/04/01, Institut f. Angewandte Informatik und Systemanalyse, Techn. Univ. Wien, Wien, 1983.

/ROMA 82a/ C. C. ROMAN: "A rigorous approach to building formal system requirements", WUCS-B2-7, Technical Report, Dept. of Comp. Science, Washington University, St. Louis, MO, Feb. 1982.

/ROMA 82b/ C. C. ROMAN and R. K. ISRAEL: "A Formal Treatment of Distributed Systems Design", in: Proc. Int. Symposium on Current Issues of Requirements Engineering Environments, Kyoto, Japan, Sept. 1982, North Holland Publ., 1982 pp. 3-12.

/ROSS 77/ D. T. ROSS: "Structured Analysis (SA): A Languge for Communicating Ideas", IEEE Trans. on Software Engineering, Vol. SE-3/1, Jan. 1977, pp. 16-34.

/ROSS 83/ D. T. ROSSAK: "Formale Erfassung von Änderungen im konzeptuellen Modell", DA, Inst. f. Angewandte Informatik und Systemanalyse, Techn. Univ., Wien, 1983.

/ROUS 79/ N. ROUSSOPOULOS: "CSDL: A Conceptual Schema Definition Language for the Design of Data Base Applications", IEEE Trans. on Software Engineering, Vol. SE-5/5, Sept. 1979, pp. 481-496.

/YEH 80a/ R. T. YEH and P. ZAVE: "Specifying Software Requirements", Proc. of the IEEE, Vol. 68/9, Sept. 1980, pp. 1077-1085.

/YEH 80b/ R. T. YEH and R. T. MITTERMEIR: "Conceptual Modeling as a Basis for deriving Software Requirements", Proc. Internat. Computer Symposium, Taepei, Taiwan, Dec. 1980, pp. 1-14.

BENUTZERNAHE ANFORDERUNGSANALYSE MIT S A R S*

W. K. Epple

Lehrstuhl für Prozeßrechentechnik
Institut für Informatik III
Prof. Dr.-Ing. U. Rembold
Zirkel 2
7500 Karlsruhe 1

G. R. Koch

BIOMATIK-GmbH
Carl-Mez-Str. 81-83
7800 Freiburg

* Die Entwicklung von SARS wurde z. T. aus Mitteln des Bundesforschungsministeriums, Projekträger GMD, gefördert und in Kooperation mit SIEMENS Erlangen durchgeführt. Die aktuelle Fortführung des Projekts wird ebenfalls mit Mitteln der GMD und mit Unterstützung der BIOMATIK GmbH, Freiburg, finanziert.

1. Einleitung

Die Notwendigkeit der Verwendung von Werkzeugen zur Softwareentwicklung ist auch in der Praxis kein strittiges Thema mehr. Der zunehmende Einsatz und die Realisierung von Softwareproduktionsumgebungen wie etwa UNIX oder diverser APSE's belegen diese Tendenz.

Einer der namhaftesten Analytiker des Softwaremanagements in USA, B.W. Boehm /Boe 76/ hat schon vor mehr als 5 Jahren herausgefunden, daß eine Phase in Softwareentwicklungsprojekten ganz besonders wichtig für den technischen und wirtschaftlichen Erfolg ist: Die Erfassung und Analyse der Anforderungen des Auftraggebers. Ist es doch heute so, daß, obwohl sich die Anforderungen des Vertragspartners häufig nicht exakt mit dem decken, was man in einem früheren Projekt auf Band oder Platte abgelegt hat, dennoch aus Kostengründen versucht wird, das Vorhandene anzubringen. Es ist die starke Tendenz vorhanden, zunächst das Gewachsene anzubieten /HEN 80/. Selten bleibt bei der Abnahme dann der Kommentar des Betroffenen aus: "So haben wir uns das aber nicht vorgestellt". Schließlich sollte auch im schlimmsten Fall vor Gericht entscheidbar sein, wer sich was vorgestellt hat und ob dies so in das Pflichtenheft hineingeschrieben wurde.

Am Institut für Informatik III der Universität Karlsruhe entstand in Zusammenarbeit mit SIEMENS Erlangen und neuerdings in Zusammenarbeit mit der BIOMATIK GmbH das integrierte Werkzeugsystem SARS (Bild 1), mit dessen Hilfe sich Anforderungen auf benutzergemäße Art erfassen und auf ihre Vollständigkeit, Eindeutigkeit und Verträglichkeit überprüfen lassen. Schon die Erfassung der Benutzerwünsche kann rechnergestützt erfolgen. Der besondere Vorteil ist in der Möglichkeit einer graphischen Eingabe zu sehen. Da der Mensch bekanntlich komplexe Informationen in graphischer Darstellung leichter überschaut, ist dies ein wesentlicher Schritt in Richtung Benutzerfreundlichkeit.

SARS steht für System of Application-oriented Requirements Specification. Es besteht aus einer Methode, verschiedenen Beschreibungsmitteln und einer Reihe von Werkzeugen. Im einzelnen setzt es sich aus folgenden Komponenten zusammen (vgl. Bild 1).

- Informationssystem,
- Methode MARS (Method for Application-oriented Requirements Specification),
- formale Sprache LARS (Language for Application-oriented Requirements Specification),
- textueller und graphischer Editor und
- Dialogsystem.

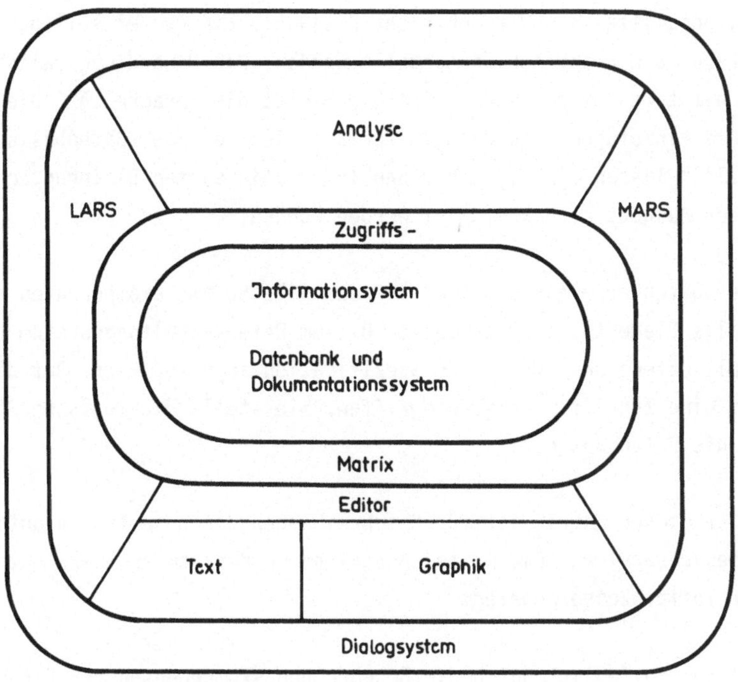

Bild 1 : Komponenten von SARS

2. Die Bestandteile von SARS

2.1 Das Informationssystem

Der Kern von SARS ist ein Informationssystem, das alle ("öffentlichen") Daten des Spezifikationsarbeitsplatzes verwaltet. Die Beschreibungsmittel von SARS zur Spezifikation sind

- formalsprachliche (LARS-)Texte
- umgangssprachliche Texte und
- Graphiken

Diese Beschreibungsmittel sind jedoch nicht disjunkt. Ein großer Teil der LARS-Spezifikationen kann auch graphisch dargestellt werden. Die Umwandlung zwischen Graphik und LARS-Text nimmt das System vor. Weiterhin bietet die Sprache LARS die Möglichkeit, Kommentare einzufügen, die dann im formatfreien Teil der Datenbasis abgelegt werden. Zusätzlich lassen sich zwischen den Informationsarten Beziehungen herstellen, die bei der Ausgabe berücksichtigt werden können.

Ein gemeinsames Datenverwaltungssystem, auf das alle Softwarekomponenten zugreifen, kontrolliert alle Elemente der Datenbasis. Diesem Datenverwaltungssystem unterliegt eine relationale Datenbank, in der die Spezifikation abgelegt wird. Auf die Datenbank wird über eine Zugriffsmatrix zugegriffen. Sie stellt die logische Sicht des Benutzers auf die Datenbank dar.

Die erste Spalte dieser Matrix ist für Beschreibungen des gesamten zu automatisierenden Prozesses reserviert. Die weiteren Spalten werden vom Anwender entsprechend der Anzahl der Teilprozesse angelegt.

Der erste Teil der Zeilen ist durch die Beschreibungskomponenten der Sprache LARS vorgegeben und kann vom Benutzer nicht geändert werden. Der Inhalt dieses ersten Teils wird einer formalen Analyse unterworfen. Der weitere Teil der Zugriffsmatrix ist der "benutzerdefinierte Bereich". Hier können beliebige (nichtanalysierbare) Daten abgelegt werden.

Die Zugriffsmatrix soll den Spezifikateur bei seiner Arbeit unterstützen. Die Spezifikationen können nach Teilprozessen geordnet erstellt werden (Ausnahme Guard). So können alle Events, Stati und Daten, die von einem Teilprozess erzeugt werden, in einem Input-Interface zusammengefaßt werden, das in der entsprechenden Spalte eingetragen wird. In gewissem Sinne stellt die Zugriffsmatrix eine "Checkliste" dar, die in der Praxis jedoch nicht vollständig ausgefüllt sein muß.

Zur Durchführung von "Datenanfragen" werden zwei Zugriffsmodi realisiert:

- direkter Zugriff mittels abbildungsorientierter Sprache und
- halbgraphische Benutzerführung

Die Benutzerführung stellt Ausschnitte der Datenbankstruktur auf dem Bildschirm dar und ermöglicht Anfragen in tabellarischer Form.

2.2 Die Methode MARS

Sie war der konzeptionelle Ausgangspunkt bei der Schaffung von SARS. Folgende Grundüberlegungen prägten die Methode:

1. Jedes zu entwickelnde Automatisierungssystem, oder konkreter: jede Software reflektiert die Struktur der mit dem Automatisierungssystem verbundenen Umgebung. So muß im Bürobereich die existierende oder zukünftig gewollte Organisationsstruktur ebenso verbindlicher Ausgangspunkt einer Anforderungsanalyse sein, wie es in der Prozeßautomatisierung der existierende oder geplante technische Ablauf ist.

2. Jede vom Computer zu bewerkstelligende Aktion kann mit dem Stimulus-Response-Modell beschrieben werden. Entweder es ist augenscheinlich, daß ein ursächliches Ereignis (Stimulus) einen darauf reagierenden Effekt (Response) zur Folge haben soll, oder man versucht im Rahmen einer Analyse eine bestimmte Wirkung (Response) einer zu identifizierenden Ursache (Stimulus) zuzuordnen. Ein einfaches Beispiel: Zum Geburtstag des Operators (Stimulus: das Gültigwerden eines bestimmten Datums) soll der Rechner ein Marilyn-Monroe-Poster ausdrucken (Response: Ausdruck).

   Die Sache läßt sich auch umgekehrt sehen: Zu welchem Anlaß sollen wir den Rechner das Marilyn-Monroe-Poster anfertigen lassen? Beide Prinzipien bestimmen die Methodik der Anforderungsspezifikation. Ausgehend von der Struktur des an den Computer zu koppelnden Systems definiert der "Anforderungsspezifikateur" alle notwendigen Stimulus-Response-(SR)-Funktionen. Diese noch unabhängigen SR-Objekte sind gegenüber der späteren Implementierung neutral, lassen sich aber von ihrer Bedeutung als Rechenprozesse verstehen. Die SR-Funktionsblöcke werden in weiteren Schritten zu Netzen verfeinert. Die Syntax dieser Netze entspricht ungefähr den R-Netzen, die von ihrem Erfinder M. Alford /ALF 77/ erstmals in Deutschland in einem der Tutorials des IKD 82 vorgestellt wurden.

   Die Bilder 2, 3a, 3b und 3c veranschaulichen die Methodik am Beispiel. Eine Anlage zur Füllung von Dosen mit Lack wird von links mit leeren Dosen beschickt. Diese werden gewogen (Taragewicht), abgefüllt und nochmals gewogen (Bruttogewicht). Anhand der Bruttowägung wird entschieden, ob die Dose zum Verkauf freigegeben werden kann oder mittels einer Weiche zum Ausschuß geleitet wird.

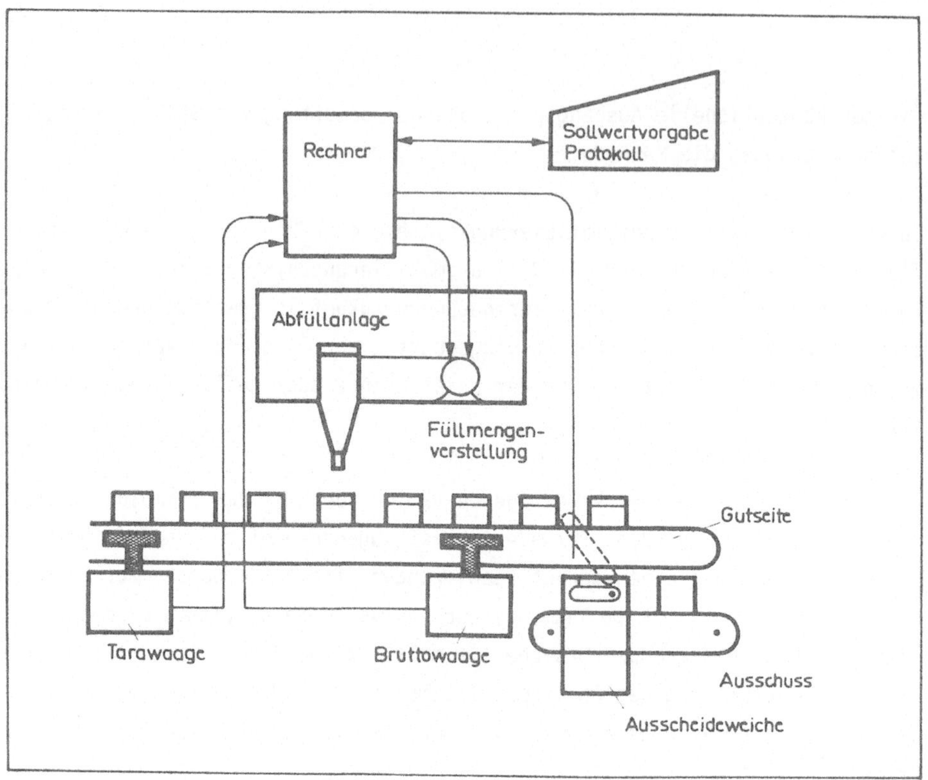

Bild 2 : **Anwendungsbeispiel "Abfüllanlage"**

Die SR-Funktionen für dieses Beispiel ergeben sich auf Seiten des Prozesses auf ganz natürliche Weise (Bild 3a):

- Taraw g(Tarawägung)
- Abfüll (Abfüllung bzw. Regelung der Füllmenge)
- Bruttow (Bruttowägung)
- Aussch (Ausscheidung).

Die Funktion Bruttow(ägung) ist in Bild 3b graphisch und in Bild 3c äquivalent textlich im Detail spezifiziert. Die den beiden Darstellungsformen unterlagerte Syntax und Semantik definiert eine Anforderungsspezifikationssprache namens LARS.

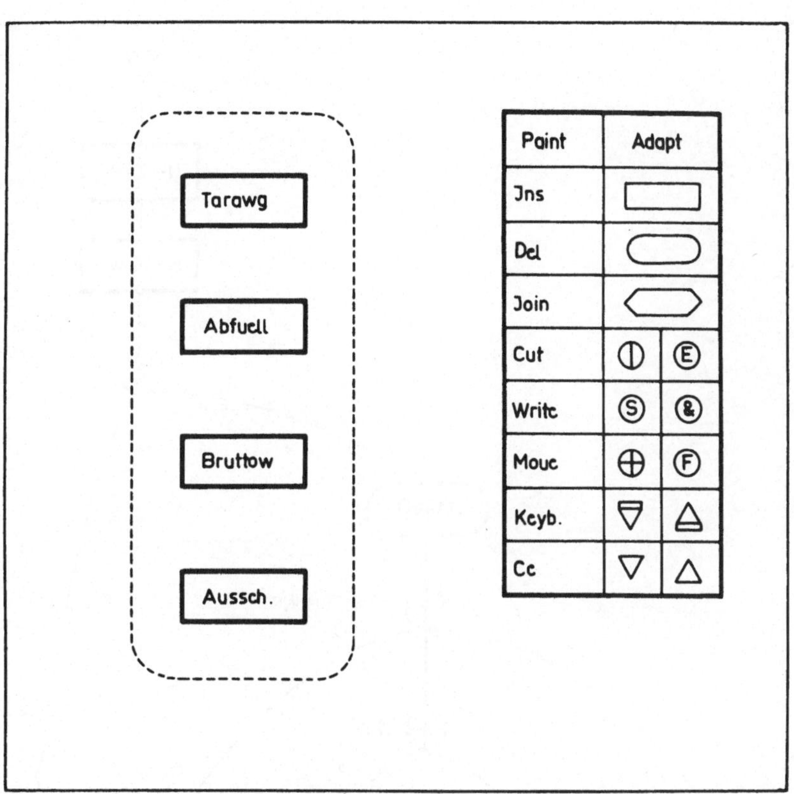

Bild 3a : Symbolische Darstellung des Prozesses "Abfüllanlage"

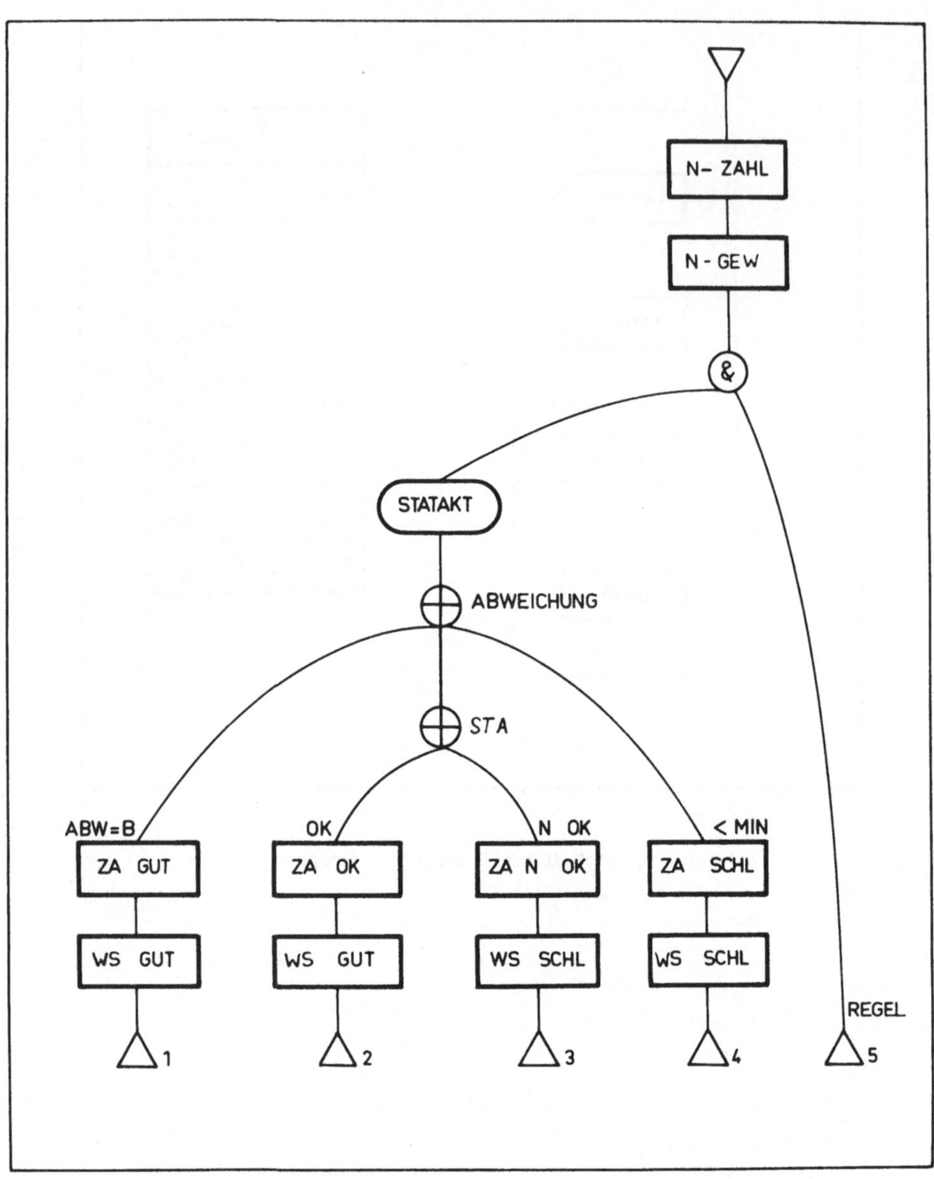

Bild 3b : SRM - Net BRUTTOwägung in graphischer Darstellung

```
SRM_NET BRUTTO :
  STRUCTURE
    ALPHA NETTO_ZAEHLEN;
    ALPHA NETTOGEWICHT;
    DO
      TERMINATE T5
    AND
      SUBNET STATISTIK_AKTUALISIEREN;
      CONSIDER ABWEICHUNG:
        IF (KEINE ABWEICHUNG)
          ALPHA ZAEHLEN_GUT;
          ALPHA WEICHENSTATUS_GUT;
          TERMINATE T1
        OR (TOLERANZ_2_PROZENT)
          CONSIDER STATISTIK:
            IF  (OK)
              ALPHA  ZAEHLEN_OK;
              ALPHA  WEICHENSTATUS_GUT;
              TERMINATE T2
            OR  (NICHT_OK)
              ALPHA  ZAEHLEN_NICHT_OK;
              ALPHA  WEICHENSTATUS_SCHLECHT;
              TERMINATE T3
          END  CONSIDER
        OR  (UNTER_MINIMUM)
          ALPHA   ZAEHLEN_SCHLECHT;
          ALPHA   WEICHENSTATUS_SCHLECHT;
          TERMINATE T4
      END  CONSIDER
    END DO
  END STRUCTURE
```

Bild 3c : SRM_NET BRUTTO, beschrieben in LARS

2.3. Die Sprache LARS

Die Sprache LARS ermöglicht

- die formalsprachliche Beschreibung der SR-Netze,
- die Definition der Schnittstellen zwischen System und Außenwelt (Interface-LARS) sowie
- die Beschreibung der logischen Verbindung zwischen den Schnittstellen und den SR-Netzen (Guard-Lars).

2.3.1 Net-LARS

Jedes Netz besteht aus einer Menge von Verarbeitungs- und Strukturierungsknoten. ALPHA-, SUBNET-, STORE-, LOAD- und TERMINATE-Knoten sind Verarbeitungsknoten. Die Menge der Strukturierungsknoten besteht aus AND-, OR-, CONSIDER-, SELECT und FOR-EACH-Knoten. Daneben besteht die Möglichkeit, private und globale Netzdaten zu beschreiben.

a. Verarbeitungsknoten

Ein ALPHA-Knoten repräsentiert eine datenverarbeitende, nicht teilbare Funktion. Ein ALPHA kann entweder durch Hardware oder durch Software (z.B. eine PASCAL-PROZEDUR) realisiert werden. Zum Zeitpunkt der Spezifikationserstellung genügt es, jedes ALPHA mit einem eindeutigen Bezeichner zu versehen.

Ein SUBNET-Knoten stellt eine Erweiterung eines ALPHA-Knotens dar. Ein SUBNET wird von einem SR-Netz aufgerufen und wie ein Unterprogramm ausgeführt. Sein Aufbau entspricht dem eines SR-Netzes mit dem einzigen Unterschied, daß im Gegensatz zum SR-Netz ein SUBNET nur an einer einzigen Stelle beendet werden kann. Nach Beendigung eines SUBNETzes geht die Kontrolle an das aufrufende SR-Netz zurück.

Ein STORE-Knoten legt den aktuellen Wert eines Datenobjektes im lokalen Speicher des SR-Netzes ab. Implizit wird der Wert des Datenobjektes gemeinsam mit der aktuellen Systemzeit gespeichert.

Mit Hilfe des LOAD-Knotens lassen sich ein oder mehrere Exemplare eines Datenobjektes aus dem lokalen Datenspeicher holen. Die Exemplare unterscheiden sich durch ein Zeitattribut. Wird keine Zeitangabe gemacht, so liefert der LOAD-Knoten das zuletzt gespeicherte Exemplar des Datenobjektes.

Ein TERMINATE-Knoten beendet einen Pfad eines SR-Netzes oder eines Subnetzes. Wesentlich ist, daß ein Subnetz nur einen einzigen Endepunkt besitzt, wohingegen ein SR-Netz an mehreren Stellen beendet werden kann.

b. Strukturierungsknoten

Ein AND-Knoten beschreibt das Durchlaufen verschiedener Pfade, die nicht sequentiell voneinander abhängen und deshalb auch parallel abgearbeitet werden können.

Ein OR-Knoten spezifiziert die Selektion eines bestimmten Pfades. Ein boolescher Ausdruck dient dabei als Auswahlkriterium. Im Gegensatz dazu stellen beim CONSIDER-Knoten die möglichen Werte eines Datenobjektes vom Typ ENUMERATION das Auswahlkriterium dar.

Ein SELECT-Knoten schränkt aufgrund einer Bedingung die verwendbare Datenmenge für die Dauer der Abarbeitung eines Teilpfades ein. Falls die Bedingung nicht erfüllbar ist, wird der durch den SELECT-Knoten selektierte Pfad übergangen.

Ein FOR-EACH-Knoten wird i. A. mit einer Bedingung versehen. Alle Exemplare eines Datenobjektes, die diese Bedingung erfüllen, werden den Verarbeitungen unterworfen, die in dem auf den FOR-EACH-Knoten folgenden ALPHA oder SUBNET spezifiziert sind. Der FOR-EACH-Knoten läßt sich mit einer Schleife vergleichen.

2.3.2 Interface LARS

Eine Schnittstellenbeschreibung enthält im wesentlichen die Aufzählung und Typisierung der die Schnittstellen passierenden Daten. In der Prozeßautomatisierung würde man von Meßstellenlisten sprechen. Die Schnittstellenbeschreibung zerfällt in die Beschreibung der Eingangs- (INPUT-INTERFACE) und Ausgangsschnittstelle (OUTPUT-INTERFACE). Zusätzlich wird eine Angabe erzwungen, ob die Information mit einem Benutzer (USER), mit einem Prozeß (PROCESS) oder mit einer korrespondierenden DV-Einheit (CORRESPONDING-UNIT) ausgetauscht wird. Diese Einteilung wurde gewählt, da insbesondere für diese drei Arten externer Dialogpartner unterschiedliche und andere Beschreibungsformen und -normen angemessener sind (z.B. /BAH 79/, /EPP 82/). Die Daten, die ein Interface passieren, werden in drei Klassen eingeteilt:

EVENT
STATUS und
DATA

Ein Ereignis (EVENT) ist die Anzeige eines Zustandsübergangs. Es kann mit dem Auftreten eines Interrupts in einem Prozeßrechner verglichen werden. Ein Attribut gibt an, ob dieses Ereignis zu einem zeitlich nicht vorher festlegbaren Zeitpunkt auftritt (SPONTANEOUS), oder ob es sich zyklisch in festen Zeitintervallen wiederholt (CYCLIC). Jedes Ereignis wird implizit bei seinem Auftreten mit einem "Zeitstempel" versehen. Im GUARD-Teil kann qualifiziert ein zeitattributiertes Ereignis referenziert werden.

Eine Statusinformation (STATUS) ist die Anzeige eines aktuellen Zustands, der für die Dauer seiner Betrachtung als stabil angesehen wird. Es existieren drei Arten von Statusanzeigen.

- SWITCH Für Statusinformationen, die nur die Werte OFF und ON annehmen können,

- INTEGER für die Codierung einer Menge von Zuständen als ganze Zahl und

- ENUMERATION als Art, bei der alle möglichen Zustände aufgezählt werden müssen.

2.3.3 GUARD LARS

Die aus der Sicht der Spezifikation und Analyse komplexeste LARS-Komponente ist der GUARD, der als Vermittler und Filter zwischen den Schnittstellen und den SR-Netzen steht. Er hat die Aufgabe, den Informationsaustausch, d.h. den Signal- und Datenfluß zwischen Interfaces und SR-Netzen zu überwachen. Er ist die einzige Komponente von LARS, die Zugriff zur Systemzeit hat, die Netze aktiviert und synchronisiert und entscheidet, welche Daten aus den Interfaces an die Netze weitergegeben werden. Der GUARD beobachtet die Interfaces und wertet ständig Statusangaben, Ereignisse und die aktuelle System-Uhrzeit aus. Er zerfällt in die Komponenten ACTIVATION, ASSIGNMENT und DATA.

Im ACTIVATION-Teil werden Startbedingungen (START-EVENT) formuliert, die sich aus Ereignissen, Statusinformationen und der Angabe einer Uhrzeit zusammensetzen können. Die Zeitangabe selbst kann wiederum ein Ausdruck sein, der als Wert eine Absolutzeit besitzen muß. In diesem Teil werden auch Angaben über die auszulösenden Netze und die zu transferierenden Daten gemacht.

Der ASSIGNMENT-Teil beschreibt die Zuordnung zwischen den Daten des Interfaces und den Daten, die in SR-Netzen verwendet werden.

Im DATA-Teil können Datentypen definiert und globale Datenobjekte, die in allen SR-Netzen Verwendung finden, deklariert werden.

Von Seiten der Theorie lagen dem Konzept des Guards die Gedanken Hoares /HOA 78/ und Dijkstras /DIJ 75/ über die "kooperierende Konkurrenz" nebenläufiger Prozesse zugrunde. Wichtig ist auch hier festzustellen, daß Guard-Elemente äquivalent tabellarisch oder graphisch dargestellt werden können, z.B. durch Entscheidungstabellen und/oder Schaltnetzdarstellungen.

Für LARS existiert in SARS ein Compiler, mit dessen Hilfe sich Vollständigkeits-, Verträglichkeits- und Eindeutigkeitsprüfungen von in LARS formulierten Anforderungsspezifikationen durchführen lassen.

2.4 Editoren

SARS beinhaltet zwei Editoren: je einer zur Manipulation von textuellen und graphischen Darstellungen.

2.4.1 Der Texteditor

Er erfaßt formale sowie informelle Texte und manipuliert über die Zugriffsmatrix Teile, die in der Datenbank abgelegt sind. Danach werden die bearbeiteten Spezifikationen an den ursprünglichen Ort in der Datenbank als neue Version zurückgeschrieben.

Um ein komfortables Vorgehen bei der Texterfassung und Textmanipulation zu ermöglichen, wurde der Editorbildschirm in folgende Bereiche eingeteilt:

- Kommandobereich

In der ersten Zeile wird der gegenwärtig editierte Zugriffspunkt der Matrix angezeigt. Die zweite Zeile ist die (Kommando-) Eingabezeile. Die dritte Zeile stellt die Trennlinie zwischen Kommandobereich und Editierbereich dar. An dieser Trennlinie werden gesetzte Tabulatoren durch einen tiefer liegenden Strich sichtbar gemacht.

- Editierbereich und Sichtbereich

Der Editierbereich läßt sich bei Bedarf in zwei variable Bereiche aufteilen:

a. den eigentlichen Editierbereich und
b. den Sichtbereich

Diese Aufteilung ermöglicht es, neben dem Editieren eines Textes im Editierbereich weitere Texte im Sichtbereich anzuschauen und bei Bedarf ganz oder teilweise in den Editierbereich zu kopieren.

2.4.2 Der Graphikeditor

Er ermöglicht die graphische Ein- und Ausgabe von LARS-Spezifikationen alternativ zum Texteditor. Das bildhafte Spezifizieren erlaubt den am Spezifikationsprozeß beteiligten Personen, sich schnell und "auf einen Blick" eine Vorstellung funktionaler Zusammenhänge verschaffen zu können.

Für die wesentlichen Komponenten von LARS existieren graphische Äquivalente. Der graphische Editor unterstützt den Aufbau und die Modifikation von graphischen Darstellungen, insbesondere von Netzen. Die dazu erforderlichen Funktionen und Knoten können über einen Digitizer angewählt werden. Die Beschriftung der einzelnen Knoten wird am alphanumerischen Bildschirm vorgenommen.

Die Graphiken werden bei der Eingabe auf syntaktische Korrektheit überprüft und dann in die interne Darstellung einer LARS-Spezifikation übersetzt. Der graphische Editor ist darüberhinaus in der Lage, die interne Darstellung in die graphische zu überführen. Als Äquivalent zur informellen, textuellen Spezifikation sollen auch freie Graphiken erstellt und über einen Reportgenerator zusammen mit den zugehörigen Texten auf einem graphikfähigen Drucker ausgegeben werden können.

Ein Beispiel der graphischen Anforderungsspezifikation ist in Bild 3b dargestellt.

2.5 Das Dialogsystem

Es ist die umgebende Hülle von SARS. Einerseits schützt es den Bediener vor Ausgaben, die für ihn unverständlich oder gar ärgerlich sind und andererseits wird SARS von fehlerhaften Bedienereingaben verschont. Das Dialogsystem ermöglicht dem Benutzer von SARS den Zugang zu den einzelnen Komponenten.

Im einzelnen weist es folgende Eigenschaften auf:

- es ist weitgehend sicher gegen Eingabefehler und korrigiert Tippfehler unmittelbar nach Eingabe eines fehlerhaften Zeichens automatisch,
- es quittiert Eingaben des Bedieners sofort,
- es unterstützt den ungeübten Bediener durch eine Help-Funktion, die jederzeit aufgerufen werden kann,
- es fragt automatisch bei Befehlen mit Parametern nicht angegebene Parameter ab und
- es reduziert den Schreibaufwand, indem nichtvollständige Parameterlisten mit Default-Werten vorbesetzt werden.

Die Fehlersicherheit des Dialogsystems wird durch den zeichenweisen Betrieb und eine umfangreiche Analyse der Eingabe erreicht. Das Dialogsystem garantiert einen hohen Grad an Fehlersicherheit und bewahrt sowohl den Bediener als auch das Spezifikationssystem vor unliebsamen Überraschungen.

3. Technische Daten

SARS ist gegenwärtig auf einem SIEMENS-Prozeßrechner R30 mit 512 kW, vier Terminals (3874 R), einem Graphikbildschirm GMA 102A mit Digitizer, zwei Plattenlaufwerken zu je 10 MB sowie ein Plattenlaufwerk mit 79 MB realisiert. An Standardsoftware wurden das Betriebssystem ORG 300 PV, verschiedene Dienstprogramme und die graphische

Grundsoftware (SIGRIS) verwendet. Die SARS-Software besteht aus Dialogsystem, Texteditor, Graphikeditor, Parser für die Sprache LARS, Datenbank, Projektüberwachungskomponente und einem Anfragemodul für die Datenbank. SARS ist nahezu vollständig in PASCAL realisiert und läßt sich mit geringem Aufwand auf andere Rechner übertragen. Geplant ist eine Übertragung auf VAX von DEC und auf einen Personal-Computer, basierend auf einem 68000-Prozessor.

4. Zusammenfassung

In diesem Beitrag wurde ein Werkzeugsystem zur Abdeckung der frühen Phasen des Software-Life-Cycles vorgestellt. Die Besonderheiten des Systems sind seine

- Eignung für die Analyse existierender Prozeßsysteme,
- Eignung zur Beschreibung von eingebetteten Systemen mit Echtzeitcharakter,
- Fähigkeit graphische Informationsrepräsentationen für die Eingabe und Ausgabe zu ermöglichen,
- in Syntax und statischer Semantik formale Definition der Spezifikationssprache
- harmonische Integration verschiedenster Werkzeuge mittels einer Dialoghülle,
- gute Portabilität dank einer zu 95% in PASCAL geschriebenen Implementierung.

Das System befindet sich momentan in einer Phase der Stabilisierung, so daß eine industrielle Erst-Version im Frühjahr 1984 zum internen Gebrauch verfügbar sein wird. Als nächstes soll die Anwendbarkeit anhand größerer realer Beispiele getestet und im Ergebnis ggf. ein partielles Redesign der Sprache LARS vorgenommen werden. Für 1984 ist eine Ergänzung der Analysewerkzeuge geplant, mit deren Hilfe explizite Tests auf Vollständigkeit, Konsistenz und Widerspruchsfreiheit möglich werden. Schließlich wird auch eine Spezifikation der Abbildung von LARS-Spezifikationen in ADA-Entwürfe erarbeitet. Insofern steht auch die Evaluation von SARS als eine APSE-Komponente an.

Die Autoren möchten abschließend den bisher am Projekt beteiligten Personen danken. Dieser Dank geht insbesondere an Prof. Rembold, Universität Karlsruhe, Herrn Herzog und Dr. Neugebauer, SIEMENS Erlangen, den Kollegen M. Hagemann und M. Klump sowie dem ständigen Arbeitskreis "Systematische Entwicklung von Automatisierungssystemen" an der Universität Karlsruhe.

Literatur

/ALF 77/ ALFORD, M.W.: "A Requirements Engineering Methodology for Real Time Processing Requirements", IEEE Trans. on Software Engineering, Vol. SE-3, 1977, pp. 60-69

/BAH 79/ BAHKE, E.: "Rationelle Materialflußplanung in mittelständischen Betrieben", Conference proceedings of the RKW - Workshop during WIMATIKA 79, University of Karlsruhe

/BOE 76/ BOEHM, Barry W.: "Software Engineering", in IEEE Trans. on Computers, Vol. C-25, No. 12, Dec. 1976

/DIJ 75/ DIJKSTRA, E.W.: "Guarded Commands, Nondeterminacy and Formal Derivation of Programs", Comm. ACM, No. 8, Aug. 1975

/EPP 82/ EPPLE, Wolfgang K.: "Communication Nets for the Specification of Operator Dialogues", Proceedings of the Conference "Human Factors in Computer Systems", Gaithersburg, Maryland, U.S.A., March 15-17, 1982

/HEN 80/ HENNINGER, Kathryn L.: "Specifying Software Requirements for Complex Computer Systems", IEEE Trans. on Software Engineering, SE-6, 1980, pp. 2-13

/HOA 78/ HOARE, C.A.R.: "Communicating Sequential Processes", Comm. ACM, No. 8 Vol. 21, Aug. 1978

/KOC 81/ KOCH, G.: "Anwenderorientierte Anforderungs-Spezifikation von Automatisierungssystemen - Ein Beitrag zur Systemanalyse in der Technik", Draft of a dissertation to be submitted to the Faculty for Informatics, Karlsruhe, 1982. To be published.

REAL TIME IN DISTRIBUTED REAL TIME SYSTEMS*

H. Kopetz

Institut fuer Praktische Informatik, Technische Universitaet Wien, Austria

Abstract . Any real time computer control system must have a capability to measure the duration between events in the metric of real time and must respond to a stimulus within a given real time interval. This paper discusses some of the implications which result from the inclusion of this real time metric on the specification, communication and error detection in real time distributed systems.

Keywords . Real Time, Logical Time, Distributed Real Time Systems, Communication, Error Detection.

INTRODUCTION

The tremendous growth of decentralized computers has brought the topic of coordination and synchronization of the fairly autonomous systems to the center of interest. But, although synchronization is closely related to the activity of the systems in the domain of real time, many published synchronization techniques try to abstract from the property of real time at the earliest possible instance and are only concerned with the logical ordering of events /1,2,3,4/. In distributed real time systems such an abstraction is neglecting an essential property of the problem. Since real time can be a critical resource and the maximum duration of a response to an external event is dictated by the environment, the explicit consideration of the metric of real time is absolutely necessary in real time control systems.

* This is a revised version of a paper presented at the 4th DCCS Workshop at Sabi Sabi, South Africa.

Some Kind of Time reference is also needed in under to specify the behaviour of a system. Behaviour is defined as a response to an ealier stimulus. It does not make sense to talk about the behaviour of a system, which is not in action.
This short paper, which has to be seen as a contribution to a workshop tries to discuss the following topics in DCCS from the point of view of real time

- the establishment of a time reference
- specification
- communications protocols
- error detection and
- state restoration

THE ESTABLISHMENT OF A TIME REFERENCE

In the following discussion we distinguish between logical time and physical time.

Def.: Logical Time

A time reference established by counting specified significant events (logical ticks). There exists no metric to measure the interval between logical ticks. Thus the concept of duration between logical ticks is not defined.

Def.: Physical Time

A time reference established by counting the ticks of a physical clock (physical ticks). There exists in principle a metric to measure the interval between any two physical ticks (physical real time). The duration of these interval is, expressed in this metric, constant.

We also distinguish between a relative and absolute time reference:

Def.: Relative Time Reference

The time reference (logical or physical) is established in relation to a local event.

__Def.:__ Absolute Time Reference

The time reference (logical or physical) is established in relation to a global event for a given system. The time reference for the absolute physical time is the UTC (Universal Time Coordinated).

We thus have the following options for the establishment of a time reference:

	start event	
time base	global	local
physical	UTC (global real time)	local real time
logical	global logical time	local logical time

In order to solve resource sharing problems in a distributed system it is necessary to establish a global time reference for all units concerned. Many systems create this global time reference by the synchronization of local logical clocks. Pratically every operational system (real time or not) operates with local physical timeouts. Therefore many distributed systems contain a global logical time as well as a number of local physical time bases. One can imagine that the coordination of these individual time references can give rise to severe conflicts.

Since in real time systems the maximum duration between physical events of the environment is given in the metric of real time, some physical time reference has to be available. In a DCCS it is in our opinion reasonable to establish not only a relative physical time reference but to introduce an absolute physical time reference which can be used for the control of access to global resources as well. The implementation of this global physical time reference in a distributed real time system is not trivial. The normal approach is the provision of local real time clocks at each node and the periodic resynchronization of these clocks to some global time base. Since there is always a finite delay between a signal sent from one node to another node and every clock has its individual physical pace, multiple clocks will always deviate by a small amount, i.e. there is always a point in realtime at which one clock has ticked already but another clock has not ticked yet. There are two solutions to this problem:

(1) to cease all system activity during this finite interval of uncertainty
(2) to develop protocols which are tolerant to clock deviations by one tick. One tick is sufficient since it is always possible to stretch the duration of a tick in order to cover the deviation between any two clocks in a system.

In our MARS /5/ implementation we used the second strategy.

SPECIFICATION

As mentioned before, real time systems are concerned with the provision of timely responses to requests from the environment. In addition to the functional specification, the specification of these necessary response times must be part of the problem statement.
It is our opinion that only behavioural specification techniques provide the expressive power needed to specify these response time requirements, since they are concerned with the response of a system as a consequence of a ealier stimulus. Algebraic specification techniques abstract from the time related properties of systems.

In real time control, the validity of information is cancelled by the passage of time, e.g. a measured variable which has not been updated for some time becomes suspect. There are many situations where the realization that no valid information is available is less of a problem than the unsuspecting use of outdated information. Any information item is thus valid only for a given time interval , which must be part of the specification of the item. After this time the information item becomes part of the history and shall not be used for control purposes any more. In distributed real time systems this problem is aggravated by the existence of an unreliable communication medium. If the loss of a message cannot be detected by the receiver - which is normally the case if PAR protocols are applied - then it is difficult to detect outdated information the validity of which is not limited in the time domain. To my knowledge there are no specification techniques which adequately address this problem of time validity of information.

COMMUNICATION

In many distributed systems the abstraction of a reliable connection between two partners is realized by application of time redundancy. Since in real time situations time can be a critical resource the generous use of this resource can give rise to a number of problems (e.g. in the PAR - Positive acknowledgement or retransmission - protocol):

- The time has invalidated the information before the communication protocol is successful. In this situation the communication system tries to transport outdated information.

- The time redundancy is only activated after an error has been detected (e.g. by timeout). The communication traffic is thus dependent on the communication failure rate and becomes unpredictable. Since the transportation delay is a function of the traffic, the transportation delay becomes also unpredictable.

- The error detection in the PAR protocol is realized at the sender, not at the receiver of information. In many process control situations error detection at the receiver, not at the sender, is required.

It is therefore our opinion that protocols of the PAR type - these are the most common protocols used in distributed systems - are not well suited for distributed computer control systems. A new class of protocols, which have the following characteristics is required in real time systems:

- predictable performance, even under error conditions
- error detection at the receiver of information
- n to n communication topology

Under real time conditions the abstraction of a "reliable connection", which is provided by the communication system might not be affordable.

ERROR DETECTION

In real time control systems error detection can be realized in two dimension: the dimension of values and the dimension of time. Classical error detection techniques are mainly concerned with the dimension of values, e.g. the result of a computation must be consistent with a given output assertion. As already mentioned before, in addition to the value attribute every information item is also characterized by a time attribute. The systematic monitoring of this time attribute can be the most effective means of error detection in real time systems. It has been reported from practical experience /6/ that up to 99 % of all error conditions can be detected by comparing the actual and expected timing patterns of a computation. The effective use of this error detection mechanism requires the establishment of a common time reference and the attachment of the time attribute to every information item.
An appropriate real time operating system will support this time management and time monitoring, so that the task of the application programmer is reduced to specifying the application semantics and the application timing.

STATE RESTORATION

State restoration is concerned with the creation of an internal state of a computing system which is consistent with the external state of the environment. Two different techniques for state restoration are discussed in the literature

(1) backward recovery
(2) forward recovery

Backward recovery refers to the restoration of an internal state which was consistent some time ago (backward) and the subsequent modification of this state (or the environment) in order to establish the consistency at the present point in time.

Forward recovery refers to the creation of a new internal state which will be consistent with the environment sometimes in the near future (forward).

If there is no close interaction between a computer system and its environment state restoration by backward recovery can be implemented without problems.

We call the point real time in which the control over the results of a computation is passed to the environment the point of commitment. Every point of commitment invalidates all checkpoints which have been taken before the point of commitment. Only the checkpoints taken in the interval < point of commitment, present > remain intact.

Since in real time systems there are many points of commitments state restoration by backward recovery is severely limited. In our opinion state restoration by forward recovery is a better suited technique for DCCS.

CONCLUSION

Many of the positions taken in this note are rather provocative and unconventional. We hope that these views will be challenged in a lively discussion in order to reach a better understanding of the role of real time in distributed real time systems.

LITERATURE:

/1/ Lamport, L., Time, clocks and the ordering of events in a distributed system, CACM, Vol. 21, No. 7, July 1978

/2/ Le Lann, G., An Analysis of ifferent Approaches to Distributed Computing , Proc. 1st International Conference on Distributed Computing, Huntsville, October 1979

/3/ Schwartz, R.L., Melliar Smith, P.M., From State Machines to Temporal Logic, Specification Methods for Protocol Standards, IEEE

Trans. on Comm. Vol-Com-30, Vol 12, Dec. 1982

/4/ Girault, C., Reisig, W., Application and Theory of Petri Nets, Informatik Fachberichte, Springer Verlag, Heidelberg 1982

/5/ Kopetz, H., Lohnert, H., Merker, W., Pauthner, G., The Architekture of MARS, Techn. Univ. Berlin, Bericht MA 82/2, April 1982

/6/ Wensley, J., Private Communications, Jan 1983

Band 44: Organisation informationstechnik-gestützter öffentlicher Verwaltungen. Fachtagung, Speyer, Oktober 1980. Herausgegeben von H. Reinermann, H. Fiedler, K. Grimmer und K. Lenk. 1981.

Band 45: R. Marty, PISA – A Programming System for Interactive Production of Application Software. VII, 297 Seiten. 1981.

Band 46: F. Wolf, Organisation und Betrieb von Rechenzentren. Fachgespräch der GI, Erlangen, März 1981. VII, 244 Seiten. 1981.

Band 47: GWAI – 81 German Workshop on Artificial Intelligence. Bad Honnef, January 1981. Herausgegeben von J. H. Siekmann. XII, 317 Seiten. 1981.

Band 48: W. Wahlster, Natürlichsprachliche Argumentation in Dialogsystemen. KI-Verfahren zur Rekonstruktion und Erklärung approximativer Inferenzprozesse. XI, 194 Seiten. 1981.

Band 49: Modelle und Strukturen. DAG 11 Symposium, Hamburg, Oktober 1981. Herausgegeben von B. Radig. XII, 404 Seiten. 1981.

Band 50: GI – 11. Jahrestagung. Herausgegeben von W. Brauer. XIV, 617 Seiten. 1981.

Band 51: G. Pfeiffer, Erzeugung interaktiver Bildverarbeitungssysteme im Dialog. X, 154 Seiten. 1982.

Band 52: Application and Theory of Petri Nets. Proceedings, Strasbourg 1980, Bad Honnef 1981. Edited by C. Girault and W. Reisig. X, 337 pages. 1982.

Band 53: Programmiersprachen und Programmentwicklung. Fachtagung der GI, München, März 1982. Herausgegeben von H. Wössner. VIII, 237 Seiten. 1982.

Band 54: Fehlertolerierende Rechnersysteme. GI-Fachtagung, München, März 1982. Herausgegeben von E. Nett und H. Schwärtzel. VII, 322 Seiten. 1982.

Band 55: W. Kowalk, Verkehrsanalyse in endlichen Zeiträumen. VI, 181 Seiten. 1982.

Band 56: Simulationstechnik. Proceedings, 1982. Herausgegeben von M. Goller. VIII, 544 Seiten. 1982.

Band 57: GI – 12. Jahrestagung. Proceedings, 1982. Herausgegeben von J. Nehmer. IX, 732 Seiten. 1982.

Band 58: GWAI-82. 6th German Workshop on Artificial Intelligence. Bad Honnef, September 1982. Edited by W. Wahlster. VI, 246 pages. 1982.

Band 59: Künstliche Intelligenz. Frühjahrsschule Teisendorf, März 1982. Herausgegeben von W. Bibel und J. H. Siekmann. XIII, 383 Seiten. 1982.

Band 60: Kommunikation in Verteilten Systemen. Anwendungen und Betrieb. Proceedings, 1983. Herausgegeben von Sigram Schindler und Otto Spaniol. IX, 738 Seiten. 1983.

Band 61: Messung, Modellierung und Bewertung von Rechensystemen. 2. GI/NTG-Fachtagung, Stuttgart, Februar 1983. Herausgegeben von P. J. Kühn und K. M. Schulz. VII, 421 Seiten. 1983.

Band 62: Ein inhaltsadressierbares Speichersystem zur Unterstützung zeitkritischer Prozesse der Informationswiedergewinnung in Datenbanksystemen. Michael Malms. XII, 228 Seiten. 1983.

Band 63: H. Bender, Korrekte Zugriffe zu Verteilten Daten. VIII, 203 Seiten. 1983.

Band 64: F. Hoßfeld, Parallele Algorithmen. VIII, 232 Seiten. 1983.

Band 65: Geometrisches Modellieren. Proceedings, 1982. Herausgegeben von H. Nowacki und R. Gnatz. VII, 399 Seiten. 1983.

Band 66: Applications and Theory of Petri Nets. Proceedings, 1982. Edited by G. Rozenberg. VI, 315 pages. 1983.

Band 67: Data Networks with Satellites. GI/NTG Working Conference, Cologne, September 1982. Edited by J. Majus and O. Spaniol. VI, 251 pages. 1983.

Band 68: B. Kutzler, F. Lichtenberger, Bibliography on Abstract Data Types. V, 194 Seiten. 1983.

Band 69: Betrieb von DN-Systemen in der Zukunft. GI-Fachgespräch, Tübingen, März 1983. Herausgegeben von M. A. Graef. VIII, 343 Seiten. 1983.

Band 70: W. E. Fischer, Datenbanksystem für CAD-Arbeitsplätze. VII, 222 Seiten. 1983.

Band 71: First European Simulation Congress ESC 83. Proceedings, 1983. Edited by W. Ameling. XII, 653 pages. 1983.

Band 72: Sprachen für Datenbanken. GI-Jahrestagung, Hamburg, Oktober 1983. Herausgegeben von J. W. Schmidt. VII, 237 Seiten. 1983.

Band 73: GI - 13. Jahrestagung. Hamburg, Oktober 1983. Proceedings. Herausgegeben von I. Kupka. VIII, 502 Seiten. 1983.

Band 74: Requirements Engineering. Arbeitstagung der GI, 1983. Herausgegeben von G. Hommel und D. Krönig. VIII, 247 Seiten. 1983.